LETTRES

A M. LE COMTE DE SALVANDY.

Imprimerie de Ducessois, quai des Augustins, 55.

LETTRES

À M. LE COMTE

DE SALVANDY

SUR QUELQUES-UNS DES MANUSCRITS

DE LA BIBLIOTHÈQUE ROYALE

DE LA HAYE

PAR A. JUBINAL.

———

PARIS

A LA LIBRAIRIE ARCHÉOLOGIQUE DE DIDRON

Place Saint-André-des-Arts, 50.

1846

LETTRES

DE SALVANDY

DE LA BIBLIOTHÈQUE ROYALE

DE LA HAYE

PAR A. JUBINAL

PARIS

A LA LIBRAIRIE ARCHÉOLOGIQUE DE VICTOR DIDRON

1846

LETTRES

SUR

QUELQUES-UNS DES MANUSCRITS

DE LA BIBLIOTHÈQUE ROYALE DE LA HAYE.

Première Lettre (1).

Paris, novembre 1844.

MONSIEUR LE COMTE,

C'est à vous qui, parvenu, grâce à un talent d'orateur et d'écrivain que vos adversaires eux-mêmes sont forcés de reconnaître et d'admirer, à l'un des postes les plus importans de l'État (celui d'administrateur de la fortune intellectuelle de la France), daignâtes me confier, en 1838, la mission d'examiner les bibliothèques publiques d'un pays voisin du nôtre, afin de vous signaler, dans leur régime, ce qui pourrait s'ajouter aux améliorations nombreuses que vous méditiez déjà pour nos divers dépôts littéraires (2), — c'est à vous, dis-je, que je prends la liberté d'adresser cette lettre.

---

(1) Cette lettre écrite à la date qu'elle indique, devait, ainsi que les suivantes, paraître dans la *Revue archéologique*, dirigée avec tant de zèle et de talent par M. Didron. Des circonstances particulières en ayant fait retarder la publication, nous avons redemandé notre travail au directeur de ce Recueil et nous l'avons inséré dans la *Revue du Midi*, publication mensuelle qui paraît à Montpellier. En le faisant réimprimer à part, avec addition des pièces qu'on trouvera après notre troisième lettre, nous avons cru, bien que de grands changemens eussent eu lieu dans la position de l'éminent académicien à qui cette lettre est adressée, ne devoir faire subir aucune modification à notre travail primitif.

(2) Cette mission, à mon retour de Suisse, donna lieu à un rapport qui fut, par ordre de M. de Salvandy, inséré dans le Journal officiel de l'instruction publique. Depuis je l'ai fait réimprimer à part (Paris, Challamel, in-8°), en y ajoutant un assez grand nombre de pièces inédites fort curieuses, tirées des manuscrits de la bibliothèque de Berne.

En agissant ainsi je ne crains point que le sentiment qui me dicte cette démarche soit transformé en flatterie. D'ordinaire, en effet, on ne s'attache pas aux Ministres tombés. Or, descendu, par suite des reviremens politiques, de la haute position que vous occupâtes avec honneur et qui vous permit de faire au pays tant de bien, vous avez, pour tout pouvoir, repris d'une main aussi jeune qu'il y a vingt ans — (vos récens travaux nous l'ont prouvé), — cette plume ardente, noble épée de nos temps, qui vous a créé ce que vous êtes. A cette heure donc, où, rentré dans la vie civile, vous ne pouvez, pour vos anciens administrés, autre chose que de suivre avec intérêt les travaux par lesquels ils essaient, — les uns, d'honorer le docte corps auquel ils appartiennent ; — les autres, et je suis de ce nombre, de justifier le choix que vous avez fait de leur personne, j'ai pensé que peut-être vous accueilleriez avec bienveillance, comme une marque de gratitude sincère et de respectueux dévouement, les lignes qui suivent. Puissent-elles ne point paraître trop indignes du haut patronage sous lequel j'ose ainsi les placer !

Tous les ans, Monsieur, depuis que vous m'avez fait l'honneur de m'appeler à un poste élevé dans les rangs universitaires, je consacre une partie des loisirs que me laissent nos vacances, à explorer dans un but d'étude et d'instruction, les bibliothèques, les musées, les archives, les collections de différens genres, publiques ou particulières, que possèdent la France et l'étranger. J'ai déjà parcouru de la sorte un grand nombre de nos villes et la plupart des pays qui nous entourent ; mais, bien que j'eusse visité par deux fois la Belgique et les bords du Rhin, le temps m'avait manqué toujours de pousser jusqu'en Hollande. Au mois de septembre dernier cependant, je résolus d'exécuter ce voyage à l'accomplissement duquel la vieille réputation des peintres hollandais, celle de l'Université de Leyde et la certitude que j'avais de trouver à la Haye, dans la bibliothèque royale, une belle collection de manuscrits, me provoquaient vivement.

En conséquence, muni d'une recommandation de M. le Ministre des relations étrangères pour M. l'Ambassadeur de France, et de plusieurs lettres adressées à des savans et à des érudits, j'allai m'embarquer à Anvers pour Rotterdam, d'où je gagnai promptement la capitale de la Hollande. Arrivé à la Haye, je me rendis d'abord chez M. le baron de Bois-le-Comte, représentant du Roi, et je lui remis la recommandation toute bienveillante que M. Guizot avait daigné m'accorder.

Je trouvai dans M. l'Ambassadeur de France un homme non moins

obligeant qu'instruit , et que des études profondes sur le commerce ,
sur les relations internationales , sur tout ce qui concerne la diplo-
matie , mettent à même d'apprécier toute espèce de recherches et de
travaux. M. de Bois-le-Comte fut assez bon pour me présenter à M. le
chevalier Mazel, directeur du musée de la Haye , qui fut pour moi
d'une obligeance parfaite ; à M. Holtrop, conservateur de la bibliothèque royale , qui me traita réellement en frère ; enfin à M. le baron
de Kattendyke, alors Ministre des affaires étrangères, dont je n'ou-
blierai jamais l'accueil bienveillant et éclairé. Je croirais manquer à
un devoir si je n'exprimais ici hautement à ces Messieurs ma pro-
fonde reconnaissance.

M. Holtrop , savant aussi modeste qu'érudit , se fit un véritable
plaisir, quand je lui eus expliqué le but de ma visite , de mettre à
ma disposition , non-seulement ses cartes et ses catalogues , mais encore ses notes particulières. Il m'ouvrit les portes de la bibliothèque
royale, qui étaient alors fermées au public à cause des vacances , tous
les jours et à toute heure ; enfin , il me donna tous les renseignemens
que je pouvais désirer (1). C'est à lui que je dois les détails qui suivent sur l'établissement qu'il dirige.

Guillaume Ier , et , après lui, tous les stathouders jusqu'à Guillaume V , eurent une bibliothèque particulière , destinée à leur usage
personnel. En 1686, le Catalogue de cette bibliothèque fut dressé par
Constantin Huygens ; mais, en 1749 , par suite des événemens politiques , une partie des livres et des manuscrits fut mise en vente
publique, et, par conséquent, menacée de dispersion. La plupart de ces
objets ne tardèrent pas cependant à être réacquis ; mais , ce fut pour
courir , à la fin du même siècle , de plus grands dangers. En effet ,
lors de l'invasion de la Hollande par nos troupes, Guillaume V ayant
quitté le pays , la bibliothèque fut sur le point d'être vendue avec tous
les biens du Prince fugitif. Heureusement, le libraire chargé de l'opé-

---

(1) Cette obligeance de M. Holtrop a été également éprouvée par un autre explora-
teur, qui s'est trouvé , comme moi , à même de l'apprécier. M. Gachard , archiviste
général du royaume de Belgique , dit en effet dans une lettre à MM. les Ques-
teurs de la Chambre des représentans, *sur les documens concernant les anciennes assemblées nationales de la Belgique, qui existent dans les dépôts littéraires de la Haye :* — « Arrivé à la Haye , le 20 octobre, je me présentai , dès
le lendemain , à la bibliothèque royale. Je trouvai dans M. Holtrop , conservateur
de ce dépôt, un homme aussi complaisant qu'instruit , et un bibliothécaire auquel
n'est étranger aucun des trésors dont la garde lui est confiée....... Je ne fais qu'ac-
quitter une dette en exprimant ici ma gratitude envers ce savant , dont les procédés
m'ont rappelé ceux des hommes distingués qui dirigent les grands dépôts littéraires
de Paris. »

ration retarda l'impression du Catalogue dont une partie seule parut. Ce fut ce qui sauva la bibliothèque ; car , dans l'intervalle les esprits s'apaisèrent, et le calme qui revint permit plus tard au Gouvernement de réunir les livres des États de Hollande et ceux de diverses corporations, à l'ancienne bibliothèque de Guillaume V et de ses successeurs, pour en former un grand établissement national. Cet important dépôt fut placé dans l'ancien palais des Stathouders (*Maurislhuis*), où les États tiennent leurs séances.

De 1801 à 1802 , le Catalogue des livres imprimés de cette bibliothèque, rédigé par M. l'abbé Flament , son directeur (1) , fut publié. On y remarque , de la part de l'auteur, une assez grande connaissance de la bibliographie, et quelques articles y sont heureusement décrits.

A partir de ce moment, ce grand établissement littéraire semblerait avoir dû prendre un accroissement rapide ; il n'en fut rien. Le peu d'étendue des supplémens au Catalogue qui parurent successivement, prouve, d'une manière suffisante, que l'argent manquait pour les acquisitions.

Sous le règne de Louis-Napoléon , la bibliothèque nationale , qui à ce nom avait substitué celui de bibliothèque royale , fut enrichie de plusieurs collections particulières dont le Roi fit l'acquisition, Je citerai, entre autres, celle de l'avocat Visser, de la Haye, où se rencontraient un assez grand nombre d'incunables et de manuscrits ;—la bibliothèque de M. l'échevin Romswinckel , de Leyde , qui coûta 60,000 florins (plus de 100,000 fr.) , et qui renfermait une précieuse collection des historiens de la Néerlande , ainsi que beaucoup d'éditions rares et des manuscrits ; — enfin , la bibliothèque du professeur Sax , d'Utrecht, riche surtout en manuscrits.

Après le départ du Roi Louis, l'établissement dont nous parlons devait envoyer à Paris ses livres et ses manuscrits les plus intéressans, et rester , sous le nom de bibliothèque de la ville, réduit à ses propres fonds. Le hasard voulut qu'il évitât encore cette menaçante dispersion. En 1813 , le roi Guillaume Ier , à son retour, déclara de nouveau ce grand dépôt de connaissances humaines, *Bibliothèque*

---

(1) M. l'abbé Flament était un prêtre français réfugié en Hollande à l'époque de notre première révolution. Il trouva dans ce pays hospitalier un accueil bienveillant et une position honorable. M. Flament, qui était directeur de la bibliothèque depuis 1795 , mourut en 1835, respecté et pleuré de tous ceux qui l'ont connu. M. Holtrop, docteur de l'Université de Leyde , et qui sera pour M. Flament un digne continuateur, lui a succédé en qualité de conservateur. Une autre personne, que je regrette de n'avoir pas eu l'avantage de rencontrer à la Haye, a reçu, depuis, le titre de directeur.

royale, et, après avoir ordonné qu'il fût ouvert au public, il le fit porter au budget pour une somme raisonnable qui lui est allouée, depuis, tous les ans. En outre, le roi Guillaume, qui avait compris l'importance de la bibliothèque pour sa capitale, lui envoyait tous les ouvrages qui lui étaient offerts ou que souvent il achetait. Il l'enrichit même quelquefois non-seulement d'ouvrages isolés, mais encore de collections entières qu'il acquit de ses propres deniers. C'est ainsi qu'il y fit transporter la bibliothèque de Gérard, ancien secrétaire de l'Académie de Bruxelles, achetée par lui en 1819, et qui contenait beaucoup de manuscrits, la plupart tracés, d'après des originaux, de la main de ce laborieux érudit (1). Le roi Guillaume envoya également à la bibliothèque de la Haye les imprimés de l'abbaye de Tongerloo (Tongres) ; — une bibliothèque dont il avait hérité dans le Nassau-Dilembourg, etc., etc. Il serait trop long de dire tout ce que l'ancien roi de Hollande fit pour un établissement qu'il aimait ; mais le fait suivant aidera à le comprendre. Peu de temps avant son abdication, il acheta sur sa cassette et donna à la bibliothèque royale, un exemplaire du magnifique ouvrage de M. le comte Auguste de Bastard, intitulé : *Peintures des manuscrits*. C'était un cadeau d'environ trente mille francs.

Le roi actuel, Guillaume II, souverain aussi distingué par son amour pour les arts que par sa conduite politique et par sa vie privée, continue à la bibliothèque royale de la Haye la protection éclairée dont l'environnait son illustre père. Encourageant de tout son pouvoir les sciences et les lettres, ce Prince ne pouvait marcher sur de meilleures traces, et nous savons que la bibliothèque royale lui doit déjà beaucoup.

La bibliothèque, comme je l'ai dit plus haut, était jadis au *Mau-*

---

(1) On lit dans la lettre de M. Gachard que j'ai citée : « La bibliothèque de la Haye, dont celle des anciens Stathouders a fourni le premier fonds, s'est beaucoup accrue pendant le temps de notre réunion à la Hollande. Il n'existait pas alors de bibliothèque de l'État à Bruxelles ; toutes les acquisitions en livres et en manuscrits que faisait le Gouvernement, étaient pour la Haye. C'est ainsi que l'établissement à la tête duquel est placé M. Holtrop, s'est enrichi de la plus grande partie de la bibliothèque de Gérard qui contenait, entre autres, une volumineuse collection de documens manuscrits sur l'Histoire de la Belgique ; c'est ainsi encore qu'elle fit des acquisitions importantes et nombreuses, à la vente de la fameuse bibliothèque de Musschenbroch et dans plusieurs autres occasions. »

J'ajouterai à ces paroles de M. Gachard, que ces richesses ne sont pas toutes déposées aujourd'hui dans la bibliothèque de la Haye. Les archives de cette ville en possèdent une partie. Ce sont les diplômes, les chartes et autres documens de ce genre. La bibliothèque contient, elle, les imprimés et les manuscrits proprement dits.

risthuis. Elle est placée maintenant sur un magnifique boulevard, dans une vaste maison ayant appartenu aux princes d'Orange. Comme mon but est de ne parler ici que des manuscrits, je me bornerai à dire que, parmi les richesses imprimées de cet établissement, on remarque : 1° une collection de pamphlets et de pièces fugitives, allant de 1515 à 1748, composée de 460 volumes in-4°, relative à l'Histoire des 17 Provinces-Unies et formée par un avocat nommé Duncan (on l'appelle du nom de son ancien possesseur, *Bibliotheca Duncaniana*) ; — 2° une collection de 900 incunables, imprimés hors du pays, et de 500 d'origine hollandaise, dont 40 environ sur peau vélin (1) ; — 3° une collection de 690 Elzévirs, in-12, dont 268 portent le nom de l'imprimeur. Il faut aussi remarquer spécialement dans cette collection elzévirienne, la collection des Républiques qui est à part et qui forme 105 volumes ; plus, les poëtes italiens (in-24) (2). La bibliothèque de la Haye possède, en outre, de belles collections des Aldes, des Juntes, des Estienne, des Plantin, etc.

Les manuscrits que renferme cet établissement sont au nombre d'environ 2,000 ; M. Holtrop en a rédigé un Catalogue très-suffisant pour le service, et dans lequel on retrouve l'excellent esprit critique et le jugement remarquable qui distinguent ce savant.

C'est, Monsieur le Comte, de quelques-uns de ces manuscrits que je veux vous entretenir.

Après avoir jeté sur le Catalogue un premier coup-d'œil, je priai M. Holtrop de me communiquer les manuscrits suivans dont la mention m'avait plus particulièrement frappé, et où je devais trouver de remarquables miniatures dont quelques-unes sont dues à de grands artistes.

Le N° 3, que j'examinai d'abord, est un volume in-folio fort épais, provenant de la bibliothèque de Gérard, et intitulé : *Livre d'orayson*. C'est un des plus beaux ouvrages avec miniatures en camaïeu, qu'il soit, à mon avis, possible de voir. Les peintures en sont d'une perfection telle qu'on les a attribuées, du moins quelques-unes parmi les 200 qui le décorent, au célèbre peintre de la fameuse châsse de Sainte-Ursule de Bruges, à Hemling ou Emmeling. Il n'y a rien d'exagéré dans cette hypothèse ; car ce manuscrit a été exécuté pour Phi-

---

(1) Un seul de ces volumes, *De contemptu mortis libri IV*, Hensü, Leyde, 1021, in-4° ; a coûté 1,000 francs.

(2) Cette belle collection de livres précieux est renfermée dans une salle dite *l'Appartement du Roi*. J'ai vu là aussi, entre autres volumes fort rares, un exemplaire in-8°, imprimé à Gand, en 1564, sur vélin, des coutumes de la ville et échevinage de Gand.

lippe-le-Bon , duc de Bourgogne , père de Charles-le-Téméraire et le portrait fort ressemblant de ce Prince (on peut le comparer avec ceux qu'on possède ailleurs , notamment sur une des tapisseries de Berne que j'ai publiées), se trouve en plusieurs endroits de l'ouvrage. (Fol. 108 , 112 , 114 , 116 , 122.) On lit en outre , çà et là , dans ces miniatures, la devise de ce Prince : *Aultre n'aray.* Quand on réfléchit à la générosité avec laquelle Philippe-le-Bon récompensait ses *imagiers* et ses *painctres*, on n'est pas surpris qu'Emmeling ait sans doute travaillé à un grand nombre de manuscrits qui étaient destinés à ce Prince. La puissante maison de Bourgogne aimait fort les artistes.

Une circonstance autre que la perfection des miniatures m'a encore frappé dans le manuscrit Nº 9. Je veux parler de la reliure, qui est fort ancienne, et qui consiste en veau gaufré appliqué sur bois. On lit sur les deux côtés de cette reliure les mots suivans , en lettres gothiques, gaufrées comme le reste des ornemens et répétées sur chaque plat, dans ses compartimens : — « *Ob laudem Christi , librum hunc rectè ligavi ; Anthonius de Gavere.* » Comme cette reliure remonte évidemment à l'époque de la confection du manuscrit , il s'ensuit que nous avons un nom d'artiste de plus à ajouter à la liste des ouvriers illustres en tout genre, réunie par le Comité des beaux-arts que vous fondâtes jadis dans votre trop rapide passage au ministère. Cette particularité me fait souvenir d'une autre que j'ai remarquée sur un des livres imprimés de la bibliothèque royale de la Haye. Le volume dont je veux parler est un *Fasciculus temporum*, mis au jour à Louvain, en 1476, par *Johannes Valdener.* On lit, sur chacun de ses plats, ce même nom en lettres gothiques gaufrées. Comme cette reliure est fort ancienne , qu'elle semble dater de l'époque même de l'impression , ne pourrait-on en conclure que Jean Valdener était à la fois imprimeur et relieur? Ce serait en ce cas un deuxième nom à ajouter au premier.

Le manuscrit Nº 10 que j'examinai ensuite, est, comme le porte son titre, écrit au folio de garde par une main moderne : — « *La bible de la Toison d'or moralisée à l'usage de Philippe-le-Bon , ainsi dite parce qu'elle fut mise en morale pour ce Prince au sujet de l'institution qu'il venoit de faire de cet ordre.* » Ce manuscrit, qui est relié en velours brun, contient 45 miniatures toutes fort belles. En marge de la première page se trouve , posée sur une barbacane d'où sortent des flammes, cette devise : *Nul ne s'y frotte !* Nous la retrouvons de nouveau, à la fin du livre, tracée de cette manière :

NUL NE SI FROTE.

OB. DE BOURG^{bn}.

NUL NE L'APROCHE.

GO. DE BOURG^{bn}.

Cette devise était celle d'Antoine , dit *le grand bâtard de Bourgo-gne* , fils naturel de Philippe-le-Bon et de Jeanne de Prelles , dont on voit les armes , avec la barre de bâtardise , au bas du folio 1 de l'ou-vrage. On la retrouve souvent , au reste, dans les manuscrits de cette époque, car Antoine de Bourgogne partageait , pour les livres , la pas-sion de sa famille. Il les aimait et en faisait écrire un assez grand nom-bre. Ainsi , la bibliothèque de Bourgogne, à Bruxelles , et celle du Roi, à Paris , possèdent plusieurs manuscrits de ce Prince, tous ornés de son énergique devise, et MM. Fr. Jacobs et F.-A. Ukert , dans leur *Beiträge zur alten Litteratur oder Merkwürdigkeiten der Herzogl. öffentlichen Bibliothek zu Gotha*, en ont donné un *fac-simile* tiré d'un manuscrit de l'ouvrage de Christine de Pisan, intitulé : *Épître à la déesse Othéa*. M. Frédéric-Adolphe Ébert, dans son *Geschichte und Beschreibung der Königlichen öffentlichen Bibliothek zu Dresden* (pag. 309), parle également de cette devise, d'après un manuscrit de Dresde. (*L'Apocalypse de Saint Jean.*)

Le manuscrit N° 11 (2 vol. in-fol.) , est une Bible en hollandais , faite en Flandres , contenant environ 400 dessins à la plume ou miniatures, du plus haut intérêt pour le costume et pour mille détails matériels de la vie du moyen-âge. Je la recommande, si jamais ses pas se dirigent vers la Hollande , à M. Didron , de la bibliothèque royale, qui a fort bien compris l'importance de l'étude approfondie de ces monumens , trop négligés jusqu'ici dans l'histoire de l'art.

Le manuscrit N° 15 , in-fol. , relié en velours noir , ayant encore des fermoirs en argent , est du xiii° siècle. Il porte au dos le titre de : *Psalmorum glossa carlovingiana* , et sur chacun de ses fermoirs , on lit à l'extérieur les lettres et le mot qui suivent :

S M I

PIERSON

P B R ;

mais ce qui m'intéressa davantage ce fut la miniature du folio 1 , qui représente cinq personnages faisant de la musique. L'un frappe avec deux marteaux sur des clochettes ; un autre joue d'une espèce de violon qu'il tient appuyé entre ses jambes ; le roi David pince de la harpe ; un autre souffle dans une flûte de Pan ; le cinquième joue d'un violon ordinaire. Tous ces personnages sont parfaitement posés , et chacun d'eux offre des détails qui intéresseraient vivement, je n'en doute pas, M. Bottée de Toulmon, le savant auteur des Instructions du Comité des beaux-arts sur la musique.

Le manuscrit N° 19 , petit in-fol. sur papier, écrit d'une main moderne , n'offre pas peut-être quelque chose de très-utile ; mais il

ne laisse point que d'être fort curieux par la perfection avec laquelle
on l'a tracé. Ce manuscrit, en effet, écrit en lettres moulées, imite
tellement l'imprimé, que le prédécesseur de M. Holtrop, le vénérable
abbé Flament, a composé à ce sujet les vers suivans, qu'il a placés au
folio 1 :

> Dic mihi, qui legis hæc, quid tu legis !... Est-ne perità
> Littera scripta manu ?... Sculptæ vel imago tabellæ ?
> Vel graphicis excusa typis ? Vel quam lapis edidit ?
> Vel quam mordacis dens ferri inciderit æri ?
> Dic mihi, qui legis hæc, et eris mihi magnus Apollo.

De ce manuscrit moderne, je passai à un autre, le N° 31, précieux par son incontestable antiquité. Ce manuscrit in-4° provient de
l'abbaye d'Egmont, en North-Hollande, qui avait, dès le ixe siècle,
d'après des documens authentiques, une bibliothèque déjà célèbre ;
il remonte au xe siècle et contient les quatre Évangiles tracés d'un caractère très-beau et très-net. On y trouve quelques miniatures pleines
d'intérêt et d'effet. Les deux dernières qui représentent, l'une, le
comte Théodric et sa femme Hildegarde, en costumes bysantins, offrant le livre à l'Autel, et l'autre, Saint Albertus, patron de l'abbaye d'Egmont, intercédant pour eux auprès du Tout-Puissant, ont
donné lieu à la note suivante, écrite au folio de garde : — « *Infra
scriptus declaro et attestor quod hic liber pergamenus, in quo quatuor
evangelia manu descripta in collegio nostro coloniensi religiose asserva-
tus et a me temporis præside, magno in pretio habitus fuerit, ut pote
qui a Wilhelmo rege romanorum comite Hollandiæ et ab ejus Hilde-
gardæ dono datus fuerit Theodorico abbati Egmondano in honorem
Sancti Adelberti abbatiæ patroni. Hoc testimonium dedi et manu pro-
prià huic libro inscripsi. Ultraiecti, anno 1688, 28 januarii.* JOANNES
LINDEBORN. » Cette opinion, que rien n'appuie, est très-contestable,
et M. Kemp, dans son livre intitulé : *Dissertations sur le Nouveau
Testament*, la combat avec raison, en disant que ce manuscrit fut
donné par Thierry II, comme l'attestent ces trois vers placés au-
dessus de la miniature qui représente ce prince offrant le manuscrit :

> Hoc textum dedit alma patri Teodricus habendum,
> Nec ne sibi conjuncta simul Hildegardis amore
> Altberto quorum memor ut sit jure per ævum.

Le volume N° 48, que j'examinai après le précédent, nous donne
le nom d'un écrivain et d'un peintre de manuscrits du xive siècle.
C'est un *Missale romanum*, in-fol., relié assez récemment en maroquin rouge, avec une croix sur le plat. Il contient des lettres ornées
fort belles et de magnifiques miniatures au nombre de 21. Au dernier
folio on lit, tracé comme le reste du psautier, en lettres majuscules :
« *Frater Joannes Marchello, abbas ecclesiæ Sancti Johannis ambio-*

nensis ordinis præmonstratensis, fecit scribere istum librum, per manum Garneri de Morolio, anno Domini millesimo trecentesimo vicesimo tertio. » Ce qui suit est écrit en lettres dorées : « *Et Petrus dictus de Raimbaucourt illuminavit istum librum, in anno prædicto.* » On voit au-dessous de cette inscription, ce dernier offrant son livre, à genoux, à l'abbé qui le reçoit assis et crosse en main.

Au nombre des 21 miniatures de ce manuscrit, je n'ai pas compté les encadremens des pages, et cependant ils sont on ne peut plus remarquables par leur verve et leur bizarrerie. Des fleurs, des oiseaux, de caricatures grotesques, des chasses, des combats leur servent de sujets. Les personnages qu'ils représentent sont en costume de guerre du xiiie siècle, c'est-à-dire, qu'ils portent la cotte de maille, le capuchon de maille, le bouclier en pointe. Leurs chevaux sont richement caparaçonnés. A côté de ces personnages, il y a des hommes et des femmes en centaures, tenant à la main des coupes et des quenouilles, et combattant d'autres centaures. Plus loin, nous voyons des singes qui filent, tirent de l'arc, battent le blé avec des fléaux, bercent des enfans, font la cuisine, prennent des oiseaux, etc. Ailleurs, on aperçoit des loups et des renards déguisés en moines, chantant au lutrin, et, dans un endroit, est un lion, couronne en tête (*Messire Noble* le Lion, du roman du Renard), assis sur un trépied élevé, tenant dans ses mains une bandelette sur laquelle on lit : *Palardie, orgueul, envie.* Un carme et un dominicain, sous la figure d'un loup et d'un renard, se prosternent devant lui. Il faut convenir que maître Petrus de Raimbaucourt se montrait un tant soit peu indépendant et audacieux, en osant accoler de pareilles illustrations au *Missale* qui nous occupe. Ces satires en peinture rentrent bien, du reste, dans l'esprit du moyen-âge, où la croyance au dogme n'excluait pas la raillerie envers les ministres de Dieu, même les plus élevés. Aussi, peintres, sculpteurs, trouvères, se moquent-ils, comme à l'envi, de la cour de Rome et des ordres religieux (Voyez Rutebeuf et ses contemporains), tout en respectant profondément la religion.

Le manuscrit, No 49, appartenait jadis, comme le précédent, à l'abbaye d'Egmont ; il est composé d'écritures de diverses époques, dont quelques feuillets peuvent remonter au xie siècle. Il n'a malheureusement de remarquable que sa reliure. Cette reliure qui est fort ancienne et en bois, offre aux regards, d'un côté, une belle sculpture d'ivoire, jadis dorée, représentant Jésus-Christ et les quatre évangélistes ; de l'autre, une couverture en bois recouverte de veau gaufré, dont les ornemens, très-finement tracés, reproduisent le Sauveur en croix, le serpent, etc., etc. Cette mode de gaufrer les reliures était, à ce qu'il paraît, assez commune jadis en

Hollande, et les ouvriers avaient acquis à ce travail une fort grande habileté.

Les N°ˢ 52 et 53, in-4°, contenant quelques lettres ornées et des encadremens, sont identiquement les mêmes. On les a copiés l'un sur l'autre. Tous deux ont également une reliure fort ancienne et gaufrée avec beaucoup de délicatesse; mais celui qui porte le N° 52, offre au *verso* de son dernier folio, la note ci-jointe d'une main du xve siècle: — « *Anno domini m. cccc. xxxviii, fuit hic liber ad mandatum reverendi in Christo patris Sancti Auberti cameracensis factus, scriptus et completus, per me Simonem de Castro, clerici ambiacensis dyocesi. Igitur omnes in eodem presenti libro lecturi, tam pro dicto reverendo patre ad cujus mandatum et pro me per quem factus est, preces apud dominum fundere dignentur.* » J'ignore si le Comité des arts et monumens a compris les scribes parmi les artistes dont il recueille le nom; mais il serait curieux, ce me semble, de rassembler ainsi celui de tous les écrivains du moyen-âge, depuis les temps les plus reculés, jusqu'à Nicolas Flamel. On aurait, siècle par siècle, une liste de ces moines laborieux qui nous ont transmis de si magnifiques manuscrits, à la confection desquels ils usèrent leur vie dans le silence du cloître.

Le manuscrit, N° 57, est un *Breviarium romanum* du xve siècle. Comme miniatures, il est beaucoup moins précieux que quelques-uns des manuscrits dont nous avons parlé, car s'il offre beaucoup de lettres rubriquées en rouge et en bleu, il ne contient qu'un seul encadrement; mais il offre quelque importance par la note suivante qu'on lit au folio 405, en lettres rouges : « *Iste liber est finitus, altera annunciationis beatissime virginis Marie, anno domini xv° et vii, et scripsit soror Cecilia Hermans. Oretis pro eâ, propter amorem dei. Ave Maria.* » Ainsi, il y avait aussi des femmes qui remplissaient les fonctions de scribes.

Le manuscrit, N° 65, in-fol., est un psautier du xvie siècle, fort beau; il offre 74 miniatures, dont quelques-unes sont en grisailles, magnifiquement exécutées. Chaque page est entourée d'un encadrement splendide, formé de fleurs, d'oiseaux, de singes, d'enfans montés sur des animaux. Le folio 1 et plusieurs autres contiennent un médaillon, où l'on voit un écusson d'azur à trois clefs d'or, soutenu par deux enfans ailés; c'est celui de Nicolas Rollin, chancelier de Bourgogne.

Le volume petit in-folio, N° 69, est, sous plusieurs rapports, d'une haute importance. Ce manuscrit, relié en velours vert, offre d'abord des fermoirs d'argent doré, qu'orne une double croix grecque. En outre, il porte, d'un côté, dans un petit cadre d'argent placé sur la couverture, ces mots tracés par une main moderne sur une étoffe

rouge : — *De scriptorio imperiali ;* — de l'autre : *Constantinopolitano.*
Sur le folio de garde on lit une longue et assez confuse description du
manuscrit ; en voici un passage : « Il y avait dans l'intérieur des cadres
des inscriptions écrites sur des bandes de soie cramoisie dont il ne reste
plus que des lettres éparses ; mais un savant était parvenu à en découvrir la teneur. Dans celui à gauche, il y avait : *De scriptorio imperiali ;*
dans celui à droite : *Constantinopolitano.* Outre que ces traces sont
des preuves sans réplique de l'origine de ce livre qui vient et ne peut
venir que des empereurs grecs, le signe seul que portent ses fermoirs
l'annonce assez ; et, outre ces témoins, il y en a deux autres qui sont
le genre de la peinture qui est un travail grec, et qui, à son premier
comme à son dernier feuillet, ne contiennent (*sic*) que les reproches
les plus sanglans et les plaintes les plus amères contre la cour de
Rome, au sujet de la deuxième croisade. Tout concourt donc à former
la certitude que ce fut l'empereur Commène Manuel pour qui ce livre
a été fait, d'autant plus que de tous il se montre le plus animé
et le plus acharné après les croisés. De ce que la plus grande partie
de ce livre se trouve écrite en langue française, on n'en saurait tirer d'autres conséquences si ce n'est celle que l'Orient n'était pas
sans posséder un seul homme qui sût écrire le français et que ce mo-
narque savait le lire. »

Après avoir lu cette note, on reste stupéfait de l'ignorance ou de
la mauvaise foi de celui qui l'a écrite. Je dis mauvaise foi, parce
qu'il est probable que, si les cadres où l'on a tracé les mots : *De scriptorio imperiali Constantinopolitano,* n'ont pas été mis à la place qu'ils
occupent par le dernier possesseur du manuscrit, qui, en le cédant
à Guillaume V, voulait ainsi en augmenter frauduleusement la valeur,
du moins ils contenaient avant cette époque une inscription diffé-
rente, qu'on a fait disparaître pour y substituer celle que nous avons
rapportée ; mais, lors même que ces deux hypothèses seraient inexac-
tes, il resterait encore à savoir à quelle époque remonteraient les
cadres et les anciennes inscriptions. Pour celles-ci il est impossible de
rien vérifier : elles n'existent plus ; pour les cadres en leur donnant la même date qu'aux fermoirs, ce qui est sans doute très-gé-
néreux, on n'arriverait pas encore à une preuve complète, car ces
derniers sont évidemment (leur travail le démontre) postérieurs à
la confection du manuscrit. Quant au raisonnement tiré du genre
de la peinture *qui est un travail grec,* il est fondé sur une erreur positive. Selon moi, ce manuscrit n'a point été point ni écrit en Orient,
mais bien en Occident, et peut-être dans la fameuse abbaye de Saint-
Bertin, dont une miniature représente le patron ayant un moine agenouillé devant lui. A la vérité les miniatures de ce manuscrit sont une

imitation du style Byzantin ; mais c'est une imitation maladroite ; elles n'ont pas la perfection de ce style , et il est facile de reconnaître qu'elles ont été exécutées par des ouvriers habitués à un autre genre de travail. L'écriture du manuscrit est d'ailleurs d'une main du xIII^e siècle, et les miniatures sont évidemment de la même époque. Si donc ce manuscrit a appartenu , ce dont je doute fort , aux empereurs de Constantinople , ce ne peut être qu'aux princes latins et non aux empereurs grecs. La supposition relative à la langue française , qu'on trouve dans la note que nous réfutons , n'est pas moins erronée que le reste. Les fragmens de notre vieil idiome que nous transmet le manuscrit , sont en effet d'excellent français , non du xII^e, mais du xIII^e siècle ; et si , à la rigueur , Manuel Commène eût pu comprendre ces strophes , personne à coup sûr dans son empire n'eût été en état de les écrire, car elles ont toute la verve et la pureté de Thibaut de Navarre et de Rutebeuf, c'est-à-dire, des poëtes qui, sous Saint Louis, ont le mieux manié notre langue romane. Il faut donc enlever à ce manuscrit un peu de son antiquité, et en faire tout simplement un monument du xIII^e siècle. Ce volume contient un grand nombre de miniatures de la grandeur des pages du manuscrit , coloriées la plupart sur un fond d'or. La première, tracée sur le folio de garde, représente Jérusalem avec le temple de Salomon , le sépulcre , la tour de David , et les différens lieux de la Terre-Sainte, Jéricho, Béthanie, Bethléem. Au bas sont des croisés à cheval , portant , d'une main, l'écu en pointe orné d'une croix rouge ; de l'autre, la lance, et poursuivant les Sarrasins. Ceux-ci, comme les croisés, sont revêtus de la cotte et du capuchon de maille recouvert du chapel de fer. Cette miniature est la seule de toutes celles du manuscrit qui ait rapport au texte qui l'avoisine. En effet, postérieurement à la confection du corps du manuscrit , mais de la même main qui a tracé le reste du texte , on a transcrit au verso du folio de garde qui précède le manuscrit , ainsi que sur celle qui le termine, un texte français que l'on prendrait pour de la prose, quoiqu'il soit en vers, car il n'y a aucune séparation entre les lignes qui le composent ; mais, au premier coup-d'œil, je n'eus pas de peine à opérer cette distinction , et je ne tardai pas à reconnaître dans ces vers une nouvelle leçon *de la complainte de Jérusalem contre la cour de Rome*, pièce satirique , composée à propos des discussions qui eurent lieu dans la croisade de 1218 , entre le roi de Jérusalem et le cardinal Pélage. On ne connaissait jusqu'ici qu'un autre exemplaire manuscrit de cette pièce. Il existe à la bibliothèque de Berne , dans le manuscrit N° 113. Pendant le voyage que je fis en Suisse, sous vos auspices , en 1838, et dont il est question au commencement de cette lettre , je copiai cette pièce et je la fis imprimer , pour la première fois, à la suite du rapport que je vous adressai, Monsieur le Comte, à mon retour en France. Comme la leçon de la Haye diffère par plusieurs variantes et même par le nombre de strophes, de celle de la bibliothèque de Berne, j'en ai fait également une copie : vous la trouverez plus loin.

Les miniatures de notre manuscrit autres que celles qui accompagnent la *Complainte de Jérusalem*, représentent l'Ancien et le Nouveau Testament, la passion de J.-C., la vie et le martyre des Apôtres, des Saints, des Saintes ; enfin, le miracle de Théophile, sorte de Faust du moyen-âge, auquel la Vierge force le Diable de rendre la charte signée de son sang qu'il avait, en le tentant, arrachée à la faiblesse du pauvre diacre de Cilicie, et qui formait un contrat par lequel Théophile devenait son sujet de corps et d'âme (1). Cette histoire mise en drame par le trouvère Rutebœuf, racontée en vers par Gauthier de Coinsy, et à laquelle un grand nombre de poëtes font allusion, a été reproduite au moyen-âge par les peintres-verriers, les sculpteurs, les imagiers ; elle est développée dans la miniature de notre manuscrit, en sept compartimens fort curieux (2).

Il me faudrait, si je voulais décrire toutes les miniatures de ce volume, entrer dans de trop longs détails. Je me bornerai à dire que la dernière d'entre elles représente, dans le haut de la page, J.-C. sur des nuées, et, plus bas, la résurrection. Des Anges jouent de la trompe aux quatre coins, et l'on voit les chrétiens soulevant les tombeaux en pierre où ils reposaient, tandis que les païens sortent des urnes où l'on avait renfermé leurs cendres. Au-dessous de ce sujet est l'enfer, représenté par la gueule béante d'un monstre. Un diable, debout de chaque côté de cet abîme, y jette, à chaque instant, des malheureux qui sont aussitôt engloutis.

Je passe au manuscrit N° 84. Ce beau volume in-4°, intitulé : *Heures de la reine Isabelle de Castille*, provient de la bibliothèque des anciens stathouders. Il est, comme beaucoup d'autres qui ont la même origine, relié aux armes de Guillaume III. Ce fut à l'époque où on le relia, que

---

(1) Voir le drame de Rutebœuf, pag. 78, tom. II, de mon édition de ses OEuvres complètes, et, pour les détails, la note B, page 200 du même volume. Paris, 1839, in-8°.

(2) On la trouve notamment au flanc gauche de Notre-Dame-de-Paris, sculptée en deux endroits différens ; savoir : au-dessus de la porte d'entrée extérieure, dans l'angle de l'ogive formée par le portail, et, plus loin, vers le chevet de l'église, dans le dernier médaillon sculpté extérieurement autour de l'abside. A l'église de Saint-Epvre, à Nancy, une fresque du xvie siècle représentait cette histoire, qui se voit aussi sur les verrières des cathédrales du Mans, de Laon, de Troyes, etc.

le titre qu'il porte aujourd'hui lui fut donné. Toutefois il est assez probable qu'on ne le lui appliqua pas à plaisir, mais en se fondant sur quelque tradition. Ce qui me fait pencher vers cette hypothèse, c'est non-seulement la richesse et la beauté des miniatures qui le décorent ; mais encore le style dans lequel elles sont exécutées. Ces miniatures sont au nombre de 13 grandes, chacune occupant une page et ayant un encadrement ; il y en a, en outre, une infinité de petites, toutes d'un goût exquis. Elles portent le cachet espagnol. Ainsi, leurs fonds sont d'un bleu-azur, comme celui des plafonds de l'Alhambra ; elles offrent, ainsi que les monumens mauresques, un grand nombre de colonnettes minces, sveltes, déliées, et l'on remarque, dans les encadremens, des oiseaux d'Afrique, des fruits tropicaux et un tigre au cou duquel pend un ruban rouge, attaché à un collier, sans doute pour indiquer que cet animal est apprivoisé. Toutes ces circonstances me portent à penser, lors même que le titre du manuscrit ne serait point exact, qu'il n'en a pas moins été exécuté en Espagne, où il se trouvait, au reste, en 1574, ainsi qu'il ressort d'une note placée à son dernier folio.

Si nous nous en rapportons au titre du manuscrit N° 85, celui-ci serait également d'origine espagnole ; il est, en effet, intitulé : *Heures de Catherine d'Aragon*, et il remonte au xve siècle. Ce manuscrit, dont la reliure est gaufrée et porte pour ornemens des fleurs-de-lis, provient d'Angleterre. Une note placée au folio de garde, par l'abbesse des dames bénédictines d'Irlande qui le possédaient en 1823, dit qu'il appartenait à Catherine d'Aragon, *dont le nom aujourd'hui biffé* (c'est la note qui parle) *se trouvait écrit, au premier feuillet, de la main de cette Princesse*. Il y a bien, en effet, au folio 1, un nom effacé ; mais, est-ce celui de Catherine d'Aragon ? Et ce nom était-il écrit de sa main ? Je l'ignore. Toujours est-il que ce manuscrit est précieux par ses miniatures qui sont au nombre de 30, sans compter les encadremens. Les personnages de ces miniatures portent le costume de guerre, usité à l'époque de la confection du manuscrit. On voit, entre autres, Saint George à cheval, le morrion en tête, terrassant l'hydre. Ce manuscrit est, en outre, armé de fermoirs en argent qu'ornent deux petites miniatures placées sous verre dans deux petits cadres. Toutes ces particularités indiquent que ce livre a dû appartenir jadis à quelque grand personnage ; mais rien ne prouve que ce fût à celui qu'on désigne.

Le N° 91 est un magnifique livre d'Heures, petit in-4°, de la fin du xve siècle. Il est orné de 77 miniatures qui sont presque autant de chefs-d'œuvre. Sur le côté de la première, on lit cette devise écrite sur un rouleau que tiennent deux enfans : « *Par mon plaisir.* »

Au bas, deux autres enfans ailés soutiennent un écusson qui pourrait servir à faire reconnaître un des anciens possesseurs.

Le manuscrit N° 214, in-folio, intitulé : *Miroir de l'âme*, ne se recommande point par ses miniatures. Il contient seulement, dans ses huit premières pages, de grandes lettres ornées, tracées à la plume et à l'encre ; à la place de l'une de ces lettres, on a représenté l'auteur du livre qui était un chartreux, en habit de son ordre ; il est assis sur une *chaière* de bois et s'occupe à écrire son ouvrage. Celui-ci est placé devant lui sur un pupitre. Au bas de ces lettres, on lit la note que voici : « *S'ensieut la translation du Miroir de l'âme, que fit jadis en latin un chartreux ; et puis a esté nouvellement escript et translaté du latin en françois et achevé par Jo. Mielot, né de Picardie, à Brouxelles, l'an mil. cccc. L. ung, à la fourme et style qui s'ensuyt.* » A la fin du livre, on trouve encore : « *Ci fine le Miroir de l'âme pécheresse, translaté du latin en françois par Jo. Mielot, et puis escrit de sa main, à Brouxelles, l'an de grâce mil. cccc. L et ung.* »

Les deux manuscrits suivans ont eu jadis d'illustres propriétaires. L'un d'eux, le manuscrit N° 245, petit in-32, garni de fermoirs en or, sur lesquels on lit : *Sit memor extincti*, a appartenu à Catherine de Médicis, mère de Charles IX, femme de Henri II. Sa couverture est semée de flambeaux, d'urnes et de C. H. entrelacés. Il a été donné le 24 août 1750, par M. Royer, pasteur de l'Église wallonne de la Haye, au Prince d'Orange ; il contient de petites miniatures fort bien exécutées. L'autre manuscrit, N° 246, in-32 également, est intitulé : *Heures de Charles de Bourbon*. Sa première miniature, en effet, représente ce Prince à genoux devant la Vierge.

Le N° 247 est un livre de prières du xvie siècle, je crois, in-8°, relié en maroquin rouge moderne, avec dorure sur le plat et sur le dos. — Les plats offrent ; d'un côté, les lettres suivantes :

M S E

T R

E · S O T · V

R B

D O R ;

et de l'autre, les lettres que voici :

A O E

R I

E P G E D

T V

R I E.

J'ignore entièrement le mot de cette énigme , et les divers renseignemens que j'ai pris à la Bibliothèque royale de Paris , ne l'ont pas éclaircie davantage. Ce manuscrit contient un grand nombre de miniatures admirables , d'un fini parfait, représentant toutes invariablement le même personnage couvert d'un cilice et priant en différentes postures. Auprès de lui est un livre doré sur tranche , recouvert en velours bleu , avec cette inscription en lettres d'or : *Delear prius*. Au bas de chaque miniature il y a un nœud peint en or coupé transversalement par la moitié ; et , vers la fin du manuscrit , un grand nombre de pages offrent chacune une tête de mort admirablement exécutée sur la marge du bas. — Le folio de garde contient une miniature dont l'encadrement forme une bandelette roulée des quatre côtés autour d'un bâton doré , sur laquelle on lit , deux lettres par deux lettres : *Diripuisti Domine vincula mea. Tibi sacrificabo hostiam laudis et nomen Domini invocabo.*

Le fond de la miniature est noir, semé de nœuds coupés en or. Sur la droite vers le haut , on voit des barres alternativement rouges et blanches. Le milieu est occupé par un magnifique lion rouge-pourpre, assis sur un cilice , tenant dans sa gueule un heaume à visière baissée , à panache blanc , à gorgerin de mailles , et , entre ses pattes de derrière , un écusson dont je n'ai pu tirer aucune lumière. — Sur sa tête , avec ses deux pattes de devant , le lion tient un livre couvert en velours bleu avec sept sceaux pendans ; sur le velours, on lit en lettres d'or : *Delear prius.*

N° 275. — *La Vie de Saint Hubert,* manuscrit in-folio du XVe siècle, très-beau , ayant appartenu au baron de Villenfagne , des mains duquel il a passé à la bibliothèque de la Haye. Ce manuscrit , acheté par le roi Guillaume 1er , 400 florins , contient un grand nombre de magnifiques miniatures, auxquelles M. de Villenfagne , dans une Notice qu'il publia lorsqu'il voulut vendre son manuscrit , prétend que Van Eyck (Jean) a dû travailler. Rien ne prouve cette allégation. Aussi, M. l'abbé Flament a-t-il écrit en regard de cette Notice ce mot malicieux : *Lettre de Pline qui veut vendre ses jardins.*

Les cérémonies de l'Ordre de la Toison d'or et ses ordonnances ont fourni , ici comme partout , un assez grand nombre de manuscrits à miniatures. J'ai distingué surtout le N° 489 , écrit en 1478 , et dont la première page contient l'assemblée de l'Ordre , en grand costume , avec le portrait du duc Philippe-le-Bon ; — le N° 1110 , manuscrit in-fol. sur papier , orné de plusieurs miniatures sur vélin. La première représente le duc Philippe-le-Bon en costume de grand-maître de l'Ordre , et un autre , Charles-Quint et Philippe II , très-ressemblans ; — enfin , le N° 1301 , in-4°. Ce manuscrit offre à chaque page

des encadremens fort curieux, et il contient 91 portraits des chevaliers avec leurs armes. Il provient de la bibliothèque du baron de Pœderle, à la vente de livres duquel il fut acheté le 17 août 1781. Les
ancêtres de M. de Pœderle avaient été trésoriers de l'Ordre de la
Toison-d'Or.

Le Nº 509 intitulé : *Le Livre de l'information des Princes, translaté
de latin en françoys, lequel livre fist et compila Monseig. St. Thomas
d'Aquin*, offre à la première page une magnifique miniature, représentant le traducteur, au moment où il offre son livre à M. Philippe
de Clèves, seigneur de Ravastein, de la bibliothèque duquel cet
exemplaire a fait partie. — A la fin, on lit rubriqué en rouge : *Cy fine
le livre de l'information des Princes, translaté de latin en françoys,
lequel livre fist escrire à Paris, noble home Jehan Arnoulphin, l'an
mil cccc. cinquan'e-trois, le iiiiᵉ jour de février.*

Le manuscrit coté Nº 530, dédié au prince d'Orange, Guillaume-
Maurice de Nassau, est d'un tout autre genre et d'un travail italien.

Voici son titre : « Libretto di serte composte per via delli dodici
segni Zodiaci, setti pianete e altre figure celesti, ornato molto piace-
vole per signori, dame, et qual si voglia persone che si dilettano di
darsi spasso et passatempo, como si dimostrara per exempio nella
pagine doppo l'indice. »

Ce manuscrit contient les figures, assez bien faites, de tout ce
qu'indique son sujet, et, au bas de son titre, on voit sur le premier
folio, la Fortune montée en triomphatrice sur une conque marine
qu'accompagne cette devise : *Sors omnia vertit.*

Un second manuscrit, également italien comme celui-ci, est le Nº 647,
au folio de garde duquel on lit cette note : « *Frat. Rhol. Tarvisanus.
Gerard de Lisa. scriptori mei copiam fecit. ut ipse ceteris maiorem
copiam faceret. Tarvisii. M. cccc. Lxxj. novembris.* » — On lit à la
fin du livre : « *Finitum. M. cccc. Lxxj. Die œviii. decembris.* »

Ce manuscrit in-4º, couvert en velours rouge, est le *Liber Mer-
curii Trismegisti*, offert par Marsile Ficin, *ad Cosmum Medicem
patriæ patrem*. Chaque page en est encadrée de fleurs et autres ornemens sur fond d'or, d'argent, d'azur, toujours de couleurs éclatantes
souvent bizarres, quelquefois d'assez bon effet.

Le manuscrit 672, petit in-4º, contient les *Oroysons de Cicéron*,
en français, avec plusieurs miniatures représentant des personnages
du xvᵉ siècle ; on voit à la fin le portrait du propriétaire du livre et
de sa femme ; mais aucune circonstance ne fait présumer leur nom.

Le manuscrit coté 827 (in-fol.), est assez curieux. Il contient :
*La Bible en franchois, selon la descricion véritable de Josephus, par
forme de croniques. En ce compris l'exposicion des visions de Daniel*

le prophète, hystoriées d'estranges figures. — En effet, on a peint à l'un des folios le colosse vu par Nabuchodonosor ; — à un autre, à propos du songe de Daniel, un léopard à quatre têtes, la bête à dix cornes, etc. Ce manuscrit commence ainsi : « *Messires li quens Guillaume d'Auvergne qui covoite à avoir et à savoir les nessances et les ligniées dès le commencement del siècle et vell savoir les batailles qui ont esté faites anciennement, et les fet escrire en cest livre. Et je Moyses, fils Abraham le rous, le juif, l'ai traitée à mettre en plein françois, selon les estoires de la Bible,* etc. »

Je ne sais si c'est une erreur ; mais ces notions, quelque courtes qu'elles soient, sur nos anciens scribes, me paraissent très-intéressantes.

Telle fut, Monsieur le Comte, une partie des volumes à miniatures que j'examinai. Vous parler de tous serait trop long. Je passe donc les moins importans sous silence.

Les manuscrits sur lesquels mon attention se porta ensuite sont curieux à d'autres titres. Vous en jugerez par ma prochaine lettre.

J'ai l'honneur d'être, Monsieur, avec un profond respect,

Votre très-dévoué serviteur,

ACHILLE **JUBINAL**,

Professeur à la Faculté des lettres de Montpellier.

LETTRES

SUR

QUELQUES-UNS DES MANUSCRITS

DE LA BIBLIOTHÈQUE ROYALE DE LA HAYE.

Deuxième Lettre.

Paris, novembre 1844.

MONSIEUR LE COMTE,

Avant de reprendre l'examen des manuscrits de la bibliothèque royale de la Haye, au point où je l'ai laissé dans ma dernière lettre, permettez-moi de vous donner quelques détails sur divers ouvrages inédits que j'eus occasion de voir et qui n'appartiennent pas à cet établissement. Il faut, en effet, à l'étranger surtout bien plus qu'en France, ne pas négliger ce genre d'investigations ; car les particuliers sont quelquefois très-riches en livres ou en manuscrits curieux. C'est ainsi, pour n'en citer qu'un exemple, que j'ai appris, dans un de mes voyages à Londres, par mon ami M. Thomas Wright, le plus zélé de tous les inquisiteurs de nos vieilles compositions romanes en Angleterre, qu'il existe dans les Archives de sir John Stammer, un ouvrage anglo-normand du XIIIe siècle, contenant les aventures de Meloïs, fils de Meliane de Cornouailles, écrit sur un rôle très-long et où les vers sont accompagnés de la notation musicale. C'était probablement (passezmot ; Monsieur, cette expression trop moderne peut-être en pareil sujet) une périthèse dont se servaient les jongleurs pour réciter et chanter leurs poëmes.

J'arrive aux ouvrages dont je voulais vous entretenir. Le premier est un petit volume oblong, un papier fort, d'une écriture de la fin du XVIe siècle, orné encore d'une reliure jadis très-élégante ; son posses-seur actuel est le libraire Jacob, éditeur du meilleur Journal biblio-graphique de [illegible]. Au folio de garde de ce manuscrit, [illegible] d'une autre main une vente publique, se trouve cette date : Anno 1674 ; puis, cette devise : L'attente sourrit. A côté on lit cette men-tion : Appartient à Mlle. Catherine de Beshire ; et, au-dessous, ces mots : Au Dieu plaise.

Ce manuscrit renferme cinquante-deux pièces en vers. La plupart sont des chansons sur l'Amour, souvent assez fades, quelquefois assez piquantes, et ayant chacune, ou du moins presque toutes, en tête, comme indication de l'air sur lequel on les faisait entendre, le pre-mier vers d'une ancienne chanson française. J'ai copié la suivante, qui a pour sujet la *Victoire de Monsieur le duc d'Anjou*, *frère du Roi*, en 1569, et je la donne ici non pas comme un modèle de poésie, mais comme un [illegible] de la gaîté des camps au XVIe siècle. Elle est l'œuvre probablement de quelque reître ou de quelque lans-quenet [illegible], qui l'aura rimée pour l'édification de ses camarades, [illegible] et soudards.

[illegible — deux colonnes de vers en grande partie illisibles]

Permettez à juste de [illegible] ; permettez-moi, Monsieur, comme [illegible] de ce [illegible] sujet [illegible] d'un genre différent, que j'emprunte au manuscrit N° 194, supp. français, de la Bibliothèque

du Roi à Paris. Elle est historirique comme la première, et se ressent
bien plus de son origine soldatesque. Son premier couplet est noté dans
le manuscrit.)

Et que feront povres gens d'armes,
En la conté en garnison ?
Il leur fauldra rendre les armes
Ou Bayart mengera Granson.
Quicter leur fault leur garnison
Car ils n'ont pas un petit blanc :
Le roi des Romains les abuse ;
C'est la façon dés Allemens.

Il y a un duc en Aultriche,
Roi des Romains se fait nommer ;
Mais il n'en est de rien plus riche,
Ils ne le veulent advouer.
Gendarmes a fait amasser,
Mais il n'a pas foison d'argent.
Fièvre puisse-il espouser,
Qui le servira longuement !

Il se fioit en Ludovic
Qui a fait mourir son nepveu :
Il a trahi lo roy de France,
Mais il n'a pas eu du meilleu,
A la journée de Pornenson
Il luy mourut beaucoup de gens,
Et ceulx qui ne m'en vouldront
Croire demandent aux Véniliens.

Celluy qui feist la chansonnete
C'estoit un povre dechassé (1) ;
Il a vendu sa maisonnette
Pour servir la croix Saint-André ;
Mais il n'y a guères gaigné :
Du bon du cuer il s'en repend.
Il veult servir le roy de France
Qui luy ou donnera l'argent.

Dans le manuscrit de M. Jacob la première chanson est suivie d'un
psaume *accomodé à ludicte victoire, sur la voix :*

Dames, qui au plaisant son, etc.

Je regrette de n'avoir pas eu le temps de faire le relevé de toutes
ces citations ; car, un vers recueilli d'après une indication pareille à
celle dont nous parlons ici, peut servir à mettre sur la voie d'un ancien monument poétique. C'est dans ce but que j'ai publié (*Bulletin
du bibliophile*, année 1844), en analysant le *Cancionero de Monte-
sino*, ouvrage du xvie siècle et d'une grande rareté, les premiers
vers d'anciennes *romances* espagnoles, sur l'air desquels devaient se
chanter les *coplas* du *Cancionero*, tels que ceux-ci par exemple :

— O Castillo de Motanches, etc.

— A la puerta, esta
Pelayo y llora, etc.

— Ya cantan los gallos, etc., etc.

Mais quelle était cette Catherine de Backère dont parle le manuscrit ? — Était-elle l'auteur de ces chansons ou tout simplement la propriétaire du livre ? Faut-il voir en elle un des anneaux de cette chaîne
non interrompue de femmes poëtes dont vous avez si éloquemment

-----

(1) Les chants populaires contiennent souvent au dernier couplet une mention de
ce genre. Par exemple, la charmante chanson catalane intitulée : *Lo Pardal*, très-
connue en Roussillon, se termine ainsi :

La canso qui t'a dictada?
Qui treta la, qui treta la ?
Son tres fadrins de la plana
Del' Ampourda.

parlé dans la préface de *Nathalie*, et qui va de Christine de Pisan à Mme Tastu , de Louise Labé à Mme Valmore? Ou bien , était-ce une de ces intelligences choisies qui se plaisent aux lectures poétiques ? Je suis pour la seconde hypothèse ; car aucun ouvrage de bibliographie ne mentionne le nom de Catherine de Backère. Seulement je trouve dans la *Bibliographie douaisienne* (mai 1832) la mention suivante : « *Tabula sacrorum carminum et piorum precum enchiridion , libro III , ex CXX poetis collectum* , a Petro de Bachère ; Douai, Jean Bogard , 1579 , in-8°. »

Pierre de Bachère , de Gand , dominicain , docteur en théologie , passait , dans son temps , pour un poète élégant ; il a laissé beaucoup de vers , de discours et autres écrits ; il est mort à Gand , le 12 février 1601. Faute de documens précis , je ne lui attribue cependant pas le volume où se trouve notre chanson. De plus heureux pourront peut-être l'affirmer.

Le second manuscrit dont je vous parlerai , Monsieur , appartenait encore , à l'époque de mon voyage , à M. Jacob ; mais il a passé depuis entre les mains de M. John Russell-Smith, libraire-éditeur , à Londres (Old-Compton street , N. 4). Ce manuscrit , incomplet à la fin et au commencement , mais auquel il reste encore dans son état actuel 131 feuillets à deux colonnes , qui contiennent environ 25,000 vers , est un *Miroir de l'âme* , sur parchemin , en caractères du commencement du xve siècle. Le poème , divisé en dix parties , me paraît cependant remonter au moins à la moitié du xive siècle; il est tout entier en strophes de 12 vers. Vous jugerez , Monsieur , de son intérêt réel , par la Table des matières suivante que je lui emprunte. 1re partie : *Coument de la malice du diable pæché fuit conceu ; — 2e : Coument reson fuit conjoint à l'alme ; — la 3e est por considerer par entre deux l'estat des hommes et terres , especialement de ses haltz prélatz , ouesques , lour archediakies , officials , déaus et autres q'ont la governaunce de l'espiritiele cure et tcount l'umbre et essemple de bien et d'onest vie ; — la 4e partie trete de l'estat des religions si bien possessioners , come mandiant ; — la 5e partie trete l'estat du temporiel governement selonc le corps , lequel appartient as emperours , rois et autres nobles princes; — la 6^e partie trete l'estat de la chivalerie et de les gentz d'armes qui devout le droit de seint eglise et sa franchise supporter et defendre ; — la 7e partie trete l'estat des ministres de la loy , c'est assavoir jugges , pledours , viscontes , baillifs et questours qui sont juretz a foi tenir et poiser le droit par tiele egalté que covetise ascune part ne leur destorne; — la 8e partie trete l'estat des marchantz , artificiers , vitailliers , qui selonc la droite policie des citées (si fraude ne tricherie ne se mellout) sount au commun profit honestz et nécessai-*

rex ; — la 9ᵉ partie *trete de ceo que chascun en son endroit blasme le siècle, et coment le siècle notablement s'escuse* ; — la 10ᵉ partie *trete coment l'omme pecchéour, lessant ses mals, se doit reformer à Dieu et avoir pardon par l'eyde de nostre Seigneur Jhésuchrist et de sa doulce mère la Vierge glorieuse.*»

Je n'entre pas ici dans d'autres détails; je les renvoie aux pièces justificatives qui suivront mes lettres.

J'eus occasion aussi de voir chez M. Schinkel, savant imprimeur, qui, suivant l'exemple de M. Crapelet chez nous, a publié, à ses propres frais, les premiers monumens littéraires de son pays—(je citerai, entre autres, la Chronique de Van Héclu, éditée par un jeune docteur de l'Université de Leyde, M. Jonckbloet (1), dont les études romanes ont beaucoup à attendre), — plusieurs incunables précieux, ainsi que des manuscrits à miniatures, mêlés à des tableaux modernes, à des ciselures de Gérard de Viane et à des sculptures sur bois d'une grande finesse (2) ; mais une bonne fortune plus positive qui m'arriva,

---

(1) Outre la Chronique de Van-Héclu, M. Jonckbloet a encore publié, avec des notes et une introduction remarquable, sous le titre de : *Specimen continens L. de Welthem Chron. librum III :* 1º Le troisième livre de la Chronique brabançonne de Louis de Welthem (1314), d'après le seul manuscrit connu, appartenant à la bibliothèque de l'Université de Leyde ; — 2º le petit poème du xiiiᵉ siècle, intitulé : *Béatrix ;* — 3º (avec l'appui de M. Schimmel-Penning, ministre de l'intérieur) le *Doctrinal*, poème didactique, remontant à l'année 1345 ; — en outre, M. Jonckbloet, aidé de MM. de Vries, Vischer, Van-der-Bergh, Tideman et autres érudits, vient de fonder une Société qui compte de nombreux souscripteurs, pour la publication des anciens poèmes hollandais du moyen-âge, et il s'occupe, en ce moment, sous les auspices du Gouvernement de son pays, à mettre au jour le roman de *Lancelot*, poème immense du xiiiᵉ siècle, contenant environ 100,000 vers.

(2) Adam de Viane, célèbre artiste, dont la *Biographie universelle* ne fait pas mention, exerça sa profession à Utrecht. Il a ciselé un grand nombre de vases et a laissé d'admirables bas-reliefs en argent. M. Schinkel a réuni plusieurs de ces derniers ; ils sont d'une exécution parfaite. Une portion de l'œuvre d'Adam de Viane a été gravée sous le titre de : *Modèles artificiels de divers vaisseaux d'argent et autres œuvres capricieuses*, etc., par Th. Van-Vessel, petit in-fol., sans date. Cet ouvrage, aujourd'hui très-rare, car Brunet ne l'a pas mentionné dans son *Manuel du Libraire*, et Brulliot, dans son *Dictionnaire des monogrammes* (Munich, 1832), dit ne l'avoir jamais rencontré, renferme 48 planches, dont la 48ᵉ reproduit le portrait de l'artiste, d'après un dessin de John Smith. Quelques-unes des pièces données dans ce Recueil, existaient encore dans la riche collection de M. Vosmaer, directeur du cabinet de Guillaume V (vendue en 1800), et l'on en trouvait beaucoup d'autres dans celle de Mᵐᵉ Hoggner, vendue à Amsterdam, en 1817. Le Catalogue de la vente de M. Vosmaer, que j'ai consulté, renferme, sous le Nº 448, un exemplaire incomplet de l'ouvrage dont nous venons de parler, et le libraire auquel on doit ce Catalogue, y a consigné la note suivante : — *Ouvrage extrêmement rare. M. Vosmaer, de toute sa vie, n'en avait vu que trois exemplaires ;*

fut la suivante. M. Van-der-Bergh, avocat distingué de la Haye, auquel on doit déjà la publication de plusieurs petits poëmes attribués à Maerlant, ainsi qu'un Recueil de légendes hollandaises, ayant appris que je me livrais à quelques recherches sur les manuscrits français de la bibliothèque royale de la Haye, entra en relations avec moi et me montra une feuille de parchemin à deux colonnes, in-folio, d'une écriture du commencement du XIVe siècle, et dont les lignes suivaient sans interruption comme de la prose. Ce feuillet provenait d'un vieux registre de l'an 1580, appartenant à l'ancienne baronnie de Bergh, en Gueldres, et plusieurs de ces lignes se trouvaient notées en musique. M. Van-der-Bergh en ignorait le contenu.

Après un examen préalable, car l'écriture de ce manuscrit, fort défectueuse et hérissée d'abréviations, n'était pas facile à déchiffrer, je reconnus que ce feuillet contenait plusieurs *tensons* dus à nos chansonniers du XIIIe siècle, tels que Cuveliers, Jehan Bretel, Grievilier et autres, dont il serait tant à désirer qu'on nous donnât une édition complète. M. Van-der-Bergh voulut bien me laisser prendre copie de ces fragmens, et vous en trouverez le texte, Monsieur, à la suite de mes lettres.

Ceci me rappelle que, dans un de mes précédens voyages, j'ai trouvé à la bibliothèque de Bourgogne, à Bruxelles, dans un manuscrit in-8°, coté au Catalogue sous le N° 14,637, et contenant les vies de Timon d'Athènes, de Lucius Lucullus, de Phocion, etc., traduites en latin par Leonardus Justinianus, et dédiées *ad Henricum Lusignanum, Galileæ principem*, les vers suivans (non mentionnés au Catalogue de la bibliothèque), tracés en écriture du XIIIe siècle sur le folio de garde en parchemin qui recouvre ce manuscrit, et appartenant à l'une de nos grandes chansons de geste carlovingiennes :

> Il sera ancor oi de tel chose apellez :
> Si bien ne se défaut traites ert provez ;
> Vos ne serolz jà rois s'à forcos nel' pandez,
>
> La cort est noble o riche ; ni furent li baron,
> E a Mauglus li bruns commença sa raton :
> « Antendez, emperères, que nos vos conteron :
> Entre moi e mon frère que tang par le manton
> Fumes fil Alori e nevo Galnellon :
> Miles et Aubuins fil Pinabel le blon
> Qui tint tole la terre jusque de mal Tron.

---

ces trois exemplaires étaient *défectueux*, etc. J'en ai vu un complet provenant du célèbre connaisseur Ploos-Van-Amstel, entre les mains de M. Jacob, libraire à la Haye ; mais, ni le musée d'Amsterdam, ni la bibliothèque que dirige M. Holtrop, n'en possèdent.

Il fu ocis a Als por le plet Guenelon :
Se li porfz for sist queus colpes i avon.
Ne savez, sire rois , por coi di cest sermon ;
Au siége, a Herberie , sor un marbrin perron ,
Garniers que je vo la commença sa raixon :
« Seignor , que la farons , franc chevalier baron ?
Molt par est fel cist rois e pleins de traïson ,
Do mal e de bosdie e de sodition.
Pas nos laiss de terre que nos tenir devon ;
Prez sui que je l'ocie Sanslez compagnon,
En bo's o an rivère o là o no perron :
Quant ons l'aurons ocis de maïant dotaron ;
Il n'a mès c'un sol fil que a foible tenon
Qui molt parra liez se servir le dagnon. ».
E cil li respondirent : « Par ma foi , non feron ;
Molz volun toi jor perdré que li roi ociron. »
De ço trai Agarant , Auboin et Milon
Que Carle fust ocis se no l'otrieson.

Au verso , que nous n'avons pu déchiffrer en entier , on trouve les fragmens suivans :

Que je le puisse.............
Vos avroiz lors aïen e l'onors ert sesie.
« Biaus nel , dit Berengiers , vos ne m'abaez mie.
...... morir vos donral Claroce vo mie ,
.... e la lor compagnie.

Le reste est illisible.

Je ne doute pas que si l'on explorait ainsi , avec soin , tous les manuscrits et les livres imprimés du xve et du xvie siècle , même les mieux catalogués en apparence , qui nous restent , on n'arrivât à des découvertes importantes. Souvent , en effet , chez nos pères , on s'est servi , pour en faire des couvertures ou des folios de garde , de parchemins fort anciens dont on ignorait la valeur ou dont on méprisait le contenu. Témoin le manuscrit allemand de Strasbourg , sur le folio de garde duquel je fus assez heureux pour découvrir , en 1838 , et signaler dans le rapport que je vous adressai alors , un fragment d'environ 400 vers , appartenant au poëme des Aventures d'Yseult et de Tristan , que mon ami et collègue , M. Francisque Michel , a publié depuis. Témoin encore les découvertes suivantes , faites par M. Holtrop , sur les feuillets de garde de divers volumes imprimés , du xve siècle , appartenant à la bibliothèque de la Haye : 1°, 844 vers de Jean Le Clerc ou Dekers ; — 2°, 122 vers d'un poème didactique inconnu ; — 3°, 336 vers d'un poème hollandais sur la bataille de Roncevaux , fragment d'autant plus précieux qu'il n'existe en néerlandais aucune épopée sur cet événement ; — 4°, 192 vers d'un poème sur la guerre de Troie , probablement de Maerlant ; — 5°, 240 vers de Charles et

Elegast ; — 6°, 816 vers d'un poème latin, écrit au xv° siècle en vers
léonins, intitulé : *Liber de pugnâ psalmorum, de dominicâ die.* En
voici quelques-uns avec la ponctuation et l'orthographe du manuscrit :

> QUOMODO EXURGAT DOMINUS portat vexillum.
> *Exurgat portat regia. egregius insignia.*
> *Ut suos regat socios. primos. extremos. medios.*
> *Est belli dux salvum me fac et.... benignè fac , etc.*

On peut voir, pour plus de détails, page 180 de l'*Algemeene konst
en letterbode voor het jaar*, *1840*, N° 30, la note de M. Holtrop sur
ce dernier poème que j'espère bien donner en entier.

Je devrais vous entretenir maintenant des manuscrits de la bibliothèque royale de la Haye ; mais j'ai encore un mot à dire d'une visite
que je fis aux archives de cette ville. J'y fus accueilli avec beaucoup
d'obligeance par M. Jonge, l'un des directeurs de ce vaste dépôt. Ce
fut là que je vis quelques manuscrits de Gérard, distraits du reste de
la collection laissée par ce savant, laquelle appartient, comme je l'ai
consigné dans ma première lettre, à la bibliothèque royale de la Haye.
Parmi ces monumens, dont le peu de temps que je devais passer en
Hollande ne me permettait pas de songer à faire des extraits, je dis-
tinguai : 1° l'État fait en 1525, *par très-redoublée dame Madame l'ar-*
chiduchesse d'Autriche, ducesse et comtesse de Bourgogne, régente et
gouvernante du Pays-Bas, pour la conduite et entretien de son hôtel,
manuscrit in-folio, qui provient de la famille Viron d'Oostquerque,
dont un des ancêtres était maître-d'hôtel de l'Archiduchesse, et qui
est extrêmement curieux par les nombreux détails de meubles et d'objets d'art qu'il contient ; — 2° (sous le N° 91 de la collection Gérard)
le Recueil *des écrits et succès des procès faicts par le procureur général*
du Roi, contre les comtes d'Egmont et de Hornes, le prince d'Orange,
les comtes de Nassau, d'Hoochstracten, de Culembourg, Van-der-
Berghe et le sieur Brederode, sous le gouvernement du duc d'Albe, et
du Procès criminel fait au sieur de Bize, ci-devant gouverneur de
Bruxelles ; — 3° (sous le N° 91 *bis* de la collection Gérard) les
interrogatoires (en original) du comte d'Egmont, avec les réponses
signées de lui en espagnol); — enfin, ce qui est tout naturel en Hollande, la correspondance de de Witte et 30 volumes in-fol. de ses
rédactions des états.

Je signalerai encore, comme existant aux archives de la Haye, —
à M. de Paulis, le zélé collecteur des sceaux du moyen-âge, — un
cachet en métal du xiii° siècle, magnifiquement travaillé, dont il lui
sera facile, grâce à M. Jonge, d'obtenir une empreinte pour la collection qu'il a offerte à l'École des Beaux-arts ; — à M. Berger de
Xivrey, le savant éditeur de la correspondance de Henri IV, — un

assez grand nombre de lettres du roi *vert-galant*, éparses dans 19 volumes de lettres autographes des rois, reines, princes, etc.; — enfin, aux érudits hollandais eux-mêmes, qui en ignorent peut-être l'existence dans les archives de la Haye, un exemplaire de leur spirituel poème satirique *le Bateau bleu* (à peu près notre *Nef des fous*), qu'on a cru si long-temps perdu et qui serait si digne de voir le jour. Une collection ingénieuse qui me frappa également, et dont je recommande l'idée aux bibliophiles français, parce qu'elle peut servir à fixer la date précise de beaucoup d'*incunables*, et même celle de l'introduction de l'imprimerie dans telle ou telle ville, dans telle ou telle contrée, est celle que forme M. Jonge, en recueillant, d'après un grand nombre de pièces authentiques et d'époque certaine, les diverses marques du papier, depuis le moment où il vint lutter avec le parchemin, jusqu'à celui où il finit par le remplacer entièrement.

J'arrive, Monsieur, aux manuscrits de la Bibliothèque royale. Je vous demande la permission de parler d'abord de ceux qui traitent de matières historiques; nous arriverons ensuite à ceux dont le sujet est tout littéraire.

Les manuscrits historiques sont assez nombreux; mais, à l'exception de quelques-uns, ils contiennent, sauf erreur, peu de choses capitales. Voici, par ordre de N^{os}, ceux que je crois devoir signaler à votre attention :

N° 57 *bis*. — *Mémoires de Jehan, sire de Hennin et de Louvignies, contenant ce qu'il a sceu et veu de son temps*, et allant de 1465 à 1476. Ces Mémoires font partie de la collection de Gérard, qui en avait pris copie sur l'original; ils complètent Commines, Olivier de la Marche et les autres chroniqueurs de la dernière partie du xve siècle; j'y ai retrouvé d'intéressans détails sur la guerre de Dinant et de Liège.

N° 704, in-4°, avec de très-belles miniatures. — Ce manuscrit offre : *Le séjour de deuil pour le trépas de Messire Philippes de Commines, seigneur d'Argenton*. On lit à la fin de cet ouvrage bizarre, qui est en vers, moins le prologue, et que je range, à cause de l'homme qu'il concerne plutôt que parce qu'il contient, dans la classe des manuscrits historiques, *qu'il fut fait et accomply le jour sainct Vincent, vingt-deuxième jour de janvier l'an mil cinq cens et unze*. J'en donnerai un extrait à la fin de ces lettres.

N°s 712 et 713, tous deux in-fol.—Le premier contient *un poème sur le siége de Bois-le-Duc* et autres victoires de Frédéric-Henri, prince d'Orange, par Isaac Barré, Messin, 1730; — le second, *La Muse guerrière de Hollande*, du même auteur, 1638. Ces deux compositions, que j'ai essayé de parcourir, sont détestables. La dernière nous apprend qu'Isaac Barré était lecteur de l'Église française de la Haye.

N° 739 , in-4° , avec d'assez beaux dessins à la plume. — C'est un manuscrit espagnol contenant *las empresas de los reyes de Castilla y Leon* , par Don Francisco de Neguera , natif de Valladolid , *Obra posthuma.*

N° 784. — C'est une copie faite par Gérard *du Pastorelet*, poème allégorique sur les querelles des maisons d'Orléans et de Bourgogne. Ce poème , très-singulier, dont je donnerai des extraits, a été fait à l'éloge de Jean , duc de Bourgogne. Les personnages y ont tous des noms d'emprunt. Ainsi , Charles V s'y nomme *Florentin* , la Reine, *Belligère* , etc.

N° 793, in-fol., copie de Gérard. — Ce sont des *Chansons et Poésies* , la plupart historiques et composées dans les provinces des Pays-Bas. Elles sont du xive et du xve siècle. On lit sur un des feuillets de garde de ce volume , les dictons suivans :

> « Quant Italie sera sans simonie ,
> Lombardie sans poison ,
> Franse sans traïson ,
> Engleterre sans guerre ,
> Il ne sera point de terre. »

Vous trouverez après ces lettres , Monsieur , plusieurs pièces de ce volume.

Les manuscrits suivans contiennent :

N° 911. — Une Relation exacte de ce qui s'est passé à Genève entre les magistrats et les bourgeois , le 2 mars 1734. In-fol. , sur papier.

N° 914. — Mémoire sur l'histoire d'Espagne et d'Afrique , de l'année 1114 à l'an 1198, in-fol. , sur papier. Ouvrage anonyme , mais assez intéressant.

N° 915. — *Cronica de los reyes Fernando y Ysabel* , par le docteur Laurent Galinder de Carabajal , membre du Conseil. 1583.

N° 916. — Un Récit de la guerre de Grenade (en espagnol) , sous le commandement de Don Juan d'Autriche. Cette relation n'est pas celle de Hurtado de Mendoce , et elle mériterait d'être examinée avec soin.

N° 917. — *Relation de la orden de servir , en la casa de Carlos quinto.* 1545.

N° 919. — Actes concernant les cartels entre l'Empereur et le roi François Ier. Ce joli manuscrit , parfaitement exécuté , est de l'année 1528. J'ignore si son contenu n'est pas le même que l'œuvre imprimée en 1529, in-12, sous le titre de : *Cartel de François Ier à Charles V, et la réponse de l'Empereur.*

N° 1067. — Trois volumes des Chroniques de Froissart et de Monstrelet, offrant beaucoup de variantes sur les éditions de 1518 et de

1530. Il y a également un autre Froissart, avec miniatures, sous le Nᵒ 908.

Nᵒ 1186. — C'est un Voyage à Paris, fait en 1676, par deux Hollandais. Ce volume curieux contient beaucoup d'anecdotes et de détails intéressans. Le récit suivant d'une visite faite au Louvre par nos deux voyageurs pour voir la reine Christine, pourra en donner une idée.

« Le 11ᵉ, nous retournasmes au Louvre pour tascher de voir la Reine de Suède avant son départ. Nous fusmes plus heureux que le jour auparavant ; car elle estoit visible, et nous eusmes tout le loisir de la bien considérer. Elle n'avoit plus son habit de femme, auquel elle s'estoit accommodée pendant son séjour en cette Cour. Elle avoit repris un justaucorps de veloux noir garni partout de rubans, avec un droste (qui est une espèce de cravate à la Moresque), qui estoit lié d'un ruban de couleur de feu. Elle portoit une toque de veloux avec des plumes noires ; elle estoit coiffée de ses propres cheveux, qui sont fort blonds mais assez courts et couppés comme ceux des hommes ; sa juppe estoit d'une moire bleue avec une belle et grande broderie de soye guippée, blanche et aurore. Elle est de petite taille, assez ramassée ; elle a le visage parsemé de quelques grains de petite vérole, mais qui ne paroissent que de fort près ; son teint est fort frais, sur lequel on voit un peu de rouge meslé qui semble d'en vouloir relever l'esclat. Elle a le front large et les yeux grands et estincellants ; elle a un nez aquilin, qui estant proportionné au visage ne luy sied pas mal. Elle a la bouche assez bien faite, les lèvres vermeilles et les dents toutes gastées ; le menton luy descend un peu en pointe et acheve de luy former le visage en ovale. Nous ne pusmes remarquer qu'elle ait le corps si mal basti qu'on le dit ; il est bien vray qu'elle a l'espaule droite un peu plus haute que la gauche ; mais si on ne le sçavoit pas, on auroit de la peine à s'en apercevoir ; aussi, tasche-t-elle de couvrir ce défaut le mieux qu'elle peut, car pour trouver l'esgalité de ses espaules elle advance tousiours le pied droit, met la main gauche au costé, et la droite sur son derrière. Quand elle parle à quelqu'un, elle le regarde fixement et d'un œil si ouvert, qu'il faut estre bien hardy pour soustenir long-temps sa veüe. Elle ne tint point de longs discours et parut ce jour là tout à fait inquiete : elle ne faisoit que courre d'un costé et d'autre dans sa chambre et, dans un moment, on la voyoit au-delà du balustre de son lict, auprès de sa cheminée, au coin du paravent et aux vitres d'une fenestre, dire un mot à l'un, tirer l'autre à part, et faire paroistre une humeur deroiglée. Elle parle fort bon françois, en possède tout à fait l'accent, et dit parfois de belles choses, mais d'un ton de voix qui approche plus de celuy d'un homme que d'une femme. Quand quelqu'un luy vient faire la reverence, elle luy en rend une de sa façon, qui est de moitié homme, moitié femme ; et quand elle marche, elle fait de certains pas en tournant qu'on peut nommer des passades en demi-volte, ou des coupés de maistre à danser.

Le lendemain 12ᵉ, elle partit et rendit *libertatem Aulæ et lucem Cardinali*, qui, dès le lendemain, se leva, ne se plaignoit plus de la goutte, et s'en alla trouver le Roi à Vincennes, qui y estoit allé le matin pour *Ayuda da Costa*, ou plustost pour affranchir le Louvre de la gesne à laquelle elle tenoit tout le monde. On lui a donné 62 mille escus. Elle ne sera que quelques jours à Fontainebleau, et s'en ira avec le plus de diligence qu'elle pourra, en Provence, où elle se doit embarquer pour de grands desseins, etc. »

Le Nᵒ 1188, que je vis ensuite, est également un voyage, mais en diverses provinces de France, et en 1664. Il forme un petit volume oblong. Ce manuscrit, comme le précédent, est assez curieux.

En voici plusieurs fragmens relatifs à Arles et à Montpellier :

« La ville de Montpellier est fort mal bastie et comme on dit, à coups de poings, parce qu'elle n'est pas bastie toute en un temps, mais à divers temps et occasion. Les rues sont estroites et fort irrégulières, et pour aller d'un bout de la ville jusques à l'autre, il faut faire des détours sans nombre, à cette heure à droite, à cette heure à gauche....

»La veille de St-Jan, quand on brusle le feu de joye devant la Maison-de-Ville, là se font alors quelques sérémonies. Messeigneurs les Consuls, précédés de beaucoup d'archers qui portent des flambeaux de cire blanche, font trois tours en robe rouge, autour d'un amas de fagots où ils mettent peu après le feu dedans et se retirent dans l'Hostel-de-Ville.

...... « Il y a un gouverneur de la ville outre le séneschal. Il y en a un autre de la citadelle qui est chevalier des Ordres. Il s'appelle le marquis de Castres, est fort estimé et respecté.

»...... Il y a icy deux cabinets à voir, l'un dans le collège des PP. Jésuistes, où il y a beaucoup de raretez et sont principalement ramassées pour la cognoissance de la médecine, quoiqu'il y ait cent autres choses. Il y a : — une petite coupe d'une corne de rhinocéros ; — une lampe qui, estant mise devant une chandelle, vous esclaire 50 pas tant que vous sçauriez lire parfaitement ; — une fontaine qui n'a qu'un trou par où l'eau doit et peut entrer, et estant tourné, le robinet jette l'eau plus haut de 8 pieds, etc.

»L'autre cabinet est commencé d'un fort curieux apothicaire appelé *Catelan;*..... mais M. Gilibert, maistre apothicaire l'a encore augmenté. Il y a un ciel de papier à quoy sont attachés quatre globes de verre et un de terre qui représentent les 4 élémens ; — il y a deux enfans sans pieds, mais un autre qui en a trois ; — un camélion qui change si souvent de couleur que l'on change d'objet ; — une crocodille bien grande, qui ont toujours des vers dans les dens, et il y a un petit oyseau qui, sans aucune appréhension, les vient manger, qui s'appelle Forgues ; mais il n'y est pas, etc.

»...... Le Jardin du Roi a des belles allées et de toutes sortes de plantes et herbes médicinales. Il y a entr'autres la plante que l'on appelle *Arum ægyptiaca*, dont les feuilles, qui sont grandes et d'une belle couleur, en façon de cœur, servaient d'habits à Adam dans le Paradis.

»Il y a icy une Université de médecine fort renommée. On y prend ses degrés avec beaucoup de solemnitez et honneurs ; mais aussy de travail et de peines, parce qu'il faut que le candidat l'ambitionne par des thèses publiquement un an durant et après que l'on en est venu à bout, on luy fait grand honneur l'ayant crée docteur, et les professeurs le mènent en robe chez luy, qui est précédé de tous les violons et hautbois de la ville.

»Les professeurs font peu de leçons publiques, si bien que, pour commancer les estudes, il ne faut pas venir icy. Il y a tant d'apothicaires que vous ne passez pas une rue où vous en voyez deux ou trois. Le plus agréable que Montpellier a sont les femmes et filles, qui y sont tout à fait belles, agréables et charmantes, tant en mines que civillez, et elles sont habillées fort à la mode et à leur avantage, ce qui les rend encore plus agréables. »

Voici ce que notre voyageur dit des Aleschans d'Arles :

»Le couvent des Minimes est hors la ville. Ce couvent et tout ce qui lui appartient est basty dans un cimetière qui a esté si bien renommé que l'on y a porté des corps pour enterrer, de deux, trois cents lieues, dans des cercueils de pierre, de marbre blanc, rouge et d'autres couleurs; mais tous ces beaux tombeaux *en sont emportés par le cardinal de Richelieu et les gouverneurs de Provence. Il y a une cave dans le couvent où est encore le tombeau de Roland, neveu de Charlemagne, et d'autres grands; mais sur le cimetière il y en a encore une si grande quantité, qu'on aurait besoing d'une journée pour les conter (sic), qui sont sur la terre, et peut-estre que sous la terre il y en a bien plus. On en a basty des maisons.....*

»Dans ce lieu, il y a une pierre fendue qui est couverte d'une invention de bois et de trille de fer avec des verres. Icy devant est escript : « Icy a mis J.-C. son pied.»

Le N° 1192, in-4°, sur papier de très-belle écriture, contient le *Recueil en brief du voiàge faict en armes au royaulme de Thunes, et la conqueste faicte dicelluy et du fort chasteau de la Goulette, en l'an mil cinq cens trente cinq, par l'empereur Charles-Quint.*

Ce manuscrit fort intéressant, dû à un témoin oculaire, est suivi « *Des triumphantes entrées faictes par l'empereur de Reume, Charles, cinquième de ce nom, en ses roiaulmes de Naples et de Sicille, en l'an mil cinq cens et trente cinq, à son retour du voiage en Affricque où il conquist le roiaulme de Thunes et le fort chasteau de la Goulette et rebouta la Barberousse.* » Cette seconde description est de la même main que la première.

On lit à la fin du manuscrit : « Ce présent livre a esté faict et rpcocuillié par feu Messire Anthoine de Pernin, en son vivant chevalier, conseillier de l'Empereur et premier Secrétaire d'État de Sa Majesté, lequel fut avecq icelle au dict voiaige de Thunes et présent à tout le dict affaire. Il estoit natif de la France, conté de Bourgoingne, lequel depuis au retour qu'il fist ès pays de pardecha, morut en la ville de Tournay et y est enterré au cloistre des Croisiers, illecq au millieu du cœur (sic), comme appert par sa sepulture. Duquel livre et receul dudict voiaige et du traictié faict par l'Empereur avec le Roy du dict Thunes, Jehan Barrat, conseillier de l'Empereur et maistre en sa Chambre des comptes à Lille, en a obtenu la coppie; laquelle il a ainsy faict contre escripre par passe temps et mémoire chy après, a l'honneur premièrement de Dieu et de l'Empereur, par frère Bonaventure Meurisse, prestre et religieulx de l'ordre Sainct Franchois, au couvent de la ville de Lille en Flandres, en l'an mil cinq cens quarante et ung. Priés Dieu pour eulx. — *Finis.* »

Cette relation de la prise de Tunis, que je crois inédite, mériterait de voir le jour. Elle est très-curieuse et Messire Anthoine Pernin raconte avec intérêt. On pourrait comparer ce récit avec celui du N° 1328 de la bibliothèque de la Haye, provenant de la bibliothèque augustinienne de Bruxelles, et avec celui du N° 1329, contenant l'*expédition de Thunes, faicte par l'empereur Charles-Quint, avec la description des antiquités.*

N° 1315, petit in-4°, relié en veau rouge.— Ce manuscrit intitulé :
Les aventures depuis deux cens ans, a été copié par Gérard, d'après
un manuscrit in-4°, sur papier, d'une écriture du xv° siècle, qui était
dans la bibliothèque de Bourgogne, et qui en fut enlevé, en 1794,
par les Commissaires de la République française. C'est une Chronique
dans le genre de celles de St Magloire. En voici quelques fragmens :

> Pour ce qu'il m'est avis c'om aime les beaux diis
> En .uell un commencier par devant mes amis,
> Car en mainte manière règne li anemis :
> D'affoler tout le monde c'est en grant peine mis.
> . . . .
> — En l'an cc. avec xLIIII.
> Cuidèrent bien Flamans les fleurs de lis abattre
> Quant li conte Ferrant vint aux François combattre,
> Mais li doux J.-C. fist son orgueil abatre.
> . . . .
> — En l'an M. cc. avec quarante-huit
> Fut prinse Damiette mais qu'il ne vous anuit.
> Là fu prins St Loys qui les Françoys conduit :
> Pour sa raenson payer, monoye de cuir courit.

La mort de St Louis, le procès des Templiers, le décret des mon-
naies sous Philippe-le-Bel, l'affaire du prévôt Traperel, qui fut jugé et
pendu pour ses méfaits, la bataille de Mont-Cassel, celle de Crécy,
celle de Poitiers, le procès de Hugues Aubriot, la bataille de Ros-
bacq, etc., sont racontés brièvement dans cette chronique, qui
s'arrête à l'an 1408. Elle n'a du reste aucun autre mérite que celui
de l'exactitude.

Le N° 1316, in-fol., contient le récit du *voyage et armée que très-
haut et puissant prinche Charles, conte de Charolois, fit au royaume
de France, l'an de grâce de nostre Seigneur .465*. On y trouve, entre
autres choses, une description très-détaillée de la bataille de Mont-
l'Héry, par Jehan de Brougnart, sire de Haynin et de Louvignies.
Ce récit qui a 203 feuillets, est très-curieux. Il fut copié par Gérard,
sur le manuscrit original de l'auteur. Il commence à la fuite de Louis
XI, alors dauphin, hors de France, et à sa retraite à Gennape. Il
continue par l'entrée du Roi, à Paris, à la mort de son père, en
compagnie du duc de Bourgogne. L'auteur dit :

> « De laquelle entrée je me passe en bref d'en escrirre chi endroit en cho présent
> livre, à cause de cho que je l'ai contté par escrit on ung autre livre que je fis alors
> par avant cestui chy. »

L'auteur trace ensuite le récit des premières dissensions qui amenè-
rent la guerre du bien public; et, se mettant lui-même en scène, il dit
que, en se dirigeant vers Paris, il alla voir :

» Le château et la contesse de Danmartin, laquelle y estoit alors en bien petit estat, et fuis tout au plus haut de l'esgurghette, de quoi on dit communement :

> De Danmartin en la gesle
> On voit de Franse la plus belle ;
> On voit Paris et Saint-Denis,
> Nostre-Dame de Senlis
> Et Clairemont en Beauvoisis ;
> Et qui ung peu plus haut monteroit,
> Saint Estienne du Mans verroit.

Laquelle chose est vraie. »

L'auteur raconte ensuite le siége de Paris, les marches et contre-
marches du duc de Bourgogne ; — enfin la bataille de Montlhéry
dont il fait un tableau intéressant et animé, qui n'a pas moins de 40
pages. En voici quelques fragmens :

« Che tans, pendant que les Bourghegnons, c'hest a savoir les gens du conte de
Charolois, si comme Braibançons, Flamans, Picars, Haynuiers, Hollandois, Zélandois,
Namurois et autres de ses pays et seigneuries estoient en bataille et ordenanse, atant
ès vous les François à venir..... Leur avant garde vint en très-belle et grosse conpai-
gnie et incontinent qu'ils furent venus, ils se rangoient et mettoient en bataille et en
ordenanse tout au lon d'eune grosse et forte haie espesse au haut de la montaigne. Et
en laquelle haie il y avoit ung gran fossé ; laquelle haie et fossé estoit par devant
eus et tous à cheval, sans deschendre à pié.... La salutacion si fu de par les Charolois
que de bouter le fu en leur serpentines et de tirer au plus droit qu'il pooit en ès plus
drus. Et les faisoient ces serpentines ouvrir et esparpillier que chestoit merveilles...
Et até tost après les dits François firent tout itel et tiroient de serpentines et d'eun
très-bon courtau qu'il avoient parellement....

« Et tandis qu'on estoit ainsi en bataille l'eun devant l'autre grant tens et grant
espasse, les aucuns s'asseoient à terre et ostoient leur salades et y en eust plusieurs
qui mangèrent et beurent ung bien peu, mès galres ; car il ne l'avoient point et se
n'avoient espasse de che ferre : car on estoit toujours atendant, et l'eune partie et
l'autre, d'estre asàll... Et sy en avoit qui chevauchoient et escarmuchoient entre deux
batailles ; mais chestoit granment plus près des Franchois que des autres.....

«...... Le conte de Charolois dona charge à aucuns d'aller bouter le fu au village de
Mon-le-Herry pour deux raisons... mais à che ferre ils trouvèrent grans résistance
des Franchois. »

Cependant, les gens du comte de Charolais réussirent. L'auteur
nous décrit alors longuement le costume des troupes de Bourgogne,
leurs étendards, enseignes, guidons, *paletos* et devises. Enfin nous
voyons le roi Louis abandonné par son oncle le comte du Maine et ses
cinq ou six cents lances :

« Et quant le Roi seut qu'il estoit parti et qu'il s'an estoit alé lui et ses gens et
qu'il l'avoit en che point lessié et abandonné au besoin, il dit qu'il estoit tray....
Et alors j'ois recorder que le Roi fist oster sa salade de sa teste et aloit du lon de la
bataille de ses gens, et leur disoit : « Mes enfans et mes amis, afin que vous ne

pensés point que je m'en soie alé sans vous , me vechi. Vous me veés aujourd'hui,
je me més et moi et mon roiaume en vostre garde et pensés de bien besongner. »

Nous assistons ensuite à tout le reste de la bataille qui n'est pas
moins dramatiquement raconté. — Ce manuscrit mériterait d'être imprimé en entier. L'auteur me paraît un homme très-véridique ; car
il pousse la conscience jusqu'à dire :

« Et vous avertis que partout où je meterai : *j'oï dire tel cose et telle*, je ne
certifie point et ne veuil certifier qu'il fu vrai ; més je le dis après des gens de bien
à qui j'oïs dire et recorder les propres parolles.... més où je meterai *que je vis
telle cose*, c'est certainement qu'il fu ainsi. »

Il y a , dans les manuscrits de la Haye , plusieurs exemplaires de
cet ouvrage et d'autres productions de Brognart , sous les N°s 1318 ,
1320 , 1321 , 1322. Les N°s 1317 et 1319 contiennent la relation
des mêmes événemens , par Jean le Clerq, dont M. de Reiffemberg a
publié les Mémoires en 1823, d'après la copie du comte de Cobentzel.
Le manuscrit N° 1323, transcrit par Gérard, d'après les originaux
déposés à la Chambre des comptes , à Bruxelles , est certainement le
plus curieux et le plus important pour notre Histoire, de tous ceux
de la bibliothèque de la Haye. Il contient le rapport fait à François Ier,
en 1529 , par un de ses huissiers , nommé Bodin , du traitement que
subissent en Espagne, où ils sont détenus en qualité d'ôtages, ses deux
enfans , vers lesquels Bodin avait été envoyé. Ce rapport accompagné,
dans la copie de Gérard, d'une lettre du Roi à Marguerite, gouvernante des Pays-Bas, — d'une lettre de Marguerite au Roi et d'une seconde lettre de cette Princesse adressée à l'Empereur,—nous montre
que la captivité du Dauphin et du duc d'Orléans, livrés par François Ier , comme ôtages, avec douze autres personnes , aux termes de
l'article V du traité de Madrid , en 1526, fut très-dure. Le récit de
Bodin, que j'ai publié en son entier dans le *Journal de l'Institut historique,* octobre 1844, contient, à cet égard, des faits presque incroya-
bles. Ainsi , par exemple , *tous leurs domestiques français avaient été
enlevés aux jeunes Princes,* et le Dauphin, par suite de cette séparation, avait presque oublié sa langue maternelle. Les deux Princes
étaient dans une chambre assez obscure, *n'ayant que des siéges de
pierre;* leur lit consistait *en une paillasse.* La fenêtre était si haute, si
étroite , et tellement garnie de barreaux de fer , bien que la muraille
eût plus de huit pieds d'épaisseur, *qu'à peine donnait-elle de l'air
et du jour.* Les deux Princes étaient très-pauvrement habillés , et l'on
refusa à l'envoyé de leur père qui les trouvait grandis , la permission
de prendre leur mesure, que le Roi lui avait demandée, dans la per-
suasion que s'il emportait quelque chose qui eût touché les prison-

niers, *il y avoit gens en France qui, par art magique et de nigro-
mance, les rendroient saulvement par deça.*

Voilà où l'on en était encore il y a trois siècles.

Je reproduirai toutes ces pièces à la suite de ces lettres.

Le N° 1394, in-fol., écriture du temps, provient de la bibliothèque de Gérard. Il contient le Trialogue de la Réquisition d'ayde faicte
de la part du roy Franchois au prince d'enfer; — l'*In manus* de
Charles-Quint; — quelques extraits des Mélanges historiques du
sieur de St-Julien (imprimés à Lyon, en 1589); — la Forme et
Conditions des diables et des huguenotz, en vers; — enfin, diverses
Lettres sans intérêt.

Le *Trialogue* est une composition bizarre, où l'on voit le prince
des enfers recevoir un ambassadeur qui vient lui demander secours
pour son maître, François Ier, contre Charles-Quint. — « Mon
maître, dit l'ambassadeur,

> « C'est Franchoys, le roy des Frauchois,
> D'entre tous les princes choix
> Qui doit sur tous aultres reluire,
> Et celluy auquel il tend nuire
> C'est ung prince puissant et riche
> Borti de la mayson d'Austrice, etc. »

Cette composition est fort ridicule et fort mauvaise. L'*In manus* de
Charles-Quint qui vient après, ne vaut pas mieux; et quant à *la Forme
et Conditions des diables et des huguenots*, en voici un échantillon :

> « Les diables ont grand horreur de la messe,
> Les huguenotz veullent que de la dire on cesse ;
> Les diables veullent qu'on destruise l'Église,
> Les huguenotz en ont grande entreprise, et... »

Il y a cent vers pareils et commençant tous alternativement de
même.

Le N° 1326, manuscrit in-fol., sur papier, écriture du xvie siècle
(ancien N° 106 de Gérard), est intitulé au dos : *Varia.*

Ce volume contient 31 pièces différentes, qui sont des copies *de plusieurs traictez, lettres missives et autres advertissemens de plusieurs
affaires en divers temps.* Voici les titres de quelques-unes : — « De la
reddition faicte par les Franchois ès mains de l'Empereur de la ville de
Saint-Disier ; — Coppie de certaine remontrance faicte de la part de
l'Empereur Charles V à ceux des estats des pays de par decha, pour
ce assemblés en la ville de Bruxelles; — Coppie des lettres envoyées
par l'Empereur à la royne de Hongrie; — Coppie de lettres envoyées
par ladite Royne à M. le Gouverneur de Lille, pour qu'il soit fait des
processions générales, afin de rendre grâce à Dieu de la belle victoire

contenue ès lettres de l'Empereur, sur le duc de Saxe; — Coppie de
lettres escrites à M. le vicaire, contenant la manière de l'emprinse que
les Franchois cuydoient faire sur la ville d'Arras;—Sommaire de lettres
escriptes à l'Empereur par son ambassadeur estant en la court de France;
— Ce que l'Empereur dist à l'ambassadeur de France à son partement
de sa court (1) ; — La reprinse faicte sur les Franchois de la ville et
chasteau de Hesdin ; — Sommaire des articles que les Allemans firent
à la journée de Passaire;—Sommaire du traicté fait entre l'Empereur
le duc Maurice et autres Princes d'Allemaigne et leurs allyez ; —
Coppie de lettres faisant mention de la prinse de Thérouanne ; — La
bataille donnée entre la grande armée du duc Maurice et celle du
marquis Albert, en laquelle ledit duc Maurice fut occis ; — Coppie de
lettres venant d'Angleterre ; — Coppie de lettres envoyées par l'ambassadeur d'Angleterre, estant lors à Bruxelles , à M. l'evesque d'Arras;—Coppie de lettres contenant l'emprinse que les Franchois avoient
cuidé faire sur Bapalmes ; — S'ensieut plusieurs coppies de lettres
venant de Rome ; — Coppies de lettres envoyées au Roy de France ,
par les Princes et Estas d'Allemaigne assemblez lors en la ville d'Ausg-
bourg ; — Coppie de lettres de Monsieur le comte de ***, escriptes à la
Royne; — Coppie de la supplication faicte par le sieur de Brusquet ,
premier fol du Roy , aux députez estant assemblez comme dit est dessus , sur le faict de la paix (2) ; — Coppie de lettres diverses ;—Sommaire du traictié fait par l'Empereur au jadis Électeur de Saxe ,
Frédéric ; — Le traictié fait et accordé par l'Empereur à Philippe,
landgrave de Hesse;— Coppie de lettres envoyées par le roy de France
à ceulx de Tournay, concernant la reddition d'icelle , et trouvées en-
veloppées en ung petit drap do soie , au fondement du porteur ; —
Coppie de lettres envoyées par la régente de France , mère du roy
François , à l'Empereur, tost après la prinse dudyt Roy devant Pavie ;
— Coppie de l'oraison faicte devant l'Empereur , estant lors en Espaigne, par les ambassadeurs de la Régente , mère du roy de France ,
pour la délivrance dudict Roy qui pour lors étoit prisonnier en Espaigne (3) : —Coppie de lettres escriptes de la main du roy de France
à l'Empereur et portées par Brion ; — Autres du même , portées par
le sieur de Roeulx; — Réponses de l'Empereur; — Autres lettres
des mêmes ; — Coppie de plusieurs lettres envoyées à Mme de Savoie,

---

(1) Dans ce discours Charles-Quint dit que François Ier *l'a payé de mensonges ;
il lui promet de n'estre jamais son amy*, et l'appelle *chevalier pervers.*

(2) On trouvera cette satire après ces lettres.

(3) Ce discours est très-curieux. On y cite à Charles-Quint, Jésus-Christ, César ,
Alexandre-le-Grand, etc.

depuis la paix de Madrid , tant par l'Empereur , le roy de France , Mme la régente de France , que M. le duc de Bourbon ; — Copple de lettres de l'Empereur envoyées à son ambassadeur en France (très-curieuses) ;—Translation de latin en françois de lettres escriptes par le roy de France aux Princes de l'empire , estant lors assemblez en la cité d'Aspres pour sey excuser de la descente de l'armée du Turcq en la crestienneté et d'autres maulz y advenus ; — Coppie de lettres envoyées au roy de Hongrie Ferdinand , par Nicolas Fustez , capitainne de la ville de Ghennes , lorsque le Turc eut assiégé ladicte ville ; — La manière de la prinse et destruction de la ville et chasteau de St-Pol; — Coppie des lettres de la royne de Hongrie escrite à St-Omer , pendant le siége de Thérouanne ; — De la même au gouverneur de Lille ; — Coppie du placest publyé en France , contenant les causes pour lesquelles le roy de France recommancha la guerre (très-curieux);—Brief relevé de toutes les querelles de la maison de Bourgogne contre la maison de France; — Coppie de lettres envoyées par l'Empereur au duc de Clèves ; — Coppie de la sentence criminelle contre Nicolas-le-Borgne , prononcée à Gand ; — Le passage de l'Empereur par Franche; — Aucuns points et ordonnances faictes par l'Empereur sur la conduite de la ville de Gand ; — Cantique de Marot sur l'entrée de l'Empereur à Paris : *Où est Cesar qui tant d'honneur acquit* ; — Serment faict par le roy Philippe aux députez des Estats ; — Serment des députez ; — La condamnation de maistre Thomas Morus ; — Épitaphe latine du dict Thomas ; — Coppie du traictié de paiz foict au Chastel en Cambresis. »

Les manuscrits suivans contiennent, savoir : le N° 1330 , un *Recueil* de pièces sur l'abdication de Charles-Quint; — le N° 1331 , les cahiers des États de Blois , en 1576 et 1577 ; plus, des détails de l'assemblée de Paris , en 1560 ; — le N° 1322 , un Mémoire de ce qui s'est passé en France , en 1652;—le N° 1344, un Mémoire sur la vie et les ouvrages d'Olivier de la Marche ; — le N° 1367 , un Recueil de pièces concernant l'accusation portée , en 1436, contre Jean de Commines , par le duc de Bourbon et le comte de Vendôme , sur l'assassinat de Jacques de Bourbon , sieur de Préaux ; — le N° 1370 , l'Histoire de la rebellion des Gantois contre Philippe-le-Bon, en 1451, par Jacques du Clerq ; — le N° 1371 (bibl. de Gérard) , les Chroniques de Georges l'Aventurier , les chansons sur Dinant , sur la bataille de Monthéry et sur la prise de Liège , des ballades à l'armée bourguignonne assiégeant Paris , etc.; — le N° 1372 (in-fol. bibl. de Gérard), l'Histoire de Charles-le-Hardi , duc de Bourgogne, avec des pièces justificatives; — le N° 1391, l'Histoire des Gueux, en Flandre, par Charles Wynkins , mort en 1582, à Paris ; — le N° 1395, l'Histoire des choses les plus mémorables qui se sont passées en la ville de Valenciennes , sous le règne de Philippe II , jusqu'en 1621 ; — le N° 1396 , un poème historique et satirique sur les troubles de Cambray, au XVIe siècle.

Il faut signaler encore le manuscrit 1436 , contenant la Joyeuse entrée de Marie-Thérèse de Hongrie , par Léon Depape , seigneur de Glabbeck ; — le manuscrit 1480 , contenant l'Entrée du comte de Flandres à Avignon , en 1336 ; — le manuscrit 1540 , renfermant une Chronique flamande inédite de 260 pages , de l'an 1444 ; — le manuscrit 1560 , reproduisant le Procès-verbal de la translation , à Namur , en 1752 , des ossemens de Don Juan d'Autriche ; — le manuscrit 1594 , renfermant une Collection de pièces historiques, telles que Lettres des papes et autres ;—enfin, le manuscrit 1588 , qui contient environ 20 pièces pour servir à l'Histoire de Cambray et du Cambrésis. La plupart de ces manuscrits proviennent de la bibliothèque de Gérard, et sont des copies faites de sa main.

Tels sont , Monsieur le Comte , les principaux Recueils historiques que j'ai pu examiner à la Haye. J'espérais pouvoir vous parler tout de suite des manuscrits dont le sujet est plus exclusivement littéraire ; mais la place me manque, et je ferai de cet examen , Monsieur, l'objet d'une troisième et dernière communication.

J'ai l'honneur d'être , Monsieur, avec un profond respect ,

Votre très-humble serviteur ,

ACHILLE JUBINAL ,
Professeur à la Faculté des lettres de Montpellier.

LETTRES

SUR

QUELQUES-UNS DES MANUSCRITS

DE LA BIBLIOTHÈQUE ROYALE DE LA HAYE.

Troisième Lettre.

Paris, novembre 1845.

Monsieur le Comte,

Après vous avoir parlé, comme je l'ai fait dans ma précédente lettre, des manuscrits historiques de la bibliothèque royale de la Haye, dont l'examen, quoique rapide, ne peut, j'en suis sûr, être resté indifférent à l'homme d'État qui traça d'une plume à la fois si élégante et si ferme, l'Histoire de Jean Sobieski et de la Pologne, j'arrive aux manuscrits purement littéraires.

Le premier de ceux que j'examinai fut le N° 215, volume in-fol., écrit sur parchemin et datant du XV° siècle. La première page offre une assez belle miniature. Ce manuscrit est ainsi rubriqué : « *Cy commence le livr: qui est dit : Horloge de sapience , lequel fist Jehan de Souhaube, de la nation d'Almaigne , frère prescheur.* » Le texte de ce manuscrit est en prose ; mais à la fin on trouve des vers qui contiennent les noms de ceux qui ont fait ou fait faire ce livre. Je citerai ces vers à la fin des lettres que je vous adresse.

Le manuscrit N° 377 est curieux pour l'histoire du théâtre hollandais. Ce volume, in-4°, sur parchemin, d'une écriture du xive siècle, contient d'abord une collection de sermons en langue néerlandaise ; puis, de la page 238 du volume jusqu'à la fin, des fragmens d'un mystère pascal qu'on regarde comme la plus ancienne pièce connue du théâtre hollandais. Ce mystère, qui retrace l'histoire de la création et de la rédemption, a été récemment publié par M. le docteur Julius Zacher, dans la 2e livraison du tome second du *Zeitschrift für Deutches Alterthum* (*Journal d'antiquités allemandes*), que dirige, à Leipsick, M. Moriz Haupt. Il serait curieux de le comparer aux mystères que j'ai moi-même publiés (*Mystères inédits du xve siècle*), en 2 vol. in-8°, d'après un manuscrit de la bibliothèque Ste-Geneviève, et à la collection OF ENGLISH MIRACLE-PLAYS OR MYSTERIES, *containing ten dramas from te chester, coventry, and towncley series, with two of latter date*, publiée par le docteur William Marriott. (In-8°, Bâle, Schweighauser, 1838.)

Je ne parlerai que pour mémoire des manuscrits cotés 678, 698, 699, 700, qui contiennent : le premier, une collection sans intérêt de poèmes latins, parmi lesquels une tragédie de Judith ; —les autres, trois exemplaires du roman de la Rose, *où l'art d'amour est tute enclose*, comme dit Jehan de Meung. Peut-être ces manuscrits offriraient-ils quelques variantes ; mais il faudrait les collationner sur l'édition de Méon, et je n'en avais ni le temps ni la volonté.

Le manuscrit 696, petit in-4°, d'écriture espagnole du xvne siècle (1606.), relié en parchemin, avec des filets dorés, des fleurs-de-lys et les armes de son possesseur primitif, *el señor de Valobre*, dont le nom se trouve écrit en grosses lettres d'or sur le plat des deux côtés, a pour titre : — *Libro de canciones españolas y italianas*. La plupart de ces poèmes légers remontent à la fin du xvie siècle. J'en ai copié un en espagnol, fort spirituel, intitulé : *la Chacona*. J'en ferai imprimer le texte à la fin de ces lettres.

Le manuscrit N° 701, in-fol., à deux colonnes, sur parchemin, en deux volumes, est un bel exemplaire de *la mutation de fortune*. Je ne m'y arrêtai pas, parce que la bibliothèque royale de Paris en possède plusieurs qui ont été fort bien décrits dans son savant et spirituel Catalogue, par mon maître et ami M. Paulin Paris. On lit à la fin de ce poème : « *Ce livre fust faict, devisé et compilé par une damoiselle nommée Cristine ; et le donna à Jehan, filz de roy de France, duc de Berry, et d'Auvergne conte, etc., au mois de mars m. cccc. et iii.* »

Les manuscrits cotés 704, 705, 706, 708, 709, 710, 711, quoique français, ont peu d'intérêt pour nous. Ils se composent, le premier, d'un Recueil *de diverses poésies françaises et épitaphes de la bibliothèque de Foucault*, toutes très-insignifiantes, à l'exception de celle d'un levrier nommé Souillard, qu'on trouvera à la fin de ces lettres.

Le second est le *Testament de Jehan de Meung*, suivi du *Codicille*, dont nous avons à Paris tant d'exemplaires; — le troisième contient un Recueil de poésies assez fades, dédiées à Mme de Telligny, par F. A. D. M (j'y ai pourtant distingué quelques stances de Bertaud et de Duperron, qui ne sont pas mauvaises); — le quatrième, *la mort Artus*, sur vélin; — le cinquième, un Recueil de quatrains et de huitains, aux armes de Réné de Châlons, prince d'Orange. Ce manuscrit est d'une charmante écriture. J'y ai reconnu plusieurs dizains empruntés à Marot, entre autres celui qu'il a lui-même traduit du latin, en l'arrangeant à son génie propre : *Anne par jeu me jecta de la neige*, etc. Constantin Huygens, mort nonagénaire, après avoir vécu sous trois règnes et avoir été bibliothécaire, chargé d'affaires, intendant des finances, etc., y a ajouté de sa main la célèbre chanson suivante, si pleine de finesse et de naïveté, empruntée à l'un de nos vieux poëtes :

> Votre humeur ne m'a point fâché
> De vous estre de moi distraite ;
> Ma foy j'estois bien empesché
> De faire une honeste retraite.
> Mon service est ailleurs promis :
> C'est quite à quite et bons amys, etc.

Le sixième de ces manuscrits se compose de *poésies chrétiennes* sans aucune valeur, et le septième, manuscrit du xve siècle, in-4°, en partie orné de jolies figures, contient : 1° le *Livre de Cathon à son fils ;* — 2° le *Livre de Patience ;* — 3° les *Commentaires sur le livre des révélations de St. Jean ;* — les *Méditations de Notre Seigneur J.-C.*, en prose et en vers ; — 5° le *Livre d'Impatience*, en vers.

Les manuscrits 719 et 721 que je vis ensuite, sont tous deux en langue hollandaise. L'un est un exemplaire du roman de Lancelot, dont M. Jonckbloet se dispose à donner une édition ; l'autre est un Recueil in-4°, sur parchemin, remontant au xive siècle et provenant de l'ancienne bibliothèque des Stathouders. Il contient des poésies hollandaises et allemandes qui n'ont jamais été imprimées. J'ai retrouvé, égarées au milieu de ces fleurs assez pâles, dues aux *Minnesingers* des bords du Rhin, deux petites pièces françaises qui ne valent pas beaucoup mieux. J'en ai cependant pris copie, et je les donnerai après ces lettres.

Mon examen porta ensuite sur plusieurs autres ouvrages sans grand intérêt. Le premier fut le manuscrit 789, sur vélin, orné de dessins à la plume, offrant un exemplaire de l'Œuvre posthume de don Francisco de la Neguera, natif de Valladolid, intitulée : *Empresas de los reyes de Castilla y Leon ;* — les autres furent les manuscrits 741, 742, 743, composés l'un, du *Livre des Eschecs*, si commun au moyen-âge ; l'autre, du *Songe de Vergier*, si répandu à la même époque ; le troisième d'un poème français, fait à Alger en 1670 et 1671, *dans la maison du bastion de France, par le sieur Anthoine Verdery, marchand de Béziers.* Ce poème, intitulé : *L'Hermite charitable, ou l'Hospitalier d'Alger*, est assez mauvais ; il y a pourtant quelque chose de touchant à voir un homme presque illettré, se consolant de sa captivité par le commerce des Muses.

Le manuscrit 744 nous ramène à l'un des travers du xviie siècle, celui qui consistait à raconter, sous des noms supposés, la chronique galante du temps. Il contient, sous le nom de Ménandre et de Clorinde, l'Histoire du chevalier d'Avaux et de Mlle Van der Meele. Il a pour titre : *Le Mariage à la mode, ou Aventures galantes de la Haye.*

Le manuscrit N° 771 (anciennement A. 16. dans la bibliothèque de Gérard), est plus intéressant pour nous. Ce volume, petit in-4°, du xvie siècle, contient :

1° LE JARDIN D'AMOUR, ou *Sy commenche le livre nommé le Jardin amoureux.* C'est un ouvrage mystique ; il s'ouvre par une assez belle miniature représentant J.-C. en croix et des anges. Voici les premières lignes du texte : «*En ce mondain désert est le jardin de vertueuse consolation où le vray Dieu d'amours habite. C'est le jardin gratieux où habite le doulx J. H. S. et auquel il appelle sa mie quant il dist au livre des chunchonnettes amoureuses :* VENI IN ORTUM MEUM SOROR MEA SPONSA, etc. Cette composition bizarre se termine par une pièce de vers du même style que la prose.

2° Après cette pièce vient celle qui est intitulée au Catalogue : *La Complainte de Triboulet* ; c'est une sorte de danse des fous et des folles. Elle est ornée de cinq miniatures fort belles. La première représente Triboulet (le fou), allongé dans un cercueil et la marotte sur la poitrine. Près de lui sont trois dames et un autre personnage regardant le cadavre. En face est un docteur ou un roi, couronne en tête, assis à une table et lisant. Une porte s'ouvre et on voit la Mort, sa faulx en main, qui s'avance. Cette miniature est commentée par les vers suivans:

> Folles et fols qui en vie demoures,
> Attendant mort soubz qui fault que moures
> Ou tost ou tart chacun, soit bel ou let,
> Tant bien sages, rassis et modérez,
> Au nom de Dieu, en vous considérez,
> Qu'à présent est de ce povre folet.
> Ayez vers Dieu, Messires, s'il vous plet,

> Recommandé le pauvre Triboulet,
> Priant pour luy comme pour ung plus sage.
> Vif l'avez veu, mort le véez comme il est,
> En ung lincheul enfermé tout seulet
> Qui de son corps va faire autre hommage.

Ces vers sont suivis de la deuxième miniature. Dans le lointain on voit une ville ou un château ; plus près une croix, et sur le premier plan, Triboulet, avec deux tonsures et marotte en main, se plaignant de la Mort à la Mort même, en ces termes :

> Je, Triboulet, comme fol me complains
> Et au monde et à Dieu je me plains
> En demandant vengeance du mesfait,
> Que Mort à tort et faulcement m'a fait.
> Moy pauvre fol sans malice, ignorent,
> Qui ay donné des esbas plus de cent
> Au noble roy où j'estoie asservy,
> Et, comme fol, l'ay follement serry
> Sans de son voeul en riens le contrefaire ;
> Mais, comme fol et sans le contrefaire,
> L'ay esbatu sans de riens m'enquérir,
> Comme peut faire à mainte créature, etc.

Quand Triboulet a parlé sur ce ton pendant environ deux cents vers, nous trouvons une troisième miniature qui le représente allongé par terre. La Mort lui met le pied sur la poitrine, sa faulx d'une main, une flèche de l'autre, et elle lui dit :

> Toi qui te plains que par moy es tuez,
> Je te respons sans sçavoir qui tu es
> Que de mes fais sans cause te tourmentes
> Et de moy, Mort, te complains et gementes,
> . . . . . . Tout aussi tost oste du monde un Roy,
> Pape, empereur, légat ou cardinal,
> Que le plus povre estant à l'ospital.
> D'une royne non plus de pitié n'ai-ge
> Que d'une serve estant en ung mesnaige ;
> Non plus ne m'est d'une gente et popine,
> Qu'il est d'une soullarde de cuisine.
> . . . . . . Les médecins qui les autres soutiennent
> Sont à la fois les premiers qu'à moy viennent, etc.

Cela dure à peu près deux cents vers. Nous voyons alors le cadavre de Triboulet allongé par terre, sur une natte, ayant la marotte à côté de lui. Quatre dames le regardent, et le fou est censé leur dire :

> O misérable créature,
> Homme orgueilleux et descongneu,
> Subjet à toute pourriture,

Regarde qu'il m'est advenu ,
Regarde à quoi je suis venu , etc.

Au bout de 150 vers environ, nous retrouvons, dans une dernière miniature, Triboulet agenouillé devant la Vierge. Marie tient Jésus-Christ dans ses bras ; elle a la couronne sur la tête et des anges l'environnent. Triboulet lui adresse cette prière :

A toy, précieuse dame ,
  Ma povre ame
Recommande à mon poolr ,
Et te supplie et réclame
  Se j'entame
Les maulx qu'en moy puis sçavoir ,
Que de moy veulliez avoir
  Main et soir
Souvenance, s'il te plet,
Et avec toy recevoir
  Et voloir
Ton povro fol Triboulet.

Puis, l'acteur prend la parole et récite la moralité, qui peut avoir une centaine de vers. Tel est l'ouvrage bizarre , sans nom d'auteur, dont la bibliothèque royale à Paris , ne possède pas d'exemplaire.

La dernière pièce de ce volume, qui commence immédiatement après la Complainte de Triboulet, est intitulée : *La Cornerie.* Il y a bien encore après elle quelques vers moraux ; mais ils n'ont point de titre et leur fin manque. J'ai copié la Cornerie tout entière , et je la donnerai à la fin de ces lettres , comme un exemple , heureusement rare , de mauvais goût. Il est impossible de pousser plus loin la rage du jeu de mots et de la rime redoublée. J'en avais vu bien des exemples déplorables dans nos vieux poëtes, et surtout dans Rutebeuf, lequel répète sans cesse :

.... Rutebuef ,
Qui vient de rude et de buef. . . . .
— Rutebuef qui rudement rime ,
Qui rudesse en sa rime a ,
Ceste rime rimola , etc.

Mais je n'en avais pas encore rencontré de la force de la Cornerie.

Le volume coté 772 , in-fol., sur papier, copié de la main de Gérard , d'après le manuscrit de la bibliothèque de Bourgogne à Bruxelles , contient les Œuvres de Marie de France. Comme je n'avais pas sous la main l'édition des Fables de Marie donnée par Roquefort , je me borne à signaler notre manuscrit que je n'ai pu collationner avec les volumes imprimés.

Le manuscrit 773 , petit in-4°, intitulé : *Fabliaux et contes du*

XIIIe siècle, en vers, est également une copie faite par Gérard, sur deux manuscrits de la bibliothèque de Bourgogne qu'il ne désigne pas. Dans une note placée au premier folio de garde, Gérard dit qu'il a copié ces fables dans deux manuscrits du commencement du XIVe siècle, contenant, l'un, une compilation des Fables d'Ésope et d'Avianus, en vers latins, avec la traduction en vers français, *faite à l'honneur de Madame la reyne de France et de Madame Jehanne de Bourgogne*; l'autre, les Fables de Marie de France. Gérard ajoute que ces manuscrits ont appartenu à Charles de Grey, prieur de Chasny. J'en ai extrait plusieurs pièces que je crois inédites.

Le manuscrit 774, petit in-4o, copie de Gérard, contient également des contes du XIIIe et du XIVe siècle, tirés, d'après une note placée au folio de garde, d'un manuscrit enlevé, en 1794, de la bibliothèque de Bourgogne, par les agents de la République française. Vous en trouverez plus loin, Monsieur, différentes pièces.

Le manuscrit 775, composé de trois volumes, est encore une copie faite par le laborieux Gérard, qui a placé au folio de garde du premier volume, la note suivante : « Le manuscrit dont celui-ci est la copie était de deux volumes in-4o, écrit sur vélin, d'une écriture du XVe siècle, qui était dans la bibliothèque dite de Bourgogne, à Bruxelles, et qui a été enlevé de cette bibliothèque par les agents de la République française, en l'an 1794. »

Ces trois volumes contiennent les Œuvres de Watriquet, ménestrel du comte de Blois, Guy de Châtillon. Watriquet florissait vers 1323. Le premier de nos trois volumes s'ouvre par le *Mirouer des dames*, qui commence ainsi :

> « Des biens dis conter et reprendre
> Ne doit-on nullement reprendre ;
> Ainçois il est tenuz à pris ;
> Quant cil biens vient de lui repris, etc... ... »

Entrant ensuite en matière, le poète nous apprend qu'un jour d'été, au soleil levant, il est devenu si pensif, — qu'il s'est cru mort ou transi. Il s'est vu dans une grande forêt, au milieu du chant des oiseaux. Tout à coup une dame a passé près de lui, blanche du côté droit, noire du côté gauche. Elle l'appelait *Aventure*, et elle lui propose de le mener voir le château de Bonté, auquel on arrive par 12 degrés. Le poète accepte et se part. Sur le premier degré nous trouvons dame Nature; sur le 7e, la Charité; au 9e, l'Humilité; au 10e, Débonnaireté; au 15e, Largesse; etc. Le porte en gardien la dame Sens, qui a beaucoup à faire pour en défendre contre les vices. Enfin, Watriquet montait tous les degrés et voit Valeur ? Elle est accompagnée de douze jeunes, lesquelles il y en a trois, dont l'une est la reine du castel. Après ce beau rêve , il prend congé de ses lecteurs , et fait succéder au *Miroir des dames* : les *Dits* du *Connétable* , de l'*Yraigne et du Crapot* , de *Fortune* , des *Mahommes* , de l'*Arbre royal* , de la *Fontaine d'amours*.

J'ai copié plusieurs de ces *dits*. On les trouvera après ces lettres.

Le tome II de notre manuscrit contient 16 pièces qui sont : — les Paraboles de vérité ; — la Parabole du pont périlleux ; — la Parabole des deux mortuaires des bestes ; — la Parabole de l'aignel et du lion ; — la Parabole de la rivière qui est hors de son chanel ; — les Dis du roy Phelippe de France ; — le Dit de la cygogne ; — le Dit de la noix [*]; — le Dit d'honneur ; — le Dit des trois vertus [*] ; — le Despit du monde [*] ; — les Dis de haute honneur pour les povres bacheliers d'armes [*] ; — le Dit de loiauté [*] ; — le Dit de l'ortie [*] ; — le Dit des Princes [*] ; — l'*Ave Maria*. Les pièces marquées ici d'un astérisque se trouvent aussi à la bibliothèque royale de Paris , dans le manuscrit N° 7993. J'ai publié l'une d'elles , sans savoir qu'elle fût de Watriquet, d'après le manuscrit N° 198 , du fonds Notre-Dame , de la bibliothèque du Roi , dans le premier volume de mon nouveau Recueil de contes , dits , fabliaux , etc.

Notre tome troisième contient : la Confession Watriquet ; — le Dit de haute honneur ; — li Enseignement du jone Prince ; — le Dit des quatre siéges ; — le Dit du preu chevalier ; — le Miroir aux Princes ; — le Tournoi des dames as chevaliers ; — Comment Watriquet et Raimmondin disputent de fatras devant le Roi. On trouve ce dernier Dit également dans le manuscrit 632[is] , supplément français de la bibliothèque du Roi, sous le titre suivant : « *Ci commencent li fatras de quoi Raimondin et Watriquet desputèrent le jour de Pasques , devant le Roy Phelippe de France.* » En effet, la miniature qui accompagne cette pièce , représente une sorte d'assemblée poétique présidée par le Roy.

Je ne ferai d'observation ici que sur une seule de ces pièces (vous trouverez , Monsieur , des extraits des autres après ces lettres), et ce sera le Dit de Watriquet et de Raimmondin qui m'en fournira l'occasion.

Dans mon Recueil de *saluts, épîtres, réveries* , intitulé : *Jongleurs et trouvères* (Paris , un vol. in-8° , Mercklein , 1835) , j'ai donné , d'après le manuscrit 7218 , sous le titre de *Resveries* qu'elle porte dans l'original , une petite pièce du genre de celle de Watriquet.

Depuis, en 1842 , j'ai publié dans le second volume de mon *Nouveau Recueil de contes , dits , fabliaux* , etc. , une autre pièce pareille, d'après le manuscrit B. L. F. , N° 60, de la bibliothèque de l'Arsenal à Paris , et j'en connais encore une troisième qui se trouve , sous le titre de : *Dit des traverses*, dans le manuscrit 198 N. D. , fol. XLVII de la bibliothèque royale. Ce genre de pièces, qu'on rencontre dans presque toutes les littératures du moyen-âge, se compose tout simplement de ce que nous appelons aujourd'hui coq-à-l'âne, c'est-à-dire, de vers enfilés les uns au bout des autres, sans raison quoique avec rime. Nous en trouvons un exemple, en Italie, dans le *Pataffio* du grave Brunetto Latini, le maître de Dante. Les Italiens se sont obstinés à n'y voir que des proverbes, tout en avouant que, *sur cent, aujourd'hui on en comprenait à peine un* (1) ; mais c'est un véritable *fatras*, rimé en tercets, et dans lequel on trouve beaucoup de vers qui n'ont pas de sens, à côté de quelques proverbes comme ceux-ci :

> *Quando l'asino ragghia, un Guelfo è nato ;*
> *En Catalogna i buon tavolocini ;*
> *La torpe è mescolata con l'anguilla, etc.*

En Allemagne, il y a même des chansons populaires qui dérivent de notre genre de pièce. Elles commencent leurs strophes par un aphorisme, et le terminent par un sens qui n'a aucun rapport avec ce qui précède. Témoin, par exemple, ce passage d'une chanson souabe : «Les cerises sont mûres, les cerises sont bonnes, et quand la jeune fille vient à passer, on lui ôte son chapeau.»

Toutes les *fatrassies* que nous connaissons en français, se ressemblent par le décousu et le non sens ; mais il y a entre elles cette différence, ou bien qu'elles sont simplement gracieuses dans leur absurdité, comme les *Resveries* du manuscrit 7218 et le Dit des *Traverses* du manuscrit 198 N. D. (2) ; ou bien qu'elles sont à chaque instant immorales, comme celle du manuscrit, N° 60, de la bibliothèque de l'Arsenal, et comme celle de Watriquet ; mais cette dernière est la seule qui nous indique bien clairement que le but de ce genre de poésies était, ainsi que le prouve suffisamment son titre, un assaut de bêtise, une débauche de niaiseries rimées. Les deux concurrens prenaient, ou, plus vraisemblablement, on leur jetait deux vers d'une ancienne chanson, sur lesquels ils improvisaient une strophe, en la commençant par le premier vers, en la finissant par le second, et en faisant rimer successivement toutes ses stances avec les deux vers qu'on leur donnait pour chacune d'elles.

---

(1) *Il Pataffio è un migliaja di vocaboli molti proverbi riboboli e oggi di cento non se intenda pur uno* (Vecchi). Tomasso Chiappari lui-même, éditeur de cette bizarre composition, malheureusement trop longue et assez souvent ordurière, est obligé d'avouer qu'elle est un' *informe raduhanza d'antichi proverbi senz'ordine e connessione.*

(2) On trouvera cette pièce, comme addition, à la suite de ces lettres.

Les N°ˢ 776 et 777, tous deux provenant de la bibliothèque de Gérard et copiés de sa main, sont de ces enseignemens comme on en faisait tant au moyen-âge. Le premier contient : *Le livre d'Amours, renfermant dans cent ballades, des conseils à un chevalier pour aimer loyalement*, par le bâtard d'Auxil; — le second offre les instructions pour un jeune chevalier, par Geoffroy de Charny. C'est également une copie de la main de Gérard.

Les trois manuscrits suivans, tous trois in-8°, de la main de Gérard, renferment, savoir : — le N° 778, copié sur divers manuscrits de la bibliothèque de Bourgogne, enlevés par les Français : *Différentes ballades ;* — *le Songe de la pucelle ;* — *le Débat du cœur et de l'œil ;* le N° 779, *le Dialogue de Mars et du Cul;* — *le Serviteur sans guerdon ;* — *le Prince*, par Georges Chastellain ; — *le Serviteur ;* — *le Temps perdu;* cette dernière pièce est de Pierre Chastellain, qui se nomme à la fin ; c'était peut-être un parent de Georges ; enfin, le N° 780 contient : *Plusieurs rondeaux;* — un *Dialogue de l'homme et de la femme ;* — une pièce intitulée : *L'Escoutant;* — une *Chanson sur Dynant ;* — *la Justice de Dynant ;* — enfin un Dialogue assez spirituel qu'on pourrait appeler les *Nouvelles du Pays-Bas*, et qui fut composé sous le duc Philippe-le-Bon, père de Charles-le-Téméraire. Ce dialogue commence ainsi :

> Je pense que tu viens de Liége,
> Galant ; conte-moi des nouvelles, etc.

On le trouvera après ces lettres.

Je ne dirai rien du manuscrit 781, qui contient la même danse Macabre que le manuscrit du Roi, N° 7310, de la bibliothèque roya'e de Paris (jadis N° 1849 du fonds Colbert), et dont j'ai cité quelques strophes, pages 18 et 19 de mon Explication de la danse des morts de la *Chaise-Dieu* (Paris, Challamel, 1841, in-4°) ; mais, je vous signalerai, Monsieur, dans le manuscrit N° 782, qui contient, avec un grand nombre d'autres pièces, les Œuvres d'Alain Chartier, une danse Macabre des femmes, qui n'est pas celle dont la danse des hommes est accompagnée dans le N° 7310. Ces monumens bizarres de l'imagination et de la piété de nos pères, mériteraient un travail plus heureux comme conclusion, que tous ceux qui leur ont été consacrés jusqu'ici. Outre cette danse des femmes et les Œuvres d'Alain Chartier, ce manuscrit contient : l'*Amant rendu cordelier*, *le Débat du religieux et de l'homme mondain*; le Débat de la damoiselle et de la bourgeoise; les Complaintes et Épitaphes de Jacques Millet ; la Complainte de la Dauphine, etc.

Le N° 783 qui vient ensuite, est un in-folio, en papier, copié par Gérard, sur un manuscrit de l'abbaye de Saint-Waast. Il contient les

Œuvres de Georges Chastellain, entre autres : *le Mystère de la France au roy Charles VII;* — *le Miroer des nobles;* — *le Lyon bandé;* — *Description des 42 dames nommées Science, Éloquence, etc.;* — *une Épître de Robertot à Georges Chastellain;* — *un Envoi en vers, de Georges Chastellain à Chastel Acrim, roy d'armes de Charles VII;* — *l'Épitaphe de Jacques de Lalain;* — *les Complainctes des neuf pays de Philippe-le-Bon;* — *le Serviteur,* etc.

Le *Mystère de la France au roy Charles VII,* se retrouve dans le manuscrit N° 65, du fonds de Lavallière, à la bibliothèque royale de Paris, et il est question de ce manuscrit, dans Duverdier (1), Bibliothèque française, page 899. Les frères Parfait, dans leur Histoire du Théâtre français, ajoutent ce qui suit à ce que dit Duverdier : « On ignore l'année de la composition de ce Mystère et des deux suivans qui n'ont jamais paru imprimés. » (Ce sont ceux de Sainte-Barbe, in-fol., manuscrits du Roi, et celui de Saint-Louis.) Suivant toutes les apparences, celui dont nous parlons fut composé sous le règne de Louis XI, et peut-être lui a-t-il été présenté ; mais il est au moins certain que l'auteur vivoit sous la fin de celui de Charles VII, et depuis que ce Prince, ayant chassé les Anglais, usurpateurs de ses États, se trouva paisible possesseur de son royaume. C'est ce qu'on en peut juger par le renseignement que nous donne Duverdier, qui avoit eu le manuscrit. On peut assurer cependant, sur ce qu'il en dit, que le poëme ne consistoit qu'en un dialogue entre le Roy et la France, terminé par 48 couplets, dont chaque seigneur en récitoit deux dans l'ordre cy-dessus et qui rouloient sur le même sujet. »

Voici le rondeau qui précède la pièce :

> Contentez-vous, vous tous, nobles de France,
> Contentez-vous de ceste remembrance
> D'ung roy de France d'excellente nature,
> Et non prenant sur ses seigneurs murmure.
> De leur honneur vous plaise avoir souffrance.
> Se vos haulx noms ne sont en ceste branche,
> N'est dit pourtant qu'il en soit ignorance ;
> Impossible est de tout mectre en painture ;
>   Contentez-vous.

---

(1) Voici comment s'exprime Duverdier :

« Mystère là où la France se représente en forme de personnage au roy Charles VII, »pour le glorifier ès graces que Dieu a faites pour lui et qu'il a reçues à sa cause du-»rant son règne, et parlent ensemble en forme de dialogue ; puis ses barons parlent »l'un après l'autre, chacun en deux couplets ; à sçavoir.... (Suivent les noms des »barons.) » Après cette liste, Duverdier ajoute ces quatre mots : «Escrit à la main. »

Ce vous est titre et miroucr d'espérance
D'avoir par temps semblable recouvrance,
Lors quand vox corps gerront en sépulture :
Tousdiz clerhomme & clere couverture
Et a toujours s'en fait la démonstrance,
        Contentez-vous.

Je me borne ici à cette citation. Je reproduirai le Mystère lui-même dans les pièces qui suivront ces lettres.

Les manuscrits suivans, que je place par ordre de Nos, n'ont pas une grande importance. Le premier est le No 785. Ce manuscrit, intitulé : *OEuvres de Messire Gauvain, seigneur de Candie*, in-fol., est une copie faite par Gérard sur le manuscrit original qui était aux armes de Marguerite d'Autriche. Il contient :

1o Épître de M. de Belleville de Montagu à François Ier ;

2o Épître du Roy à M. de Belleville ;

3o Épître de Messire Gauvain à M. de Belleville ;

4o Oraysons lamentables sur la mort de Monseigneur Philibert de Savoie ;

5o Lettre consolante à très-haulte princesse Madame Marguerite d'Aultriche, duchesse de Savoie, sur la mort du roy de Castille, son frère ;

6o Divers rondeaux ;

7o Pièce de vers sur le voyage de François Ier allant en Ytalie reconquérir le duché de Milan ;

8o Divers rondeaux, etc.

No 786. Manuscrit in-fol., copié de la main de Gérard, d'après l'original qui est dans la bibliothèque du duc d'Aremberg. Il contient les *OEuvres de Dorothée de Croy*, poésies assez fades, à l'exception d'un poème en quatrains, où brille çà et là quelque esprit.

No 790, Recueil de chansons de Marguerite d'Autriche, duchesse douairière de Savoie ; in-fol., en papier, copié de la main de Gérard. M. Willems a décrit ce volume dans son *Museum Belgicum*.

No 792, Basses danses, ou Recueil d'airs notés qui se dansaient à la cour de Marguerite, duchesse douairière de Savoie, avec une Instruction pour les basses danses, suivies d'une Notice sur la danse aux xive et xve siècles. In-fol., papier, copie de Gérard.

No 793, Chansons et poésies du xive et du xve siècle, la plupart composées dans les provinces des Pays-Bas, in-fol., copie de Gérard. La plus curieuse des pièces de ce manuscrit est la chanson de la bataille de Montlhéry, que je donnerai après ces lettres.

Les manuscrits 794, 796, 797, 798, 799 ne contiennent rien de bien piquant. Ce sont des espèces d'album, ou Recueils de chansons, de bouts-rimés, de petits jeux *et autres récréations des dames en faveur de la verdure* (*sic*). Ce que j'y ai trouvé de plus spirituel est la chanson suivante, tirée du manuscrit 798 :

»Un jour le sieur de Cormaré
Estant au lict malade,
Dessus le point d'estre enteré,
S'écria : « Camarade,
Set à ce coup asseurément
Qu'il faut faire mon testament.

»Et comme il n'y a point icy
De claire ni de notaire,
Je veu que le vieux d'Atinio
Serve de secretaire,
Et l'on saurat dedans Paris
Le soing que j'ay de mes amis.

»Je laisse à la Cour mon tabac,
Ma pipe et ma gondole;
Et pour ma toilette et mon sacq
Je la laisse à Nicolo;
Car la mort n'a pas effacé
Le souvenir du temps passé

»Je laisse au compte de Saint-Aignant,
Nostre bon capitaine,
Mon bon cheval qui at plus d'ans
Que la *Samaritaine*.
Las! qu'il seroit bien partagé,
S'il estoit un peu moins âgé!

»Je laisse à nostre lieutenant
Mon bon abis fantasque,
Le jour de caresme prainent
Il peut aller en masque.
Il ferat prier Dieu pour moy
Car le l'ay ecquipé comme un roy.

»Et pour partager le butin
De tout mon occupage,
Je veu que l'on fasse un festein
Aux nobles du village;
Et donne le plus precieux
A celei qui buverat le voleux. »

Le Nº 801, gros in-4º, sur papier, orné d'une ancienne rellure, provenant de la bibliothèque de Gérard, est fort intéressant. Il a pour titre : « *Hystoire des trois fils de Roy... Comment ils reconquirent le royaume de Sicile qui étoit en la main des Turcs.* » On lit à la fin de ce manuscrit sur lequel je donnerai de plus amples détails après ces lettres : « *Cy fine mon livre, lequel a esté à moult grant peine translaté, pour le grand temps qu'il y avoit que la chose estoit advenue, et trouvay escript au-dessus :* «CEST LIVRE EST HYSTOIRE ROYAL.» — *Che livre est au markis de Fare* et le parfist Flipot Wacreme, demourant à Lille, en la paroisse de St-Meurisse. »

Du Nº 801, Monsieur (à l'exception du manuscrit coté 805 et qui est un *Ysopet*, copié de la main de Gérard), jusqu'au Nº 1407, qui est un recueil de pièces satiriques distribuées clandestinement dans les villes des Pays-Bas, pendant les événemens de 1787 à 1790, la plupart des manuscrits de la Haye concernent l'Histoire, et je vous ai signalé, dans ma précédente lettre, les plus importans d'entre eux ; mais, après, en trouve encore quelques manuscrits littéraires dignes d'attention. Tel est, par exemple, le Nº 1541, in-fol., sur papier, qui se compose de Notices, au nombre de 73, réunies par Gérard, *sur les poëtes nés dans les Pays-Bas, qui ont écrit, tant en françois qu'en flamand, et qui ont vécu depuis le xiie siècle jusqu'au commencement du règne de Charles-Quint, avec quelques extraits de leurs ouvrages.* Il y a des choses très-curieuses dans ces Notices et extraits que complète le manuscrit 1591. J'ai distingué principalement, pour les poëtes français, celle qui concerne Jehan de Lafontaine, auteur du xve siècle, qui termina à Montpellier, en 1413, son poème

de *la Fontaine des amoureux de science*, comme il nous l'apprend
lui-même en ces termes :

> L'an mil quatre cens et treize,
> Que j'avois d'ans deux fois seize,
> Comply fut au mois de janvier
> En la ville de Montpellier.

Celle qui a trait à l'auteur anonyme du *Pastorelet*, qui s'est caché
sous le nom de *Buscarius*, et, pour les poëtes flamands, la Notice sur
Jacques Maerlant, auteur du Rymbybel, qu'il acheva en 1279, de la
Guerre de Troyes, d'un dialogue intitulé : *Wapen Martyn*, etc., sont
assez remarquables. Ce travail de Gérard n'est pas complet, en ce
sens qu'il n'offre point tout ce qu'on pourrait désirer aujourd'hui ;
mais il fournit d'excellentes indications.

Le manuscrit qui suit (N° 1642 , 2 vol. in-fol.), provenant de la
même source que le précédent, contient des Notices sur les chambres
de rhétorique. M. de la Serna en a publié un extrait. Il complète le
manuscrit coté 1643, également de la main de Gérard, qui contient
*la Description des sept fêtes de rhétorique qui se sont données en
Flandres, Brabant et Hollande, depuis 1539 jusqu'en 1620.* Il y a
des détails fort curieux dans ce volume.

Le N° 1644 qui se compose de Notices sur les principaux musiciens
belges, est un in-fol., sur papier, de la main de Gérard. Ces Notices
sont au nombre de 52. Les plus anciens artistes qu'elles concernent,
sont Huchalo, mort en 830 ; — Damien, mort en 1190 ; — Louis
de Valbeke, qui était aussi mécanicien, selon la Chronique rimée de
Nicolas de Clerck, secrétaire de la ville d'Anvers ;—Rudolphe Agricola
(xve siècle) ;—Obert Ockegem, qui fut fameux sous le roi Louis XII.
Rabelais fait mention de lui dans le prologue de Pantagruel. Crétin,
poëte du même temps, qui l'appelle quelque part la *Perle de la musique*, a écrit sur lui, en outre, les vers suivans :

> C'est Ockergan qu'on doibt pleurer et plaindre,
> C'est luy qui bien sceut choisir et atteindre
> Tous les secrets de la sublimité
> Du nouveau chant, par sa subtilité,
> Sans un seul point de ses reigles enfraindre,
> Trente-six voix noter, escriro et paindre
> En ung motel. Est-ce pas pour complaindre ?
> Celluy trouvant telle nouveleté,
>   C'est Ockergan.
>
> . . . .
> Où est Properce et Tibulle et Catulle
> Pour recueillir tous leurs escrips dorez
> Afin d'avoir tous les faits honnorez
> Du bon seigneur qui a tous décorez

> Et embelli les livres de musique ,
> Et de sa main nous en sont demourez
> D'ouvraige exquis si très bien labourez
> Que semble ouyr ung drolet chant angélique , etc.

Le manuscrit N° 1847 , copie de Gérard , traite d'un sujet tout-à-fait différent. Il contient le Catalogue des manuscrits de la bibliothèque de la célèbre abbaye de Gemblours , située en Brabant. En tête de ce volume , Gérard a placé la note suivante :

« Sanderus, dans l'ouvrage intitulé : *Bibliotheca Belgica manuscripta* , nous a donné des Catalogues informes, de manuscrits de quelques bibliothèques des maisons religieuses des Pays-Bas ; mais il n'a point inscrit dans son ouvrage les livres manuscrits de la célèbre abbaie de Gemblours. C'est cependant dans la bibliothèque de cette abbaie que se trouvoient les meilleurs et les plus anciens manuscrits qu'il y avoit dans les Pays-Bas. L'étude a fleuri dans cette abbaie, et, pendant les XIIe, XIIIe et XIVe siècles , les moines y ont copié les ouvrages des meilleurs auteurs sacrés et profanes.

L'on compte parmi les hommes illustres par leur savoir et érudition qui ont demeuré dans cette abbaie, le célèbre chronologiste Sigebert , et les abbés Olbert, Anselme et Guibert.

L'incendie a consumé une partie des manuscrits de l'abbaie de Gemblours et une partie en a été enlevée pendant les guerres du XVIe siècle ; mais il en restoit un grand nombre lorsque les troupes françoises firent la conquête des Pays-Bas, en 1793. Peu de temps après , les Commissaires françois firent sortir les moines de Gemblours de ladite abbaie où ils établirent un hôpital , et ces moines, pour soustraire leurs livres et manuscrits à la rapacité de ces Commissaires, les cachèrent dans différentes maisons, à Gemblours et dans les environs. Une partie de ces livres et manuscrits fut découverte par des militaires françois et transportés , en suite des ordres du Représentant François , à Bruxelles, et confié aux soins du nommé Cobus , avocat au Conseil de Brabant et l'un des agens de la République françoise.

MM. Gérard et de la Serna , l'un bibliothécaire et l'autre bibliothécaire-adjoint de la bibliothèque publique de Bruxelles, craignant que ces livres manuscrits ne fussent vendus ou volés , les réclamèrent pour les placer dans ladite bibliothèque , et le Représentant de la République françoise les leur fit remettre, les chargeant d'en faire le Catalogue. Après que le Catalogue fut achevé , les moines de l'abbaie de Gemblours étant rentrés dans leur abbaie, informés que les livres de leur bibliothèque étoient sous la garde du bibliothécaire de la bibliothèque publique de Bruxelles, s'adressèrent à celui-ci , à l'effet d'en obtenir la restitution. Ledit bibliothécaire leur fit connoître que la chose n'étoit pas en son pouvoir, qu'ils devoient présenter une pétition à l'Administration centrale , que leur pétition seroit sans doute envoyée à son avis , qui seroit favorable , puisque rien n'était plus juste que de leur rendre les livres qui leur appartenoient , mais qu'il leur conseilloit de ne pas réclamer les ouvrages manuscrits, qu'il étoit certain qu'ils ne leur seroient pas rendus , et que les Commissaires françois, étant informés qu'entre les livres de leur bibliothèque, il y avoit des manuscrits, ils feroient transporter ceux-ci à Paris, et , qu'en ce cas, ils ne leur seroient jamais rendus, et qu'ils pourroient espérer de les ravoir , si ces manuscrits restoient à Bruxelles, et que les Pays-Bas ne restoient point sous la domination françoise. Les moines de Gemblours suivirent ce conseil ; les livres imprimés de leur bibliothèque leur furent rendus , et les manucrits mentionnés dans ce Catalogue sont restés dans la bibliothèque publique de Bruxelles.

On ignore ce que sont devenus quelques autres centaines de manuscrits qui étoient dans la bibliothèque de l'abbaye de Gemblours. J'ai appris des moines que leur Abbé avoit emporté le manuscrit original de Sigebert de Gemblours, moine de leur couvent, et peut-être encore quelque petit nombre de manuscrits; des moines en auront sans doute emporté quelques-uns, et il est apparent que ceux qui ont découvert, dans différentes maisons, des livres de ladite bibliothèque, se sont appropriés plusieurs manuscrits. J'en ai vu un grand nombre sur lesquels il étoit écrit qu'ils faisoient partie de la bibliothèque de Gemblours, exposés en vente au Vieux Marché et chez quelques fripiers de Bruxelles, peu de jours après qu'on avoit fait la découverte des livres de cette bibliothèque dans différentes maisons. »

Le Catalogue dressé par Gérard, n'offre aucun manuscrit en langue moderne ; mais on y trouve la mention de plusieurs Œuvres curieuses. Ainsi, un manuscrit en écriture du XVIe siècle, intitulé : *Philonis monachi sancti Amandi in tabula de sobrietate libri , et varia*, contient, entre autres pièces curieuses, un petit poème latin à la tête duquel on lit : *Incipit bellum Montis Henrici actum tempore Karoli Burgundi*, plus un *Conflictus veris et hyemis*. Cette dernière pièce a été imprimée dans l'ouvrage de Casimir Oudin, intitulé : *De scriptoribus vel scriptis ecclesiasticis a Bellarmino omissis ;* Paris , 1686, in-8°, pag. 257. Moi-même j'ai donné dans le second volume de mon *nouveau Recueil de contes et de fabliaux*, une pièce anglo-normande tirée du manuscrit N° 2253 de la bibliothèque Harléienne, au Musée britannique, qui n'est peut-être que la traduction de ces vers latins. Le premier de ces poèmes n'a pas été imprimé, que je sache. Il commençait par ces vers :

> *Carmina qui quondam vates cecinere priorum*
> *Magnatum gesta scribere plus nequeunt.*
> *O , utinam magnus superesset grecus Omerus ,*
> *Doctus et ille Maro , Mantua quem genuit , etc.*

Milon, auteur du *Conflictus*, mourut en 872 dans l'abbaye de Saint-Amant. Il a composé à la louange de Charles-le-Chauve, une pièce de 300 vers ; tous commencent par un C.

Dans un autre manuscrit de l'abbaye de Gemblours, mentionné , pag. 29 du Catalogue que donne Gérard , on trouvait une *altercatio Luciferiani et orthodoxi*. C'est peut-être là qu'un trouvère, resté inconnu, a pris, au XIIIe siècle, l'idée de son *Dit de synagogue et de Sainte Église*, bien connu dans notre ancienne littérature. Enfin, dans un autre manuscrit in-4°, mentionné pag. 105 du Catalogue de Gérard, se trouvait un petit poème intitulé: *De nobilitate domini Sugerii abbatis et operibus ejus.* Le voici en entier, d'après la copie de Gérard.

> *Inclite Sugeri , cupimus te luce repleri ;*
> *Justa Dei veri magnalia corde vereri.*

Abba pater , gaude , dignissimus es , pie, laude ;
Mente Deo plaude , bona cudere fortiter aude.
Nobilitas morum supereminet astra tuorum ,
Qui Pater es florum simul et regimen monachorum :
Celicus ergo chorus probat hunc splendore decorus ;
Sœstriger annosus amat hunc, et Dux animorus.
Francorum cœtus hujus moderamine fretus ,
Hunc colit , et letus regitur pietate repletus ;
Nobilitas mentis patet omnibus hec facientis ,
Qui propriæ gentis decus est , et forma parentis.
Muneribus divis Deus hunc erexit ab imis ,
Ne fieret vilis animus virtusque virilis.
Gloria condigna tanto patre, sorte benigna.
Contulerat signa quibus fraus cassa maligna.
Signa beatorum sunt diva karismata morum ,
Nobilitas quorum diffunditur ore virorum.
Regnum Francorum rexit moderamine morum ,
Qui Dux regnorum , simul et Dux animorum.
Gloriu regnorum nec obest meritis dominorum ,
Si perfectorum retinent exempla bonorum.
Splendor doctorum deceat hunc virtute laborum ,
Qui sibi cunctorum formam tenet Emeritorum ;
Innovat inventum pater a fundamine templum ,
Ut sit in exemplum Dyonisii monumentum.
Nostra pro vita Christi fuit hic agonista ,
Areopagita Dyonisius , archisophista ,
Extitit Athleta fortissimus atque propheta.
Regna tenet leta vir fortis et agoniceta
Cujus erat lampas Sugerius , inclitus abbas.
Struxit ei capsas auro , gemmis decoratas ;
Ordine ditavit claustrum , templumque novavit ;
Aras ornavit auro , gemmis radiavit ;
Pallia mira dedit , distractaque plura redemit.
Tres tabulas fecit , auro gemmisque replevit ;
Quarta nitens perlis , gemmis , pretiosa lapillis ,
Vernat in onichinis , smaragdis , arte berillis ,
Aurea Crux , miris fulgens distincta saphiris ,
Ostendit vivis quam sit pater iste virilis ,
Gloria sublimis debetur huic sine rimis.
Dignus ei finis calo celebretur herilis ;
Radulfus phisicus cepit dictando laborem :
Luridus invidia reprobans confundis honorem.

Gérard a ajouté à la copie de ce poème la note suivante :

« L'écriture de la théorie de Radulphe et les vers concernant Suger sont d'une écriture de la fin du XIIIᵉ siècle. »

Le manuscrit 1550 , in-fol. , en papier, copié de diverses mains , mais provenant de la bibliothèque de Gérard , est ainsi intitulé : « Catalogue des manuscrits qui se sont trouvés dans les colléges des ci-devant Jésuites des Pays-Bas , après leur suppression. »

Ce que j'y ai rencontré de plus remarquable comme mention , se compose des manuscrits suivans : — Pag. 3 , d'après la bibliothèque des Jésuites de Bruxelles, *Épître d'Othéa* , par Christine de Pisan ;— le roman de la Rose ; — la *Destruction de Troyes;* — pag. 16, d'après la bibliothèque des Jésuites de Luxembourg, la *Complainte d'Anne de Bretaigne* , par Bretaigne , son premier hérault et roy d'armes ; in-fol. , sur vélin , avec miniatures ; — pag. 45 , d'après la bibliothèque des Jésuites de Mons , *Épître d'Othéa ;* — les Chroniques de Molinet ; — un Manuscrit intitulé : *Comment le roy d'armes des Franchoys fust premiérement créé et puis nommé Montjoye et la fasson de son noble couronnement , les sermens qu'il doibt faire* , etc. , ayant appartenu à Jean de Noyelle , seigneur de Marlz , près Béthune , en Artois ; — pag. 57, d'après la bibliothèque des Jésuites de Tournay , la Consolation de Boéce , en vers français ; — le petit Testament de Jean de Meung ; — le Trésor de N.-D. ; — l'Épître d'Othéa ; — les poésies de Vaillant-de-la-Bassardies ; — pag. 69 , d'après la bibliothèque des Jésuites de Bruges , la Vie de Sainte Élisabeth de Thuringe, en latin ; — les Actes de confirmation données par le comte Louis de Flandres et de Nevers , à ceux du Franc de Bruges , des priviléges accordés par le comte Philippe ; — pag. 107 , tirés de la bibliothèque des Jésuites de Louvain , d'après un manuscrit sur vélin très-ancien , une pièce commençant par ces mots : *Contradicunt barbarismus et solœcismus ;* — une Pièce de vers français commençant ainsi :

> A ceulx de ceste région ,
> Et qui pas n'y ont mansion
> Ains y sont , comme dit sainct Pol ,
> Riche , povre et saige et fol , etc.

— *Les Dis moraulx de Sédéchias le philosophe,* le livre de Prudence et l'enseignement de bien vivre, par Christine de Pisan , d'après le même manuscrit; —pag. 205 , d'après un manuscrit de la bibliothèque des Bollandistes d'Anvers, une *Disputatio ordinis Cameracensis contra Judœum ;* — pag. 299 , d'après un manuscrit que je crois aussi des Bollandistes d'Anvers : l'Histoire de Jacques de Lalain ; — État de la maison du duc Charles de Bourgogne , par Olivier de la Marche ;— *Inventaire de certaines baghes et joiaux de feue Madame Marie* , duchesse de Bourgogne, etc. ; — *idem* , pag. 291 , Histoire de l'advenue des troubles au Pays-Bas pour le faict de la religion et de la justice , et des divisions , guerre civile et intestine, commençant en l'an 1568 , jusques en l'an 1583 ; — *idem* . Copie des nouvelles que le josne Montrichalt a apportées de Rome, *anno 1527,* concernant le connétable de Bourbon ; — *une Débat de trois chevaliers Princes devant*

Minos; — le Débat de la noblesse et plusieurs autres pièces curieuses du temps de Charles V; — *idem*, pag. 294, Histoire de Richard II, roi d'Angleterre; — *Petrus de Vineis, de gestis Frederici imperatoris* (sur vélin), etc.

Les manuscrits suivans, tous in-folio, de la main de Gérard, ne sont pas moins curieux. Cet infatigable érudit, qui eût été digne d'être bénédictin, y a rassemblé une foule de Notices pleines d'intérêt. Ainsi, le N° 1556 porte le titre suivant : *Usages, pratiques et cérémonies religieuses singulières ou remarquables qui existoient ci-devant dans les provinces des Pays-Bas.* Voici la liste de ces Notices :

1. Évêques des innocens et des fous, pag. 9.
2. Usage de représenter des mystères dans les églises, et la Passion de N.-S. sur les théâtres, pag. 25.
3. Usage de représenter la naissance de N.-S., connue sous le nom de Bethléem, pag. 33.
4. Usage de parcourir les rues avec une tente, le jour des Rois, et une cuirasse, p. 53.
5. Cérémonies de l'église de Courtray, le mercredi avant Noël, pag. 37.
6. Usage, à Courtray, de laisser descendre un pigeon du haut du chœur de l'église paroissiale, pag. 41.
7. Usage des Évêques de donner un petit coup sur la joue des enfans après la Confirmation, pag. 45.
8. Usage des pélerinages, pag. 47.
9. Usage de laver les pieds, le jeudi-saint, pag. 53.
10. Usage de visiter les églises, le jeudi-saint, pag. 57.
11. Usage de donner de l'eau à boire aux chevaux, dans l'église d'Anderlecht, pag. 61.
12. Usage de donner à baiser aux chevaux, les reliques de Saint-Éloy, pag. 63.
13. Usage de vendre des chandelles, des chapelets, scapulaires, livres de piété, etc., dans les églises, pag. 65.
14. Usage d'offrir et placer sur les autels dans les églises, des volailles et denrées, et de les vendre ensuite à la porte des églises, pag. 69.
15. Usage d'allumer des cierges devant les images des Saints, pag. 73.
16. Usage de prendre et de présenter de l'eau bénite en entrant dans les églises, pag. 77.
17. Usage de placer des images de la Vierge et des Saints aux coins des rues, pag. 81.
18. Usage de laisser porter les images de la Vierge, dans les processions, par différentes personnes, pag. 85.
19. Usage d'ériger des autels sur les rues où il passoit des processions et d'aller chanter à ces autels, à Ruremonde, la veille de l'Assomption de la Vierge, p. 81.
20. Usage, à Bruxelles, d'illuminer les maisons le jour de la fête de Marie, p. 91.
21. Usage, dans les couvens, de lire, pendant le repas, la Sainte-Écriture, la Vie de quelque Saint ou quelque ouvrage de piété, page 95.
22. Usage de chanter dans les églises, pendant l'octave de Noël, des cantiques en langue vulgaire, page 97.
23. Usage de donner le nom d'impératrice à la fille qui étoit la mieux instruite dans le catéchisme, pag. 97.
24. Usage d'aller boire de l'eau à la porte de l'église du couvent de Saint-Pierre, à Bruxelles, pour être préservé ou guéri de la coqueluche, pag. 103.

N° 1558 , in-fol. , papier. *Anciens et singuliers usages concernant l'administration de la justice , les criminels , les bannis , etc. , dans les provinces de Belgique , avec les différens genres de supplices auxquels on condamnoit les criminels.*

Voici la liste des Notices qui se trouvent dans ce volume.

27. Coutume que le chancelier de Brabant se rendît dans les prisons, le vendredi-saint, pag. 107.

28. Peine contre ceux qui enlevoient et voloient les femmes ou les filles, pag. 111.

29. Coutume, en Brabant, de ne point rendre à leurs juges, ceux qui avoient commis des crimes dans d'autres pays, pag. 131.

30. Coutume à l'usage de ceux qui donnoient asyle aux bannis, pag. 147.

31. Coutume à l'égard des corps de suicidés, pag. 151.

32. Coutume à l'égard des adultères, pag. 155.

33. Coutume à l'égard des maris qui permettent que leurs femmes vivent déshonnêtement avec d'autres, pag. 159.

34. Coutume à l'égard des personnes non mariées qui vivent déshonnêtement ensemble, pag. 163.

35. De ceux qui ne venoient pas au secours lorsqu'on les appeloit.

Outre ces Notices, ce manuscrit en contient encore 23 autres sur différentes méthodes de supplices. Celle qui est relative à la guillotine, prouve, par une longue citation empruntée aux œuvres poétiques du grand pensionnaire de Hollande, Jacques Cutz; par des citations de divers ouvrages latins, de 1555 et 1660; par la mention du fameux instrument appelé, au XXIe siècle, en Écosse et en Yorckshyre, *the maiden* (la pucelle), que l'invention de Guillotin n'était pas neuve.

N° 1559, in-fol., sur papier, de la main de Gérard, comme le précédent. Voici le titre de ce manuscrit : *Description des processions singulières qui se faisoient ci-devant dans les villes des Pays-Bas, avec quelques recherches sur leur origine. Ces pièces sont au nombre de 25.* En voici l'énumération :

1. Procession dansantes à Echternnach, duché de Luxembourg, pag. 9.

2. Procession immobile, à Echternnach et à Prum, pag. 17.

3. Procession des esclaves de la Sainte-Trinité, à Bruxelles, pag. 17.

4. Procession à Bruxelles, le dimanche avant la feste de la Pentecôte, pag. 31.

5. Procession à Ninove, le 20 juillet de chaque année, pag. 27.

6. Procession à Bruxelles, le jour de Saint-Michel, pag. 29.

7. Procession des pucelles, à Bruxelles, le lundi de la Pentecôte, pag. 37.

8. Procession de la chapelle de Notre-Dame-de-Bon-Secours, à Bruxelles, pag. 45.

9. Procession à Bruxelles, les jours de Saint-Jean-Baptiste, pag. 47.

10. Procession de Notre-Dame-de-Lorette, à Bruxelles, pag. 51.

11. Procession le jour de l'Assomption de Notre-Dame, à Anvers, pag. 53.

12. Procession le jour de Saint-Michel, à Nivelle, ville de Brabant, pag. 57.

13. Procession à Mons, le jour de la Sainte-Trinité, pag. 61.

14. Procession à Ath, au mois de décembre, pag. 67.

15. Procession à Halle, ville de Hainault, le premier dimanche de septembre, p. 69.

16. Procession à Lille, le dimanche de l'octave de la Fête-Dieu, pag. 73.

17. Procession à Tournay, la veille de l'exaltation de la Sainte-Croix, pag. 77.

18. Procession à Ypres, en 1713, pag. 81.

19. Processions singulières à Courtray, pag. 85.

20. Processions le jour des Rameaux, à Anvers, Louvain et Leyde, pag. 89.

21. Triple procession à Tournay, le 14 septembre, pag. 91.

22. Procession à Louvain, le premier dimanche de septembre, pag. 93.

23. Procession à l'église des Dominicains, à Bruxelles, pag. 97.
24. Procession à Douai , pag. 101.

La plupart de ces processions étoient curieuses par les cérémonies bizarres qui s'y accomplissoient, ainsi que par leur origine.

Le N° 1560 contient des Notices sur les préjugés , erreurs populaires , etc. , qui ont cours en Belgique , tels que : *Pluies de Saint-Médard ; être treize à table ; la sallière renversée ; le trou de Sainte-Gertrude ; le pesage par la sorcellerie , à Oudewater , etc.*

N° 1563. *Notice des principaux sculpteurs nés dans les Pays-Bas , avec leurs épitaphes et la liste de leurs ouvrages les plus remarquables , écrite de la main de Gérard.* — Ces Notices sont au nombre de 101 , parmi lesquelles plusieurs concernent des artistes du xve et du xvie siècle , tels que Jaques de Germes , qui fit , en 1455, le mausolée de Louis de Male , comte de Flandres ; — Claux de Verne ; — Jean de la Vuerta ; — Jaques de Breuck-le-Vieux ; — Guillaume Van Tétrode ; — Combaut de Dryvère ; — Jean de Stère ; —Guillaume Paludanus, mort en 1579 , etc. , etc.

N° 1564 , in-fol. , manuscrit de Gérard. *Notices des architectes et graveurs belges , avec la Notice de leurs principaux ouvrages.* — Il y a 36 architectes et 13 graveurs. Voici leurs noms : 1° Jaques de Breuck-le-Vieux , architecte et sculpteur , qui florissait en 1540 ; il fit , en 1539 , pour Jean de Hennin , comte de Boussu , le plan de son château , et, pour la reine Marie , les plans de deux palais détruits en 1544 ; — 2° Jean de Thuin, constructeur de l'église de Sainte-Wandre , à Mons , achevée après sa mort arrivée en 1556. Dans son épitaphe , il est qualifié de *officier tailleur d'images , conducteur de l'ouvraige d'architecture ;* — 3° Pierre Coucke , né à Alost , en 1502 ; il apprit d'abord la peinture à Bruxelles , sous Van Orley ; il alla ensuite en Italie , où il se perfectionna. A son retour , il fut nommé architecte et peintre de la ville. Plus tard, il alla demeurer à Bruxelles où il fit des modèles de tapisseries. Il fut ensuite s'établir , avec les frères Moyens , à Constantinople , pour y former une manufacture de tapisseries. Au bout d'un an , les frères Moyens revinrent à peu près ruinés ; mais Coucke rapporta dans sa patrie le secret des belles couleurs pour les tentures de soie et de laine. Il alla ensuite à Anvers où il se livra à la gravure , et fut nommé par Charles-Quint et la reine Marie de Hongrie , leur peintre et leur architecte. Il mourut en 1550, à Bruxelles. — 4° Corneille de Vriendt , architecte, sculpteur , né en 1518, mort en 1572 ; — 5° Jean d'Hière , architecte, sculpteur , né à Gand ; — Corneille Floris , architecte , sculpteur , rapporta d'Italie l'art de faire des chargés grotesques ; il était ingénieur de la Maison-de-ville d'Anvers en 1560 ; — Guillaume Cœur, architecte et sculpteur ; — Guillaume d'Anvers, *idem* ; — Lambert Lombard, peintre et architecte ; — Henry et Pierre de Keyser, le premier, né à Utrecht, en 1565, mort à Amsterdam, en 1620 ; il fit le mausolée de Guillaume de Nassau, qui est dans l'église de Delft ; — Jean Schorle ; — Lambert Suave, né à Liége ; — Jean de Boulogne, premier sculpteur de François Ier et de Ferdinand Ier, ducs de Toscane, né à Douay, en 1529, mort en 1608 ; — Sébastien Van Noye, né à Utrecht, en 1523, mort en 1557 ; — Henri de Pas, né à Anvers, constructeur de l'Hôtel des Villes anséatiques, à Anvers, en 1568 ; — Pierre de With (en français Pierre le Blanc), né à Bruges, bâtit le palais électoral de Munich et construisit le mausolée de l'empereur Henri IV ; — Corneille de Ry, né à Amsterdam, en 1561 ; il y bâtit un grand nombre d'édifices ; — Jaques de Breuck le Jeune, né à Mons, y construisit l'abbaye bénédictine de Saint-Gheslain, détruite en 1656 ; — Pierre de Franqueville, né à Cambray, en 1553 ; — Pierre-Paul Rubens, le grand peintre ; — Wenceslas Coberger, né à Anvers, en 1550 ; — François Aiguillon, né à Bruxelles, en 1567, (faisait partie de l'ordre des Jésuites), mort en 1607 ; — Jean Van Santen (en Italie, le Sanzio), premier architecte de Paul V, constructeur de la villa Borghèse ;—Jacques Franquart, né à Bruxelles, en 1577 ; — Balthazar Gerbier, né à Anvers, en 1592 ; — Jacques Van Kampen, né à Harlem ; — Philippe Vingboons ;—Pierre Post, né à Harlem ; — Pierre Schleiff, mort à Valenciennes, en 1641 ; — François Romain, né à Gand, en 1646 ; — N. Franquart ; — Corneille Van Nerven ; — Luc Thuydherbe ; — Louis-le-Doux ; — Laurent-Benoît de Wez ; — N. de Dobbeler (fin du xviiie siècle), mort très-âgé, en 1818 ; — François Suis.

Les graveurs sur lesquels Gérard a donné des Notices dans les manuscrits dont nous parlons, sont : Samuel et Adrien Lomelin (1639) ; — François Schelhaur père et fils (1639) ; — Jean Sadeler, né en 1550 ; — Raphaël Sadeler ; — Otto Venius, né à Anvers, 1599, peintre et graveur ;—Théodore Van Fulden, né en 1607, peintre et graveur ;—Starrewyn ;—Van Berckel ; — Nicolas-François Cardon, père ;—Antonio Cardon ; — Edelnick ; — Bolswert ;—Vorsterman.

Le N° 1565 contient des Notices sur les imprimeurs belges, qui ont vécu pendant le xve siècle, avec la liste des ouvrages qu'ils ont imprimés. Gérard y a joint, en outre, des Notices sur les plus célèbres imprimeurs belges du xvie et du xviie siècles. Voici le nom des imprimeurs dont il y est question :

Arnaud, de Bruxelles ; — Jacques Bellaert ; — Godefroy Back ; — Indocus Badius Ascensius ; — Conrad Braem ; — Daniel Bomberg ; — Jacques de Breda ; — André de Bruges ;—Jean Brito ou de

Brit ; — Frédérick d'Egmont ; — Les Frères de la vie commune ; — Gérard de Flandres ; — Mathias Goës ; — Nicolas de Grave ; — Gilles Van Heerstraeten ;—Henri Eckert Van Homberch ; — Michel Van Hoochstraeten ; — Jen Andries Soen ;—Jean Jacobs Soen et Maurice Yemants Soen ; — Nicolas Ketelaer ; — Arnoud de Keyser ; — Gérard de Leempt ; — Gérard de Leeu ; — Nicolas de Leeu ; — Adrien Liesfelt ; — Martin d'Amsterdam ; — Colard Mansion ; — Thierry Mertens d'Alost ; — Richard Paffroed ; — Louis de Raverscot ; — Chretien Snellaert ; — Jean Vollehoe ; — Jean Veldenaer ; — Pierre Van Os ; — Conrard de Westphalen ; — Jean de Westphalen ; — Laurent Coster ; — Louis de Valbeke ; —Hugues Janssen Van Voerden ; — Erard Reuwich ; — Rainaud de Nimègue ; — Paul Leenen ; — Corneille de Zyrikzee ; — Henri de Harlem ; — Johannes de Tornaco ;— Gérard de Harlem, imprimeur, étoit établi à Florence, où il imprima un ouvrage en 1498 ; — Nicolas Petri de Harlem ; — Rudolphe Loeffs de Driel ; —Willelmus de Mechlinia ; — les Collatie ; Droders, à Gouda ; — Joannes Alemannus de Medenblick ;—Roelant Van den Dorp ; — Antonius Mathias Antuerpiensis ;— Laurent Hapin ; — Mathias de Flandres ; — Gérard de Lisc.

Gérard a encore ajouté à ces Notices les noms suivans d'autres imprimeurs belges qui se sont rendus célèbres, dit-il, *par leur savoir ou par le nombre d'ouvrages qu'ils ont imprimé.* Voici ces noms :

Raphelengius ; — Jean Moret ; — Balthazar Moret ; — Jean Ram ou Bellerus ; — Rudger Rescius ;.... — Nutius ;.... — Thomas Erpenius ; — les Elzevir ; — Frédéric Leonard ; — André Fris ;.... — Hacklus ; — François Halma ; — Jean Hondius ; — Henri Hondius ; — ..... de Hond ; — Jean-Henri Westein ; — Jacques Westein ; — Jean de Zuylen ; — Guillaume et Jean Blacu ; — Pierre Mortier ; — Adrien Moetiens ; — ,..... Van der Aa ; — Joseph Panckoucke.

Tels sont, Monsieur le Comte, les principaux manuscrits littéraires qu'offre la Bibliothèque de la Haye. Peut-être, avec un peu plus de temps que celui dont je disposais, aurais-je pu vous en signaler encore quelques autres, et faire un plus grand nombre d'extraits que celui que vous trouverez, comme pièces justificatives, après ces lettres ; mais mon loisir était limité. Ce n'est pas là d'ailleurs, une besogne qui s'exécute rapidement, et je n'avais, pour l'entreprendre, aucune mission officielle : mon zèle pour l'érudition et la tendance de mes études depuis quinze ans, m'entraînaient seuls à prendre, comme renseignemens personnels, quelques notes sur la belle collection confiée aux soins de M. Holtropp. Si, depuis, je me suis décidé à les rendre publiques, sans chercher même à leur donner une forme plus attrayante que celle d'une simple rédaction descriptive et bibliographique, ç'a été uniquement, Monsieur, pour offrir à l'homme de cœur qui, en présidant, comme vous l'avez fait, d'une manière éclatante aux intérêts intellectuels de la France, avait cherché à ouvrir une carrière positive à quelques jeunes écrivains, une marque de plus de mon respect, ainsi que de ma sincère et bien vive gratitude.

J'ai l'honneur d'être, Monsieur, avec un profond respect,

Votre très-dévoué serviteur,

Achille JUBINAL,
Professeur à la Faculté des lettres de Montpellier.

FRAGMENTS ET EXTRAITS.

Les numéros placés devant les versets indiquent l'ordre qu'ils suivent dans le manuscrit de Berne. Différents versets de la leçon de ce ms. manquent ici.

(Ms. N° 69. — Voyez page 15 des Lettres.)

1. Rome, Jhérusalem se plaint
    De convoitise ki vos vaint
    Et Acre et Damiete ausi;
    Et dient bien k'en vos remaint
    Ke Dame-Dieus et tot si saint
    Ne sunt en la tere servi.
    De Damiete sunt saisi
    Par le légat nostre anomi,
    Et cresliien à mort ataint;
    Et dient bien k'il est ensi:
    Le roi Jehan avés trai,
    En qui Dieus et proeche maint.

14. Sainte Marie, socorés
     Jhérusalem, car ch'est li clés
     Ki garde le trésor rojal:
     Encor i aient li Ture més,
     Si iert encore krieslientés;
     Maugré le Temple et l'Ospital.

Faus et félon et desloial
Sunt chil ki ont porquis le mal
Par quoi chis mons est si torblés.
Aukes le di por le légal :
En lui a malvais marescal,
Quant si nos a tos enclanés.

5. Li cardinaus et li légas
 Ont bien fait geter ambesas
 Les crestiiens dechà les mons.
 Et sachiés bien n'est mie gas,
 Ke par eus est en l'angle mas
 Li rois ki chevaliers est bons.
 Or venra la bele saisons :
 Si raporteront uns pardons
 Dont il vauront croisier nos dras ;
 Mais chil n'iert mie Salemons
 Ki de rien kerra tés glotons :
 Car mis nos ont del trot au pas.

8. Bien a li légas rout le pan
 De le cote le roi Jehan,
 Si ke jamais n'iert recosus.
 Porcachié a par son engan
 Ke Damiete est al Sodan :
 Cho a fait c'onkes ne fist nus.
 Fois est perdue, car chà jus
 N'en a mais point, tote est là sus,
 Là ù Dieus fait crier son ban.
 Ke li légas soit confundus
 Et de sa glorie sospendus,
 Ne jà n'isse honorés de l'an.

12. Li légas et li cardonaus
 Ont meslé auvec cardons aus
 Et omicide auvec envie :
 Jo quit Judas fu lor paraus.
 Maint crestien sunt mort par aus

Ki encore laissent en vie
Se ne fust lor grans félonie
Et li avoirs de paienie
Ki pris fu par malvais consaus.
Or en est là tere honie
Où chil revint de mort à vie
Par qui le mondes sera saus.

2.   Dieus ! c'ore n'est uns Charles Marteaus
Au siècle ki destrusist cheaus
Ki si malemant ont ovré !
N'est mais prestres tant vieus ne haus
Ki n'ait u lorains u oiseaus :
Ensi sunt-il ore ordené.
Rome, vos avés destempré
Tel puison sor crestienté
Ki plus est dure ke caillaus ;
Car quant ke nos aviens semé
A Damiete et amassé
Ont li Turc mis en lor vaisseaus.

6.   Ha, seignor clerc ! car aiiés honte
De chest forfait, car à vos monte :
Meffait l'avés, bien le set-on.
Cheste traïsons nos afronte :
Or n'ont cho fait ne roi ne conte,
Ne nule gent se vos clerc non.
Ha ! tere de promission,
Com iestes kéué el broion
Et com Jhérusalem desmonte,
K'ele soit bien par nul sermon
N'ara socors ne garnison
Puis ke Rome deffait son conte !

10.   Mout est chis siècles devenus
En manières de maus agus ,
Car l'uns ne porte à l'autre foi :

S'uns ribaus est rés u tondus,
Jà n'iert de chel païs venus
K'il ne voille estriver au roi.
Il sunt plain de si grant desroi,
Ke s'il n'en prent hastieu conroi,
Il sera par eus déchéus.
Mais jo locroie endroit moi
C'on laissast à chascun un poi
Et si en presist le sorplus.

48.   Si m'aït Dieus, s'ai si grant ire
    Del clergie, n'en sai tant dire
    Ke pis ne vaillent demain ke ui;
    Mais se chil ki de tot est sire
    Lor monstroit en aucun point s'ire,
    Liés en seroie, c'or à qui
    Ne m'en sai plaindre fors à lui :
    Nus lais hom n'a vers eus refui
    En roiaume ne en empire,
    Tant sunt félon et plain d'anui :
    Et se j'en aus matir n'apui
    Jo criem ke mon gieu n'en empire.

43.   Seignor prestre, tot parchonier
    Iestes de l'avoir l'userier;
    Et si vos dirai bien comment.
    Puis k'il ne vuelent le mestier
    Ke Dieus deffent por vos laissier,
    Por quoi prendés-vos lor argent?
    Vos mangiés auvec eus sovent;
    S'il vos donent laine u forment,
    N'avés talent de renvoier;
    S'il se confessent fausement,
    Vos les savés bien coiement
    A Pasques acomunyer.

44.   Seignor provoire, ki cler voit
    Moult est fous ki ne s'aperchoit

En quel manière vos vivés.
Li useriers vient à vos droit :
S'il demande pain bénéoit
Et vos enranment li donés,
Jo di ke vos i mesprendés,
K'il ne s'est mie confessés
En tel manière k'il devroit ;
Mais légièrement le soffrés
Por les dons ke de lui prendés :
Ensi l'anemis vos déchoit.

4.   Rome, on set bien à ensient
     Ke tu descroisas por argent
     Cheus ki por Dieu ièrent croisié ;
     Là erras-tu trop malement.
     Quant puis ont pékié mortelment,
     Si déussent estre alegié,
     Tu lor retausis lor markié
     Ke il avoient bargheignié
     A grant tort et malvaisement ;
     Mais il n'ièrent jà apaié :
     A Dieu s'aront leur veu palié,
     Car fait li ont borse de vent.

5.   Rome, moult avés entrepris,
     Et si avés à prendre apris,
     C'on vos en deveroit sospendre.
     Reprendre en doit-on moult vo pris,
     Car par prendre est vos nons espris :
     On vos en deveroit reprendre.
     Jà ne déussiés entreprendre
     Vers nos, mais tos les biens aprendre
     De quoi crestientés est de pris ;
     Mais tel cose avés fait emprendre
     Vostre légat, c'on le doit pendre,
     Car par lui sunt crestiien pris.

9.   Por Dieu, bon crestiien, plorés !
     Car onkes mais crestientés

Ne perdi tant à une fois
Ke ore a fait, bien le savés,
Puiske la tere ù Dieus fu nés
Conquist Salehadins li rois.
Li flums, li sépulcres, li crois,
S'escrient tot à haute vois
Ke Rome gieue de faus dés :
Il parut bien en Aubejois,
Et là démostra ke vo lois
Valoit pis ke ne sioit asés.

18.   Rome, vos fustes la puchele,
Virge loiaus et doche et bele ;
Mais or va la cose autrement.
Il méchiet moult la damoisele
Ki virge est, puis devient anchele
Et livre son corps por argent.
Rome, fait avés ensement :
Vos avés rompu Bellehent
Une corde de sa viele ;
Mais Dieus, ki tos les biens consent,
Set bien c'ausi fait l'autre gent
Ke grans loiers vos despucele.

17.   Rome, moult iestes refroidie
D'aidier la tere de Surie
Ki soloit estre vo mains destre ;
Or est ensi k'ele mendie :
Ne trais nului ki el m'en die.
Beaus sire Dieus ! ke porra estre ?
Péris et chéus à senestre
Est li lieus ù il deigna nestre
Et la crestiiene partie.
N'est mie bien cortois li prestre
Ki cho li taut ke sien doit estre
Par covoitise et par envie.

19.   Beau seignor, tot li pélerin
Ki au légat ièrent aclin

N'i entendirent se bien non;
Et il lor fist le gieu Cayn
Ki son frère ochist en la fin
Com desloiaus, en traïson.
Rome, trop malvais campion
Envoiastes Capharnaon,
Jhérusalem et Gybuin :
Conquis i avés un sormon
Si fait, c'à tos jors dira-on
Ke fait avés chest larrchin.

24.   Or escotés con faitement
      Li cardonaus vendi no gent;
      Jo le vos dirai à briés mos :
      A Coradin prist parlement,
      Et conferma par sairement
      Ke il li renderoit les nos,
      Et il le fist, bien dire l'os.
      Rome en doit bien avoir mal los
      Quant si fait traïtor consent;
      Ele en paiera les escos,
      Car vilenies et lais mos
      L'en reprovera-on sovent.

20.   Aine puis ke sains Quentins de Rome
      En vint en Aoste sor Some
      Ne fu aine mais Rome si dame
      Com ele or est, ch'en est la somme :
      Car quant k'ele aconsieut asomme
      Et de tot son pooir le dame.
      Ch'est chele ki droiture entame,
      Et ki son fin or sorestame ;
      Ensi renomée le nome,
      Si me puist Dieus aidier à l'âme,
      Bien doit caïr jus de s'escame,
      K'ele fait tort à maint prodome.

MANUSCRIT N° 276.

(Voyez p. 17. Ce ms. y est indiqué, par erreur sous le n° 275.)

Ce volume, magnifique d'exécution et de conservation, est écrit sur parchemin, in-f°, et orné de treize miniatures de toute beauté et d'une grande richesse; elles représentent la vie et les miracles du grand saint Hubert. La table de l'ouvrage, qui est placée au commencement, est précédée de l'intitulé suivant :

« Cy commence la table des rubriches de ce présent livre traittant de la conversion de saint Hubert, de sa vie, de sa fin, et d'aucuns miracles qu'il fist devant et après son bénéuré trespas en notre Seigneur. »

Voici le prologue qui suit la table :

« S'ensieut ung petit prologue déclairant à quy ce présent livre appartient.

« Pour ce que paroles sont vaynes et escriptures sont permanentes, les fais des anchiens, par les légendes, livres, et histoires, sont chascun jour ramenez à mémoire, et par espécial devant les princes et gens de hault stille et entendement; et pour ce que toutes les nations du monde sont certaines des haultes vertus, de la puissance, du triumph, de la grant largesse et magnificences du très redoubté et très glorieux prince, triumphant en toute béneurté et soubz lequel la plus part de la monarchie du monde est gouvernée en paix, au jourd'huy régnant, Phelippe, par la grace de Dieu, duc de Bourgoigne, de Lothryk, de Brabant et de Lembourg, conte de Flandres, d'Artois et de Bourgoingne, palatin de Haynnau, de Hollande, de Zeellande et de Namur, marquis du Saint Empire, seigneur de Frise, de Salins et de Malines. Vray est que ung sien citoyen estant certain qu'il, sur toutes choses, prenoit plaisir de veoir par escrist et oyr racompter les fais des anciens, et par espécial choses traitans à dévotion, ce que chascun catholicque prince apète vouloptiers oyr et sçauoir, se advança de luy présenter ceste légende et miracles du benoit confès saint Hubert en ung petit livre ayant long temps par avant vacquié en plusieurs contrées ainchois qu'il peust au vray avoir trouvée ceste ditte légende au long, comme cy-après est déclairée; laquelle légende, si tost que mondit très redoubté et souverain seigneur et prince l'eut fait lire en sa présence, commanda à David Aubert, son très humble et indigne escrivain, de la grosser en la manière qui s'ensieut, estant en sa ville de Bruges, l'an de grace 1463. Prions doncques au Roy des roys, qu'il doinst à celluy très glorieux et tryumphant prince l'accomplissement do ses très haulx et très nobles desirs, et au partir de ce siècle soit colloquié en la joye pardurable, en la compaignie des benéures sains de paradis. A. M. E. N. »

Après une miniature représentant au premier plan saint Hubert devant le fameux tyran Ebroin, et au fond, dans un bois, le même saint en contemplation devant un cerf, entre les bois duquel apparaît le Christ sur la croix, la légende commence ainsi :

Comment saint Hubert délaissa Ebroine le tirant, et comment il s'en ala
devers le noble roy Pepin.

Ou temps que ung pervers tirant et plein de toute cruaulté nommé Ebroine guerroioit et oppressoit moult le Royaulme de France, ung jeune damoisel du pays d'Acquitaine, appelé Hubert, estoit conte du palais dessoubz le roy Théodorich. Celluy jeune damoisel estoit de grandes sciences et vertus plain, et moult preu et vaillant en armes. Quant Hubert congneu la cruaulté de Ebroine, quy estoit du tout prompt et enclin à tous vices et maulx, et que entre les autres cruaultez qu'il faisoit, il persécutoit moult griefment les gens d'église en espécial, oultre toute humanité, Hubert, ayant grant desplaisir en son cœur de ce que dit est, habandonna Ebroïne et s'en ala devers le roy Pepin, quy desjà par sa proesse et vertus en armes, avoit appaisié tous les tirans d'entor soy, et estoit aveuc luy Ode, sa femme, qu'il avoit ung petit par avant espousée, laquelle, quant il l'espousa, estoit demoarée vesve de Beggis, duc d'Acquitaine.

Comment saint Hubert ala chasser au bois, et comment ung cherf se apparu à luy par un merveilleur miracle.

Nous lisons en plusieurs croniques et anciennes histoires, lesquelles sont tenues vrayes, que saint Hubert fut natif du pays d'Ardenne, et fut de noble lignie, et duc. Toutefois, il avoit long temps vescu en la loy de Mahom, pendant lequel il ne vouloit nullement entendre et croire en la foy de nostre Seigneur Jhésus. Et de fait, d'autant que les festes commandées par nostre mère Sainte Église estoient plus solempnelles et plus grandes, il les fuyoit plus, et de l'office divin il ne vouloit nullement oyr parler, ainchois s'en alloit par les bois et forestz chassant les bestes sauvages; et que pis est il sacrifioit aux ydoles. Et ung jour, feste de la Nativité nostre Seigneur Jhésu-Crist, Hubert se parti de son hostel, et tandis que les bons et féaulx amis de Jhésus, ses voisins, s'en alèrent à l'église pour oyr l'office divin, il s'en ala vers les bois à la chasse, si advint que luy estant en la forest, et que desjà il en commençoit à chasser, ung cerf tout blanc vint et se amoustra au devant de luy, portant entre ses cornes le signe de la sainte croix ; et ainsi que Hubert se print à regarder le cerf et la croix, il oy une voix procédant de la croix quy luy dist en telle manière : « Hubert, va tantost devers Lambert, évesque de Trecht, quy t'enseignera la voye de ton salut, si te convertis et deviens catholique, et plus ne soies incrédule, mais féal crestien, et fais pénitance de tes péchiés tout ainsi qu'il te conseillera, car par toy sera l'église exaulcée, ou autrement tu trébucheras ou parfont d'enfer

avecques les dampnez. » Lesquelles paroles ainsi par Hubert
oyes et entendues, il en grant crainte et dévotion descendant du
cheval, mist prestement les genoulz à terre et noura dévotte-
ment le signe de la croix en criant à Dieu merchy, et requé-
rant de ses péchiés pardon, promettant à Dieu amendement
de vie, et pénitance faire, aussi en renonchant entièrement à
tous sacriffices et cultivemens des ydoles, lesquelz ydoles il
avoit nourez, comme mal conseillié, tout le temps de sa vie. »

— Le reste de l'ouvrage contient le récit de la conversion, de
la mort et béatification du saint ainsi que des miracles qu'il
opéra pendant sa vie et après sa mort. Citons encore le dernier
chapitre et la conclusion.

« Cy parle l'acteur en recommandant les mérites du glorieux
confès monseigneur saint Hubert :

« Pour tant, mes très amez frères, je vous prie que à ces œuvres saintes lesquelles la divine majesté a démonstré et démons-
tre chascun jour en ses esleuz, nous entendons ensieuvir; et à
celle fin que plus dignes soyons, prenons les armes espirituelles,
desquelles parle l'appostre, disant : « Se vivre voulons, alons en
esperit. » Puis dist ailleurs : « Cheminez en esperit. » Item,
ancoires : « Je me délitte en la joy de Dieu. » Soions ententifz
en ceste délectation, et nous parforchons l'excerser ainsi comme
ministres de Dieu, en mainte patience, en longanimité, en charité, et ès autres vertus, lesquelles sont consolidées en sa ra-
chine, à celle fin que nous soions dignes de la voye dominique,
par laquelle nostre Seigneur promet disant ainsi : « Mon père,
je voeil que là où je suis, illec soit mon ministre. » Disposons-
nous obtempérer, à cette fin que en obtempérant, quant vendra
au darrain jour, que le rigoureux jugement se tendra, soions
receuz à la main destre, et nous soit dit par la voix du grand
juge : « Venez, les benoits de mon père, perchevez et possessez
le royaulme quy dès la création du monde vous a esté promis, »
ouquel royaulme nous, garnis des dons divins, puissons con-
templer sans fin le Dieu des dieux en Syon, selon l'espérance de

vie éternelle, comme hoirs de Dieu, et co-hoirs de Jhésus, auquel est honneur, gloire et règne sans fin, avèuc Dieu le père en unité du Saint-Esperit, par tous les siècles des siècles. A. M. E. N.

S'ensieut comment, combien, et en quel temps saint Hubert fut sacré évesque, et le nombre de son règne.

Combien que en ceste légende de mon seigneur saint Hubert soit faitte mention des ans et nombre de la première et darraine translations, et que aucunement ne soit touchée le temps de son ordination, ne combien il régna évesque du Liége, ne en quel temps il trespassa, car la légende latine n'en fait autre mention, toutesvoies, pour aucunement satisfaire et complaire aux oppinions de ceulx quy la lirront, Hubert le prévost devant dit, a quis et leu plusieurs croniques et autres livres particulz, par lesquelz il treuve, et entre les autres treuve en la Cronique Martinienne, que en l'an de nostre Seigneur 698 fut marti-risié saint Hubert en la cité de Liége, et estoit pour lors le siége de l'évesque à Trecht. Et en ce miesmes an fut saint Hubert, par Sergius pape IVe de ce nom, ordonné et consacré par voulenté divine en évesque du Liége, si comme il appert ès xie, xiie et xiiie chapitres ci-dessus.

Item, treuve ancoires en icelle légende, ou xxxviiie chapitre, que l'empereur Charlemaine, ou tiers an de son règne de France, quy fut l'an 771, par révélation divine, esleva le corps du benoit confès saint Hubert, lequel, comme celluy chappitre le porte, avoit esté seize ans en terre. Ainsi appert qu'il trespassa de ce monde en l'an 755; et par ainsi il auroit régné évesque du Liége l'espace de cinquante-sept ans. Et au regard de sa translation en Ardenne, il appert assez en la légende cy-dessus.

« Cy fine la légende le trespas de saint Hubert, avec aucuns miracles, grossé par le commandement et ordonnance de mondit très redoublé seigneur mon seigneur le duc de Bourgogne et de Brabant, en sa ville de Bruges, par David Aubert, son très humble et indigne escripvain, l'an de grace 1463. »

N'oublions pas de mentionner une brochure de huit pages, intitulée : « *Notice sur un beau manuscrit qui a appartenu à Philippe le Bon, etc.*, par le B. de Villen igne, membre de l'Académie royale des Sciences de Bruxelles. »

Dans cette brochure, M. de Villenfagne, qui alors était possesseur de ce manuscrit, donne une description minutieuse, surtout des ornements qui enrichissent ce précieux volume. Vers la fin, il s'efforce de démontrer que les miniatures ont été peintes par Jean van Eyk et sa sœur.

MS. DE MR. RUSSELL SMITH

(Voyez p. 25.)

Après avoir parlé d'abord de *la naissance de Péché*, l'auteur nous parle des sept filles de ce même personnage allégorique, qui sont Orgueil, Envie, Colère, Paresse, Avarice, Gourmandise, Luxure, puis de leur mariage. Orgueil arrive pour la cérémonie, montée, non sur un palefroi ou sur des *mules d'Orient*, mais sur un lion. Envie était montée sur un chien (probablement un chien hargneux); elle avait un épervier sur le poing. Colère était portée par un sanglier ; Paresse sur un âne *lent et las*, etc. La première qui se maria fut Orgueil : à ses noces assistèrent Pluton et Proserpine, Bacchus et Vénus. Le mari d'Orgueil fut tout simplement le Siècle. Péché enseigna à sa fille *comment on doit plère à son mari*, et celle-ci profita si bien de la leçon que de cette union elle eut cinq filles : *Hypocrisie, Vaine-Gloire, Surquiderie* (présomption), *Jactance, Inobédience*. Envie mit aussi cinq filles au jour : *Détraccion, Dolour d'autry joye, Joye d'autry mal, Supplantacion, Fals semblant.* Ire suivit l'exemple d'Envie : elle eut cinq filles : *Malencolie, Tençon, Hauge* (haine), *Contens, Homicide*, etc. Chacune des autres sœurs fut également mère de cinq filles, et l'auteur décrit longuement chacune d'elles. Après cela, il nous raconte comment Raison et Conscience ont prié Dieu contre les vices et leur *progénie*. Puis il passe à la description des sept vertus, opposées aux sept vices, que Dieu donna à Raison ; il parle de chacune des filles de cette dernière, qui ne sont pas moins nombreuses que les descendants de Péché, et quand il les a décrites longuement, alors il arrive *à l'estat de ceux q'ont nostre siècle en gouvernance*, et plaçant en tête la cour de Rome, il la raille et la satirise en ces termes :

> Ce que je pense écrire yci
> N'est pas por moy, ainz est ensi
> De toute chrestienne gent
> Murmure, compleinte, vois et cry;
> Que tous dient (je ne desdi)
> Q'un court de Rome ore est régent
> Simon, de l'or et de l'argent,
> Si que la cause al indigent
> Serra pour nul clamour oy.
> Qui d'orr n'y porte le présent,
> Justice ne luy ert présent, etc.

Il passe ensuite aux cardinaux, et il dit d'eux :

> Mais pour ce qu'ils trovent escrit
> Qu'om ne doit curer du petit,
> Petite chose n'appétice
> La faim de leur grand appétit, etc.

Aux évêques il reproche de ne pas donner de bons exemples, de reprendre les petits et d'être muets devant les grands :

> Evesque, om dist, et je le croy,
> Comment les povrez gens pour poy
> De leur errour tu fais despire,
> Et les grantz mals et le desroy

De ces seignors tu laisses coy
Qe tu n'en oses faire ou dire.
Tu es paisible vers le sire
Et vers le serf tu es plain d'ire:
L'un est exempt de toute loy
Et l'autre souffre le martire:
N'est pas en ce qui bien remire
Quel est le jugement de toi.

Les archidiacres, officiaux et doyens ne sont pas mieux traités par lui. Ils sont, dit-il, sans continence, pleins d'avidité: les curés de paroisse ne valent pas davantage. Ils vont *escoloier* au vice. Les prêtres sans cure sont peut-être plus mauvais encore: ils sont *baratier, tavernier*; leur chapelle, c'est une cave, leur autel un tonneau; ils sacrifient à Bacchus et à Vénus. Quant aux religieux qui possèdent, ils vont *chasser en rivière* avec des oiseaux, et sire Orgueil est leur père. Ceux qui ne possèdent pas (les mendiants) sont pleins d'hypocrisie;

Ils nous prèchent de la poverte
Et ont toutdis la main overte
Por la richesce recevoir.

Dans les vers qui suivent, l'auteur nous donne, en parlant des frères, quelques détails sur lui-même:

Pour bien regarder tout entour
L'estat des clercs au présent jour
Et des religions, ami,
Du jacobin, carme et menour,
N'est qui se gart à son honour:
De toutez partz sont perverti;
Mais qant les clercs nous sont failly,
Ne say dès ore avant par qui
Porrons du notre Créatour
Avoir reless de sa mercy,

> Ainz que nous soions malbailly,
> Et c'est le pis de ma dolour.

> Mais s'aucun m'en soit au travers
> Et la sentence de mes vers
> Voldra blâmer de malvuillance,
> Pour ce que je ne suis pas clers,
> Vestu de sanguin ne de pers,
> Ainz ay vestu la royé mance,
> Poy sai latin, poy sai romance,
> Mais la comune tesmoignance
> Du poeple m'ad fait tout apers
> A dire que du fole errance
> Encore sont-ils plus divers.

On voit par ces derniers vers que l'auteur se faisait l'écho des reproches populaires.

Après ces diverses critiques des gens de religion, le poëte s'attaque aux seigneurs temporels; mais il n'est pas toujours très-hardi. Par exemple, il annonce bien qu'il va traiter des empereurs, mais il en parle à peine; il fait de même pour les rois. Cependant les grands seigneurs fournissent à sa verve quelques traits de bonne satire :

> Aucuns dient q'en Lombardie
> Sont les seignours de tirandie
> Qui vivent tout au volenté.....

Hé bien ! il y en a partout de pareils. Les chevaliers et les gens d'armes sont à peu près sur la même ligne :

> Tiels est qui se fait adouber
> Non pas pour prouesce avencer,
> Ainçois le fait q'en son pays
> Les gens luy duissent honourer,

> Si qu'il les porra rançonner
> Quant il vers soy les a soubmis, etc.

Puis, faisant un retour sur le temps présent et sur les malheurs du pays, le poëte ajoute :

> Quant cils en qui toute prouesce,
> Honour, valour, bonté, largesce
> Et loyalté duissent remeindre
> Se pervertent de leur noblesce,
> Par convoitise ou par haltesce,
> De l'onour séculer atteindre,
> Ne say à qui me doy compleindre;
> Car cils qui sont du poeple meindre
> Tous jours en sentent la destresce.
> Si Dieus les mals ne vuille esteindre,
> N'est qui de soy les puet enpoindre
> Au fin que sa malice cesse.

> Ce véons bien q'au temps présent
> La guerre si commune esprent
> Q'à peine y ad nul labourer
> Lyquel à son mestier se prent :
> Le prestre laist le sairement
> Et ly vilains le charuer :
> Tous vont as armes travailler.
> Si Dieus ne pense à l'amender,
> L'en puet doubter procheinement
> Qe tout le mond doit reverser,
> Car qant commun se font lever,
> Lors sunt maint inconvénient.

Le chapitre qui suit traite des gens de loi. Le poëte dit qu'ils n'ont appris le droit que pour le frauder, etc., etc. Il ajoute ensuite (ce qui, rapproché de l'orthographe du livre et du passage où il dit qu'il ne salt pas bien le roman, me fait penser qu'il était Anglais) :

C'est la coustume à *Westmoustier*,
Qui voet apprendre le mestier
Du loy, lors fait en un estage
De ses peccunes halt monter.

Les juges, viscontes, baillifs et questours, subissent ensuite
les invectives du poëte. Il leur reproche leur vénalité, leur corruption, et arrivant aux marchands, il les symbolise de la manière suivante :

De un marchant au jour présent
L'on parle molt communhément;
Il ad non *Triche* plein de guile,
Qe pour sercher del Orient
Jusques au fin del Occident,
N'y ad cité ne bonne vile
U Triche son avoir ne pile.
Triche en Bordeaux, Triche en Civile,
Triche en Paris, achat et vent,
Triche ad ses niefs et sa famile,
Et du richesce plus nobile
Triche ad fors plus q'autre gent.

Triche à Florence, et à Venise
Ad son recet et sa franchise,
Si ad à Brugges et à Gant.
A son agard ausi s'est mise
La noble cité sur Tamise
Laquelle Brutus fuist fondant;
Mais Triche la vait confondant,
Les biens de ses voisins tondant,
Car il ne chalt par quelle guise,
Ou soit dérère ou soit devant,
Son propre lucre vait quérant
Et le commun proufit despise.

. . . . . Triche ausi de sa trecherie
Soventes fois en mercerie

Décciple fait diversement.
.... .Qant voit la gent q'est descomue,
Lors trait et tire, huche et hue,
Si dist : « Venetz avant entrer,
Des litz, courchiefs, penne ostricer,
Cendals, satins, draps d'outre-mer,
Venetz, je vous donrray la vene,
Car si vous vuilletz achater,
Ne vous estuet plus loigns aler :
Vecy le meilleur de la rue. »

      Mais bien t'avise d'une chose,
Si voels entrer deinz la parclose,
Qe d'achater soietz bien sage;
Car Triche au point ne se desclose,
Ainçois, par sa coverte glose,
Te donra craie pour formage.

      ..... Ascune fois Triche est draper,
Mais lors sciet–il bien attrapper
Les gens qui quièrent la vesture.
Le non de Dieu te voet jurer,
Si tu le drap voel achater,
La marche bonne et la mesure
Te fra doner; mais je t'assure
Ce serra tout en aventure
S'il porra ton argent happer;
Car, combien q'il te dist et jure,
Jà son mestier solonc droiture
A toy n'à autre voet garder.

      ..... Si Triche est en son drap vendant
As deux décciptes entendant,
Il est encore au double plus
En son office décevant
Quant il des leines est marchant,
Car lors est Triche à son dessus.

Par les cités il est resçus,
Par les pays il est conuz;
Il vait les bargaigns pourprenant ;
Il ad ses broutours retenuz ;
Il fait tourner le sus en jus
Et le derère il met devant.

    Triche ad sa cause trop mondeine,
Car l'autre prou toutdis desdeigne
Et quiert son propre lucre adès ;
Mais il ad trop soubtile aleine
Qant il l'estaple de la Seine
Governe, car de son encrès
Lors trète et parle assés du près;
Quoi qu'il luy doit venir après,
Il prent yci tant large estreine
Du malvais gaign dont il james,
Si Dieus n'en face à lui reless,
N'aura sa conscience seine.

    . . . . . Mais gaigne qui voldra gaigner,
L'en pourra trop s'esmerveiller
En notre terre, à mon avis,
Des Lombards qui sont estranger :
Q'est-ce qu'ils vuillent chalanger
A demourer en noz pays
Tout auci francs auci chéris
Comme s'ils fuissent néez et norriz
Ovesquez nous ? Mais pour guiler
Moustrent bien semblant come amis,
Et soubz cela lour cuer ont mys
De notre argent et orr piler.

    Ces Lombards nous font mal bargain ;
Lour paile eschangent pour no grain;
Pour deux biens nous font quatre mals;
Ils nous apportent lour fustain;

Si nous vuident du false main
Nos riches nobles d'orr roials
Et l'esterlings des fins métals.
C'est un des causes principals
Dont notre terre est trop baraign ;
Mais si l'en créroit mes consals,
Jà Dieu ne m'aid si tiels vassals
Nous serroient ensi prochain.

Mais ils sçoivent de leur partie
Si bien mener la jeu-partie
Du brocage et povrement,
Qu'ils, par décoipte et flaterie,
Font enginer la seignourie
De nostre terre à leur talent,
Dont sont privez plus qu'autre gent,
Si que l'en dist communément
Q'ils sont de nos conseils l'espic,
Dont maint péril nous vient sovent ;
Et qui regarde au jour présent,
Querre en verra la folie.

Huy voy des tiels Lombards venir
Si comme garçon du povre atir,
Qui ainz que soit un an passé,
Par leur décoipte et leur conspir,
Plus noblement se font vestir
Qe les burgois de no cité ;
Et s'ils eient nécessité
Du seigneurie ou d'ameisté,
S'ils se scievent ensi chevir
Du fraude et de soubtilité,
Qe leur querelle ert avancé
Malgré la nostre, à leur plaisir.

Après deux autres strophes de ce genre, notre poëte passe *aux gens de mestier*, comme il dit, et nous montre que Triche habite parmi eux :

Triche est orfèvre au plus sovent,.....
Vent et reçoit la bonne paie
De l'esterling et fielement
De l'argent q'il corrompt et plaie;
Sa pompe et son orguil desplaie.

.....Si ne say point d'espécial
Tout dire et nomer le métall
Que Triche ove l'argent fait meller;
Mais bien sai qu'il fait trop de mal,
Qu'ensi l'argent fin et loyal
De sa mixture fait falser.

.....Desur tous autres, le mestier
Des perriers est à blâmer;
N'est duc ne conte ne princer,
Voir ne le propre corps du roy,
Qui s'en pourront bien excuser,
Trestous les ad fait enginer
Ly perriers ove son desroy.

.....Triche est auci de nostre ville
Riche espicier; mais il avile
Au plus sovent sa conscience,
Q'il sa balance ad trop soublile
Du double pois dont se soublile
A faire l'inconvénience
De fraude dont son fait commence.

.....Triche espiecer du peché gaigne
Qant les colours vent et bargaigne
Dont se blanchent les femelines;
Et la bealté q'estoit foraine.....

Plus que ne vient à ma raison,
Triche espiecer deinz sa maison

Les gens déçoit ; mais qant aura
Physicien an compaignon
De tant sanz nul comparison
Plus à cent foitz décoivera :
L'un la receipte ordeinera
Et l'autre la componera ;
Mais la value d'un boton
Pour un florin vendu serra.

.....Pour plus parler du Tricherie,
En le mestier du pelterie
Triche est auci trop bien apris.
Le vein orguil de ceste vie
Que gist en la burgoiserie
Des femes que trop sunt chéris
Et de les autres du pays,
De leur ermyne et de leur gris
Dont la fourrure ont acuillie
Fait ce que Triche est enrichiz ;
Mais s'ils portassent le berbis,
Triche eust sa proie trop faillie

   Si come ma dame la contesse,
Solonc q'affiert à sa noblesse,
Se fait furrer de la pellure,
Ensi la vaine escuieresse
Voir et la sotte presteresse
Portent d'ermine la furrure.....

   Ascune fois Triche est seller,
De ce se plaignt qui chivalcher
D'acoustumance doit sovent.
Ascune fois est sabbatier,
De celuy povre labourer
Se plaignt partout communément
De tous mestiers que l'en aprent,
Triche est apris et son gain prent,
Et d'autre part en marchander
Il sciet le droit expériment

Du quoy, à qui, qant et comment,
Il doit son fait faire et lesser.

L'auteur compare ensuite les marchands des premiers siècles
à ceux de son temps : les anciens étaient modestes, ceux d'aujourd'hui *tapicent* leurs hôtels, *encourtinent* leurs chambres,
ont des vaisselles sur leurs tables,

Comme faissent duc de la cité.

Et pour subvenir à ces dépenses ils joignent l'usure à leurs autres
tromperies. Nous passons maintenant aux victuailliers : les premiers sont les taverniers qui mélangent le vin vieux avec le nouveau quand ils ne le mélangent pas avec de l'eau.

Triche est tout plein de décevance
Qant il, par si fait alliance,
Tantz vins divers fait faire unir
D'Espaigne, Guyene et de France,
Voir et du Ryn fait la puyance,
Du quoy le gaign puet avenir ;
Mais s'il porra fort vin tenir,
Bien sciet del eaue fresche emplir.

.....S'auques Triche au point voldras
Conoistre, tu le conoistras
De son pyment, de sa clarrée
Et de son novell ypperas,
Lor il ferra sa bource crass
Q.. .... dames de la cité,
.... q'au moustier ou au marchée,
Vers la taverne au matinée
Venent trotant le petit pass ;
Mais lors est Triche bien paié, \
Car chacun vin est essaié,
Mais qu'il vinègre ne soit pas.

Et lors les ferra Triche entendre
Q'ils auront, s'ils veulent attendre,
Garnache, Grec et Malvoisie.
Pour faire les le plus despendre,
Des vins lour nomme mainte gendre,
Candy, Ribole et Romanie,
Provence et le Montross escrie ;
Si dist q'il ad en sa baillie
Rivère et Muscadelle à vendre ;
Mais il la tierce part n'ad mie,
Ainz dist ce pour novellerie
Au boire dont les puet susprendre.

.....Il contrefait de son engin
Du vin françois le vin du Rin,
Voir ce que crust en tiele guise
Près de la rive de Tamise.

.....Si Triche soit el vin malvois,
Enquore, à la commune vois,
En la cervoise il est piour ;
Ce di-je point pour les François,
Ainçois le di pour les Englois,
De ceaux qui boyvent au sojour
De la cervoise chascun jour ;
Mais de la pòvre gent menour
Qui propre n'ont ne pil ne crois
Si ce ne soit de leur labour,
Dont cil dient à grant clamour :

« Ly cervoiser n'est pas courtois ;
Ly cervoiser nous ad emblé
L'argent qant il du malvois blé
Fait la cervoise malement ;
Qant il le fait en tiel degré,
N'est homme qui luy sache gré. »

> . . . . .Et s'il avient, par aventure,
> Qe la cervoise est bonne et pure,
> Le pris en est si halt assis,
> Et tant escharce ert la mesure,
> Qe pour compter tout au droiture,
> La false mesure et le pris,
> La cervoise ert près tant chéris
> Si comme le vin. . . . .

Le *fournier*, c'est-à-dire le boulanger, n'est pas plus loyal ; il trompe sur le poids du pain. Les bouchers, les pulletiers (marchands de volailles), les regratiers, ont aussi recours à maître Triche. Enfin, tout est changé. Le bouvier demande un salaire plus élevé que ne l'était jadis celui d'un bailli ; le laboureur, au lieu de pain de fèves, mange du pain de froment ; il quitte le gris pour le menu vair ; enfin le siècle est *bestourné* :

> Ce que jadis fuist courtoisie
> Ore est tenu pour vilainie,
> Et ce q'om loyalté tenoit
> On le dist ore tricherie.

Partout la terre est couverte de maux ; chacun dit que le monde empire ; mais personne ne fait rien pour le corriger. L'auteur cependant nous en enseigne le moyen : il faut que le siècle revienne à Dieu. Le poëte entame ensuite l'histoire de la Vierge et de Jésus, celle des apôtres, etc. ; cela le mène jusqu'à la fin de son ouvrage, dont la conclusion manque dans le manuscrit de M. Russell Smith.

MS. DE M. VAN-DER-BERGH.

(Voy. p. 25.)

Il manque à cette pièce une strophe. Comme elle était presque illisible dans le manuscrit et très-incomplète, nous n'en donnons pas les quelques mots que nous en avions déchiffrés.

— Jehan, vous me volés blasmer
De chou ke tenés à sichant,
Quant mius prisiés le dormir et danser
Ke le déduit, vous m'alés assotant :
Li bien présent si trop plus pourfitant
K'estre endormi en tele danserie;
Au resvillier n'aquiert-on fors enuie
    De si muser.

— Par Diu, Jehan, vous soliés bien parler,
Mais or parlés à loi de faus amant
Quant mius amés vo boin tans tost user
Et d'un moment avoir un délit grant
Ke lonc déduit qui jà n'ira falant.
N'est pas amours, ains vient de ribaudie,
Qui quiert cose dont puist estre amenrie
    Joie d'amant.

— Maistre Jehan, vous volés ressambler
Cel Narchysus dont on va tant parlant,
Qui la mort eut par son ombre mirer !
Autant vaut chou ke vous m'alés contant;
Songiers ne vaut à amours tant ne quant,
Mais quant d'ami est amie sentie,
Autres déduis tant cuer ne gloréfie,
    Bien l'os prouver.

— Sire Bretel, dites vostre essiant:
Par un soulas est la joie fenie
Del loussignol, dont fist Jehans folie
    D'ensi errer.

Vous, Bertelains, dites vostre semblant:
Songiers chou est bourse de vent emplie;
Soulas vaut mius ke cose c'om en die,
    N'en quier muer.

AUTRE JEU-PARTI.

Cuvelier, j'aim mius ke moi
Le feme à un cevalier;
Ele m'aimme en boine foi
Et ses sires m'a moult chier
Et forment en moi se fie.
Doi-je, se Dius vous bénie,
Pour lui la dame eslongier,
Ou j'en doi le dosnoier
Prendre, s'ele le m'otrie?

— Sire, se bien par otroi
En poés vo désirier
Avoir, n'ayés pas effroi
Ne doutance d'embracier
S'amour et sa compaignie,
Koi ke ses maris en die;
S'ele vous veut otroier
Son déduit par bel proyer,
Donc ne le refusés mie.

— Cuvelier, moult grant anoi
Me loés à pourcacier;

Se de li preng le dosnoi,
J'en perdrai sans recouvrier
Mon ami par ma folie;
Et s'iert la dame laidie
De lui pour moi courrecier :
Lors porrai vis esragier,
Et s'iert cele malbaillie.

— Gamart, à chou ke vous voi,
N'avés pas le cuer entier:
Vous ne devriés pour un roi
La vostre amie laissier.
Trop est pau de vous prisie
Quant si tost l'ariés guerpie
Pour un honme acompaignie ;
S'ele vous aimme et tient chier,
C'est bontés mal employe.

— Par le foi ke je vous doi,
Sire Jehan Cuvelier,
De traïson vous mescroi
Que me volés consillier,
Ke face teil vilonnie
Ke prenge la druerie
De celi qui est moullier
A celui qui sans tricier
M'aimme aptant comme sa vie.

— Gamart, ses maris, che croi,
Vous aimme sans losengier,
Mais mius le vous vient un poi
Destourber et courrechier
Ke perdre tel signourie
O l'amour de vostre amie,
Se vous l'amés sans boisier.
Faisons-ent le droit jugier
A teil que le voir en die.

— Cuvelier, de ma partie
Je preng la dame jolie
De Fouencamp sans targier;
S'en voeille le droit jugier,
S'iert no tenchons apaisie.

AUTRE JEU-PARTI.

Sire Jehan Bretel, parti avés,
A mon avis, trop merveilleusement;
Car contre sac escarlate partés :
Ensi doit-on partir à niçe gent.
Bien contre mal met et dont contre bien
Qui velt haine et amour comparer;
Car il n'est nuls si fols qui ne vausist
Mius qu'on l'amast ke chou qu'on le haïst.

— Maistre Jehan, le pieur soustenés :
S'ele vous aimme et eschieve ensement,
C'est petis preus. Assés plus conquestés
S'ele vous het et en secré souvent
Vous vient tencier, et devés espérer
En cel haïr commencement d'amer.
Li cers n'est pris devant qu'il revertist
Parmi l'abai des chiens, si com on dist.

— Sire Jehan, chils est petit senés,
Che dist Catons, qui cache et riens ne prent;
Se li cers est dusk'à la roi menés,
Li venères cache trop nicement
Puis k'est ès las et l'en laist escaper
En cel espoir k'il doive retourner.
Se ma dame m'aimme, che me nourist;
S'ele me het et tence, chou m'ochist.

— Maistre Jehan, grans avoirs enserés
Ne sert de rien fors de ramembrement;

Mais dont preus vient pourfite plus assés
Ne face biens dont on nul preù ne sent ;
Mais retient-on son dame al anter
Ke on ne tient son droit par eschiever :
N'est pas perdu quanques en périlz gist,
Car de grant guerre à la fois graus pais ist.

— Sire Jehan, chils est desmesurés
Qui veut avoir pais par guerroiement ;
Li amés doit mius estre asséurés
D'avoir la fin par au commencement
Ke li haïrs ; car on seut plus loer
Un lien ke deus tu l'aras ; c'est tout cler,
K'aura grigneur bien, qui qu'on l'ait coisist ;
Car plus séurs est qui plus se garnist.

— Jugiés à droit, Jehan de Grieviler ;
Amis tenciés coiement saoler
Se puet de tant, et par droit li souffist ;
Mais li amés qu'on eskieve languist.
    Demisele Deüde, j'os bien affremer,
Rose vaut mius k'espine al lis meller ;
Nule riens tant cuer d'oume n'enricist
Ke s'il aquiert chou ke il plus cierist.

— Or coisissiés, Jehan de Grieviler,
Avis vous iert tout adès en dormant
Ke vous tenrés vostre amie al vis cler
Nue en vos bras tout à vostre commant,]
Sans plus avoir en trestout vo vivant ;
A un seul jour en trestoute vo vie
Arés de li soulas et compaignie
    Sans refuser.

Je donne les strophes de cette pièce comme elles se trouvaient rangées dans l'original ; mais l'ordre m'en paraît interverti.

MANUSCRIT N° 704.

(Voy. p. 28.)

Petit in-folio de 22 feuillets, sur parchemin, orné de dix-sept miniatures fort belles et contenant : *Le Séjour de Dueil pour le trespas de messire Philippes de Coumines, seigneur d'Argenton en vers, composé en 1511.* (Cet intitulé est d'une main plus récente que le texte du manuscrit.)

L'ouvrage commence par une miniature représentant l'auteur couché, et à côté de son lit une figure de femme. Puis vient le récit suivant :

« En l'an mil trante-troysiesme que nature, par le vouloir du hault Plasmateur, m'eust mis et procrayé en ce mortel monde, vallée de toutes misères et tribulacions, ung dix-huytiesme d'octobre, que toutes verdures et plaisantes fleurs sont passées, moy trouvant las, fatigué et plus que fatigué, quérant repoux de plusieurs et diverses pensées, discourans par mon dollant esperit, gisant sur ma couche despourveu de toutes forces corporelles, viz devant moy se présenter une moult discrette et vénérable dame nommée Congnoissance, laquelle, à ce que peux apercevoir, tant en manières que acoustremens, estoit fort triste et desplaisante. Et voyant la dite dame moy estre perturbé et esbahy dont si soudain devant moy estoit venue, se print à parler, disant : « O pauvre et malheureuse créature, ne treuve estrange dont devant toy je me présente, mais que foys icy ? N'as-tu ouy et entendu les très dolentes nouvelles qui puis peu de temps sont arrivées et advenues en la maison eslongnée de toute joye, qui pour l'amour du trépas de son seigneur, ton bon amy, est maintenant appelée Séjour de Deül. Lière-toy sus, car plus ycy ne peuz demourer. » En disant lesquelles parolles, me transporta, conduyt et mena ne une moult grant et estandue place, me passant par une

multitude de gens mennant deul oultre mesure, tous revestuz
de noir à l'occasion de leur bon maistre et seigneur, que subit
accident avoit d'eulx séparé et ousté par mort casualle; et sans
là arrester, en une grand salle me feist entrer toute de noir
circuye et environnée, en laquelle viz et aperceuz plussieurs
personnaiges tant de tristesse et de mérencolie plains que bien
me sembla jamais en plus adoullée compaignie ne m'estre
trouvé; mais surtout je y aperceuz une assemblée de femmes
entre lezquelles me sembla veoir une dame la plus desconfortée
et extrême en douleur que possible seroit de veoir; car encore
toute pasmée estoit, laquelle, elle revenue, en basse et piteuse
voix, commença à ce fort complaindre. Et par ce que desconfortée la viz, à congnoissance demandé qui elle estoit. A quoy
me fist responce que dame estoit de la maison où tant de larmes
cesmanoyent, et que à jamais s'appelleroit par bonne raison la
doulante, laquelle telles parolles proféra que cy-après verrez. »

Suit une miniature représentant la chambre mortuaire, où
l'on voit le mort étendu sur un lit de parade; puis on lit :

LA COMPLAINTE DE LA DOLENTE.

O Atropos, qui noz cueurs mortifies,
Trop as mespris par douleurs infinies
Nous présenter ung si très-grant regret
Comme il appert, sans estre tins secret,
En nous ostant le plus parfaict du monde,
C'est mon amy, qui estoit pur et munde
De tous vices, etc.

Après la complainte, *l'acteur*, qui s'exprime toujours en
prose, raconte qu'il vit entrer *sept dammes moult révérantes et
de grant auctorité*, qui furent : *Prudence, Justice, Force,
Tempérance, Foy, Espérance* et *Charité*, lesquelles célébrè-
rent, l'une après l'autre, les vertus du héros, le comparant à

7

tous les grands hommes de l'antiquité. Quand ces dames se furent retirées à l'écart, survint *dame nature venant se complaindre et faire dyalogue contre la mort* ; ce dialogue fut interrompu par l'arrivée de *deux personnaiges, lesquels se prindrent à totallement déclairer, selon pocterie, leurs estat et condicions, et le regrett que concevoient, dont de leur temps n'avoit esté celuy qu'à tant louer avoient ouy que mort avoit subcombé par trop furibonde détresse.* Ces personnages, Mercure et Apollo, ayant fini leur panégyrique, chacun pense à se retirer, quant ils trouvèrent une dame, *qui France fut nommée*, et qui présenta à *la doulente* un tableau de couleur noire, à grandes larmes d'argent, qui contenoit *plusieurs vers en forme d'épitaphe*, que nous copions ici, ainsi que la fin de l'ouvrage. Remarquons que les premières lettres des vers de l'épitaphe donnent en acrostiche le nom de PHELIPES DE COMMINES SEGNEUR D'ARGENTON.

« L'épitaphe de France adroissant à ces troys estaz : l'Église, Noblesse et le Commun, en regretant et hault louant le bon seigneur d'Argenton naguères trespassé.

Pape, prymas, cardinaulx, arsevêques,
Hault eslevez en dignité, évesques,
Esleus, curez et vous tous mandians,
Les oroisons, sans estre négligens,
Il fault que dictes qui mieulx prouffiteront
Pour l'âme mettre où les bons se tiendront
En paradis, de cil dont cy en terre
Se tient le corps gisant soubz ceste pierre.
De toutes pars, nobles, assemblez-vous
Estans de deul environnez tretous,
Car mort est cy de vous tout l'exemplaire :
Oncques ne fut à gens de bien contraire,
Mais bien a-il troys roys long-temps servy,
Mettant peine comme leur aservy,
J'en suis bien seur, chamberlain ordinayre,
N'estre trouvé par ordre militaire

En troys batailles où oeulx s'est trouvé,
Se monstrer lâche, mais hardy esprouvé.
Sus vous, Commun, doibt bien deul apparestre.
En gros suspirs, doit donnez à cognoistre
Grigneur tourment n'arrois jamais senty,
N'entr'oubliant que souvent garanty
En maint passaige vous a ce trespassé,
Vers voz princes, quant aucun avancé,
Regettant tailles venoit extraordinaires :
Dé telles gens pour vous estoit courtoises.
A or est mort qui bien doit estre plaint,
Remémorant que oncques ne fut attaint
Grever nully qui en luy eust fiance,
Entre tous autres tant avoit de fiance !
N'esse pas cil dont le nom est descript
Tout bien au long au chef de cest escript ?
Or l'an cinq cens et douze soubz la lame
Noire y fut mis. Prions Dieu pour son âme.

L'ACTEUR.

Toutes lesquelles susdictes acomplies, viz chascun se retraire
là où besongner avoient ; et moy, tant afoibly de tristesse de
ce que avoys veu et ouy, m'en retournay au mieulx que possible me fut au lieu dont estoye party, alors que Cognoissance
me transporta à toutes ses desolées parolles entendre. Et par ce
que digne n'estoye ne suffisant de me mettre à tel euvre tracer
n'escripre, par ce que ma plume par trop rurale estoit et ma
main plaine de pondérosité, jamais ne l'eusse entreprins, n'eust
esté me confiant de la grace divine, laquelle humblement je
thercie de m'avoir donné temps et espace de mon entreprinse
mettre à fin, luy suppliant me pardonner mes deffaulx. Et à
vous tous, qui ce présent petit livret lirez, par moy nommé le
Séjour de Deul, pour la mort du bon seigneur, missire Philippes
de Coumynes, seigneur d'Argenton, lequel petit et plus que
imparfait graffy ; à vous, noble et puissante dame, madame
d'Argenton sa femme, comme vostre plus que obligé, vous présente, vous suppliant en gré l'accepter comme celuy qui est

composé de par l'homme du monde sur qui plus avez de pouoir, lequel, comme savez, à bien cause de se douloir. Et fut fait et accomply le jour Sainct-Vincent, vingt-deuxième jour de janvier l'an mil cinq cens et unze. »

⬥

MANUSCRIT N° 784 (Gérard. A. N° 56.)

(Voy. p. 29.)

—

LE PASTORALET.

C'est un in-fol. de 428 pages, écrit sur papier, entièrement de la main de Gérard. Il n'y est pas indiqué sur quel manuscrit a été faite cette copie ; seulement au haut de la première page on lit ces mots : « Ms. cotté 200. »

En voici le titre, le prologue et la fin. Pour mieux faire juger du contenu, nous y joignons l'intitulé des vingt chapitres qui composent l'ouvrage :

« Le Pastoralet, poème dans lequel on décrit allégorique-ment les querelles entre les maisons d'Orléans et de Bour-gogne. »

« Chi commenche le Pastoralet, ou quel Buscarius faintement, par pastourrie, descrit la division des Franchois et la désolation du Roialme de France ; et qui légèrement vorra entendre cette fiction, sy voie la briève exposition qui est après, à la fin du livre ; et sachent tous qui cest présent livre verront, qu'il est fait principalement à l'onneur et loenge de très-noble et très-exel-lent prinche Jehan, duc de Bourgogne, conte de Flandres et d'Artois, qui en son temps fu moult preux et vaillans, et tant loialment ama le roy Charle sisime, le roialme et le bien de la chose publique qu'en la fin en morut, comme il appert ou livre

qui s'ensieut, dont primièrement dist le prologhe en ceste manière :

> A tel escrivain tels escris :
> Humbles sui et pour ce j'escris
> Humblement en matière basse ;
> Sy me doint Diex temps et espasse
> De mon propos à fin mener,
> Je me vorroie moult pener
> De bien dire se je sçavoie,
> Et de trouver couverte voie
> Sans apertement révéler
> Les fais de quoy je voel parler
> Qui bien sont digne de mémore ;
> Si m'estoet laissier droite histore
> Et tourner aux Fables couvertes,
> Où seront dittes et ouvertes
> Les paix, les gerres et les tours
> Des Bergières et des Pastours
> Qui sont de haute extraction.
> Jà en orés la fiction,
> Qui à bon droit les loiaux loe
> Et les faulz desloiaux desloe,
> Pour exemple c'on doibt fuir
> Le mal et le bien ensuir ;
> Mais s'en ce traittié nouvelet
> C'on nomme le PASTORALET,
> Ne dy bien et bien ne m'enploie,
> Je pry humblement et me ploie
> Que là où j'ay mal sermonné,
> Pour Dieu tout me soit pardonné ;
> Car plus sage de moy s'amuse,
> Et se pour estrangier ma muse
> Je parle des Diex des païens,
> Sy sont les Pastours crestiens
> Et moy, comment que le fachons.
> Or est tamps que nous commenchons
> Au traittié pour brief raconter,
> Et laissons le Prologhe ester.

S'ensieut le premier chapitre, qui contient la joleuseté c'on faisoit à Paris et ailleurs en temps de paix.

France, mais pour ce qu'il fu escondis, il s'en couroucha et
en prenant ses coulcurs vint à ost par dechà, et assist Harfleu,
qui enfin ly fu rendue.

(Page 301.) S'ensieut le quatorzième chapitre, qui contient la
bataille de Roussaville des Franchois à l'encontre des Englois.

(Page 318.) S'ensieut le quinzième chapitre, qui contient le
resmouvement de la gherre, et comment le duc de Bourgongne mist pluisours places à obéissance à force d'armes, et osta
la royne des mains des Ermignas.

(Page 332.) S'ensieut le seizième chapitre, qui contient comment monscigneur Jehan de Luxembourg, acompaigniés des
Piquars, leva le siége de Senlis, où estoit le roy de France et
le conte d'Ermignac.

(Page 346.) S'ensieut le dix-septième chapitre, qui contient la
tuison de Paris et la mort du conte d'Ermignac.

(Page 361.) S'ensieut le dix-huitième chapitre, qui contient
comment le duc de Bourgoigne ala veoir le roy à Paris, qui
ly fist très-grant bienvignant, et comment les Ermignas firent
leur chief du Doffin, qui estoit jone enfant.

(Page 367.) S'ensieut le dix-neuvième chapitre, qui contient
comment le roy d'Engleterre conquist Normandie et Pontoise, et comment il avoit le coer à la fille de France, tant
qu'il l'ot enfin à mariage.

(Page 384.) S'ensieut le vingtième et derrenier chapitre, qui
contient la très-piteuse mort du duc de Bourgongne, en
laquelle cest présent livre se termine. »

Après la mort du duc de Bourgogne, l'auteur finit son poëme
par les vers suivants; les initiales des huit derniers donnent son
nom B V C A R I V S.

Pour celle mort sy très cruelle,
Pluisours mirent main à maisselle
De la Pastourrie de pris,
En plourant par tout le pourpris
Et en menant grant marison,
Dont je fui sy très-maris hon

Que je ne soy conseil de moy;
Ma paine et mon escript blâmoy
Sans espérance de confort,
Pensans que ce seroit moult fort
De plus veoir chose plaisant
Par le pourpris ne déduisant,
Car le cas adès empiroit,
Et pour ce mon coer souspiroit
Et des yex larmes dégoutoie
Sus mon papier que tout gastoie;
Sy me convint laissier l'escrire,
Pourquoy aulcuns porroient dire
Par mocquerie ou aultrement
Sur moy, qui sy soudainement
Me tais, le proverbe truffable
C'on dist: « ly loups est en la fable; »
Mais en bas lor responderoie
Que puis que je lamenteroie
En rimoiant ou en dictant,
Clyo ne muse délitant
Ne me verroient conforter:
Chou m'a fait laissier le ditter;
Fors pour concluire aulcunement,
Dis ce qui s'ensieut seulement:

Bien est de chy jusques en fin
Véu mon nom, mais or adfin
C'on le sache hault le fault prendre.
Au repos maishuy voel entendre:
Requérons Dieu que paix nous livre.
Je sui à la fin de mon livre
Venus, car au fort bien souffist:
Soit glore à cellui qui tout fist.

Chi fine le Pastorelet,
Et s'ensieut la très brief exposition d'icellui.

Celle très-brièbe exposition d'icellui, qui contient seize pages de vingt-deux lignes chacune, est aussi en vers, et finit de la sorte :

> Or est, Dieu mercy, mon emprise
> Parfaite, mais s'en quelque ghise
> Dy trop ou pau, en sui confus ;
> Pour tant ne mettés en refus
> Ma petite exposition,
> Car bien monstre l'intencion
> De l'acteur, au mains quant au sens
> Hystorial; ce sçay et sens
> Tout de vray et sans menterie,
> Mais s'il y a allégorie
> Ou aultre manière de glose,
> Qui y verr. glose, sy glose;
> Car j'en ay bien fait ma partie :
> Dont à conclusion je prie
> La Royne de tout le monde,
> La Flours des flours, très digne et monde,
> La Vierge des Vierges, la dame
> Des Angels, la très clère jame,
> L'Estoile de mer matineuse,
> Le Lis, la Rose précieuse,
> La fontaine sans sécheresse
> Et la nostre moienneresse,
> Que par son intercession
> Puissons avoir rémission
> De nos pecchiés entièrement
> Et que soions finablement
> Devant Dieu ou saint Paradis
> En glore qui durra toudis.
>   Amen.

Au commencement du dix-septième chapitre (vers 72 à 84), on lit ce qui suit :

> Moult voelent Léonois guérir
> Lupal pour lui à mort férir ;
> S'il tramble, n'en sui mervilliés
> Car bien voit qu'il est essilliés

> Et mort s'il est oncques trouvés;
> Mais briefment tant s'y sont prouvés,
> Qu'il l'ont trouvé muciet de traine
> A sa senglente et pute estraine;
> Car lors fu pris et mis en serre
> Plus destroit que Sablati de Serre;
> Ne fu oncques à Mont-Esclaire,
> Dont Girard d'Amiens nous déclaire
> Ou Rommant de Méliacin, etc.

Ce roman de Méliacin ne serait-il pas le même que celui du prince Méliadus, dont il existe plusieurs éditions, et dont, à en juger par la notice de M. Brunet (Manuel du libraire), on ne connaîtrait pas l'auteur. Le changement de Méliadus en Méliacin peut fort bien, ce me semble, avoir été occasionné par le besoin de faire rimer ce mot avec bncin qui finit la ligne suivante.

MANUSCRIT N° 778.

(Voy. p. 20.)

Nous extrayons de ce manuscrit les pièces qui suivent:

« Chy s'ensieut une chanson[1] qui fu fette à cause de la journée de la bataille de Mont-le-Héry.

> Entendés, Fleur de Noblesse,
> Les hauls victorieux fés
> Florisant en hardiesse
> Que un Prinche en tous biens parfés
> Perpetra, portant les fés,
> De la bataille mortelle
> Où pluseurs furet deffés:
> En guerre est la façon telle.

[1] Cette chanson a été copiée sur le manuscrit original de Jehan sire de Hainin et de Louvegnies, auteur contemporain.

Par ung mardi, la bataille
Se fit ainsi qu'à midi,
Frappant d'estoc et de taille
Emprès le Mont-le-Héry,
Où fortune constraindi
Le très noble roy de Franso
D'estre rudement serry
De dars, d'espée et de lanse.

C'étoit bruit espoentable
Du foudre de ces canons,
Maint vaillant home notable
Isus de nobles maisons
Avoec maint bon compagnons
En morurte à détresse;
Le Dieu que nous auirons
Leur doint en gloré leesse!

Et quant che vient as approchés,
Le Conte de Charolois
S'i porta bien sans reproche,
En criant à haute vois;
« Avant, Bourgogne ! au Franchois ! »
Lors archiés prirte à tierre,
Et tout à piet à cheste fois,
Afin de mieux devoir ferre;

Mès afin qu'on n'abulisse
Les Bourghegnons, par trop fort
Si ferret, mest qui ne glichoy
Car pour doute de la mort
Il est vrai, soit droit ou tort,
Qu'aucuns en cheste journée
Fuirte contre droit resort
Et lesserte l'assamblée

Mès le preu et vaillant conte
Et les nobles de sa court,
Les bons corages sans honte
Maintindre le Roi si court
Qu'on ne le tient point pour lourt ;
Car non plus que une pointure,
Depuis le mortel béhourt,
Ne se mit à l'aventure.

Aynchois la propre nuitie
En peur monstre les talons,
Priant Dieu qui le conduie ;
Mès le Conte dont chantons
Et ses vaillans chanpions
Tieurte camp en ordonanse,
Tenant leur oppinions
Trois jours sans outrecuidanse ;

Mès, pour parler de l'istoire
Au droit autenticquement,
Le Roi, pour aquerrir gloire,
Dist qu'il gaigna vaillanment
La bataille, mès vraiement,
Veu ses fés et ses suiches,
On set bien certainement
Qu'il laissa ses serpentines.

Mès, qui plus est, sans cremir honte,
L'un des crétiéns le plus grant,
S'embraina devant ung conte
Et tous les siens ensieuvant,
Et afin d'estre devant
Léun[1] ruoit jus sa sallade

[1] *Léun, pour loin.*

U son harnas de Melan,
Lanche, dars, coutiau de prade [1].

Finablement, homes d'arme,
Prendre devés chi miroir,
Armoiant les nobles armés
Du Conte qui fit devoir,
Et qui sauva tout pour voir
Che jour la gentil armée.
Dieux, qui sur tous a povoir,
Vueille garder l'asanblée !

Jaquet Dogez [2].

AUTRE PIÈCE.

Qui vouldra la paix conquérir
Du roy de France et d'Angleterre,
Seize personne fault conquérir :
Deux en fault de chacunne terre :
Deux Bourguignons de pasience
Et deux Brettons de conscience ;
Sans ordure deux Allemans
Et sans flatterie deux Normands ;
Et fault sans orgueil deux Liégeois
Et sans trayson deux Englois ;
Et puis fault deux hardis Lombars
Et sans mocquerie deux Picards ;
Et pour mettre la chose à fin
Deux Prud'homes de Limosin.

Hoigne qui groigne
Vive Bourgoigne.

[1] *Coutiau de prade*, pour *couteau de parade*.

[2] C'est vraisemblablement le nom de celui qui composa cette chanson.

Le savant directeur de la bibliothèque royale de Bruxelles,
M. de Reiffemberg, dans son *Annuaire* de l'établissement qu'il
gouverne avec tant de zèle, a donné, page 45 et suivantes du
sixième volume, plusieurs chansons historiques, tirées de divers
manuscrits de la bibl. de Bruxelles, entre autres, (ce que nous
ignorions en la copiant à la Haye dans le Ms. de M. Jacob, et
en l'imprimant page 21 du présent travail), celle qui est relative à *la victoire du duc d'Anjou.* En voici deux autres que
j'emprunte au curieux travail de M. de Reiffemberg : la première est sur la bataille de Pavie.

Françhois, roy de Franche,
Le premier de ce nom,
Vous féistes grant folie
D'aller delà les mons,
Car mainte Espaignon
Y ont laissé la vie;
Vous avez tout perdu
Tentes et pavillons
Et votre artillerie.

Le seigneur de Bourbon
La bataille donna;
Ce fut un vendredy
Le jour de saint Mathias,
Dedans il se fourra
Criant : « Vive Bourgoingne !
Avant, avant, enffaus)
Il nous fault cy monstrer
La forche de Bourgoingne. »

La bannière de France
Bourgoignons ont gaignié;
Aussi le roy de France
Ils ont prins prisonnier,
Et maintes grans barons
Du royaume de Franche:

Faictes-leur bon party;
Ils rendront grant chevance.

Pavye, la bonne ville,
Bien te dois esjoyr,
Car tu es bien vengée
De tous tes ennemys ;
Tu ne dois plus crémir
Tous ces braghars de France ;
Ils sont prins et tuez.

. . . .

Que ferons-nous du roy,
De notre prisonnier ?
Que féist-on de Charles
Quant fu pris à Nanchy ?
On ne sceut qu'il devint ;
On le scet bien en France,
Qui lui feroit ainsy
Ce seroit la vengeance.

CHANSON

SUR LA PRISE DE ROME ET LA MORT DU DUC DE BOURBON

Ung matin s'assemblèrent
Les seigneurs de renom,
Ensemble se trouvèrent
A la tante Bourbon.
Là fut conclusion
D'aller assaillir Rome ;
Gendarmes sont partis
Bien quatre-vingts mille hommes.

Quant les Romains ont veu
Descendre en leurs fossez,
De gros cailloux cornus

Se meisrent à ruer,
Aussy du plomb fondu
Tout avant les murailles :
Grand nombre en ont tué,
Faisant laides grimaces.

Quant monsieur de Bourbon
Veit ses gens recullés,
Hardy comme un lion
A piet il s'est jecté,
Descend en les fossez,
Se monta sur l'eschelle ;
Subit il fut frappé
D'un boulet en s'échelle.

Les jambes lui faillirent,
La véue lui troubla ;
Le bon prince d'Orenges
Le print et l'embrassa.
Tant seulement il dist :
« Je suis mort, Nostre-Dame. »
La face luy couvrist,
A Dieu rendist son âme.

Gens d'armes soupirèrent
Pour la mort de Bourbon.
Plusieurs les confortèrent ;
Ce n'est point sans raison.
Véans ce bon seigneur
Le chief et capitaine,
Ilz se mectent en pleurs
De prier faisans peine.

Le prinche dist aux siens
Pour leur donner confort :
« Enffans, n'y doubtez riens,
Il n'a garde de mort.

Deschergiez vos engiens,
S'abatez la muraille,
Par ma foi tous les biens
J'abandonne au pillage. »

Les trompettes sonnoient
A l'assault ! à l'assault !
Bourgoignons approuchoient,
Auxquelz bon cœur ne fault.
Les murs ont abatu
Par ung si grant couraige,
Qu'en fort qui Romme fust
Leur ont livré passage.

MANUSCRIT Nº 1186.

(Voy. p. 50.)

Ce manuscrit est intitulé : « *Mémoires de ce que nous avons
veu et appris de plus remarquable en nos voyages, commen-
cés le 9e de décembre de l'an 1656.* »

Voici quelques fragments à ajouter à celui que nous avons
cité dans notre deuxième lettre. Nos deux voyageurs sont à Paris
et ils le visitent de fond en comble. Ils expriment ainsi leurs
impressions :

« L' 11e (janv. 1657) nous nous fusmes promener fauxbourg
St-Marceau, qui aboutit aux Gobelins. On passe une petite
revière qui en porte le nom, dont les eaux sont les meilleures
du monde pour teindre en escarlate. On la nomme ainsi de ces
fameux teinturiers Flamands qui se nommoient Gobeelen, et
par corruption de langue on en a fait Gobelins. Ils y ont establi
une fabrique de tapisseries, qui pour la finesse, la bonne tein-

ture et le beau meslange des couleurs, des soyes et des laines, surpassent celles de Flandres et d'Angleterre, mais aussy sont-elles de beaucoup plus chères : ceux qui y travaillent sont encore, pour la pluspart, d'Anvers, de Bruges ou d'Oudenarde. »
Page 55.

« Le 7ᵉ (mars 1657). Nous fusmes chez le sieur de Thou, afin de l'asseurer de nos services (etc.). — Mais nous ne le pusmes voir estant incommodé d'une petite fiebvre, causée par un rhume qui règne en plusieurs villes et principalement en celle-cy, où les Apothicaires ont consumé en 15 jours touts les syrops, sucre candy et tablettes de régalisse qu'ils avoient préparé pour toute l'année : cette incomodité est si générale qu'on l'appelle *le mal à la mode*; mais il est si véhément qu'il a troussé beaucoup de monde. On n'en sçait pas la cause, et la pluspart l'attribuent à la malignité de l'air. Le médecins disent que ceux qui l'auront eue, seront exemps de la peste, dont on est menacé. La reine a tant adjousté foy à leur opinion et appréhende si fort la peste, que, pour s'exempter de ce mal, elle a voulu passer par celuy du rhume : on dit que pour l'avoir plus facilement, elle s'est pourmenée pieds nuds par sa chambre. Quoy qu'il en soit, elle a si bien réussy dans son souhait, qu'elle se peut dire la plus enrhumée de Paris et des plus tourmentées. »
Page 75.

« Le 12ᵉ (avril 1657). L'après-dinée nous nous rendismes chez nostre ambassadeur environ les 4 heures, et en estant partis un peu avant 5, nous fusmes environ une demie heure à la chambre de repos. Le roy cependant estoit au jeu de paume, où il achevoit une partie qu'il avoit commencée. Il ne fust pas retourné en son apartement, que le comte de Brulon, introducteur des ambassadeurs, vint prendre le nostre, qui ayant esté mené devant le roy, y commença un discours en vray pensionaire d'Amsterdam. Le roy estoit sur son siége, ayant à sa gauche le duc d'Anjou, et à sa droite le duc d'Orléans, qui estoit arrivé ce jour-là, et monseigneur le cardinal... Il y avoit une horrible foule de seigneurs qui entourboient le roy : à peine put-elle se fendre pour laisser passer l'ambassadeur. Nous nous treuvasmes si près, que nous entendismes tout ce

qu'il dit. Il commença par un narré assez long et mal conduit,
des pyrateries que les François avoient exercées sur nos marchands; accusant le gouvernement et traitant une matière de
peu de saison. Le cardinal l'interrompit 3 ou 4 fois, et luy dit
entre autres que sa harangue n'estoit pas une déclaration des
intérests de ses maistres; mais une déclamation. Enfin il n'est
point propre pour cette cour, et certes il n'a fait qu'aigrir les
affaires par son procédé, qui a esté trop précipité, n'ayant point
d'ordre de ses supérieurs, et nous pourrions nous brouiller avec
cette couronne, si l'on ne satisfait de la frasque que luy a faite
de Ruyter en vendant ses vaisseaux à l'Espagnol, et en rappe-
lant cet homme, qui n'est nullement agréable : aussi dit-on
tout hautement qu'on ne luy donneroit plus d'audiance. Après
qu'il eust parlé, et que le roy luy eust dit qu'il ne surséeroit
point les procédures contre les vaisseaux hollandois, que messieurs les Estats n'eussent satisfait M. de Thou, qu'il leur envoyoit, il se retira; et demandant s'il ne pouvoit obtenir rien de
plus : « Rien, dit le roy; allés, allés. » Le cardinal ayant avancé
avec luy jusques à la porte, luy dit : « Jamais ambassadeur n'a
parlé si haut dans cette cour, et vous pourriez vous en repentir. »
Ensuite il dit bas au comte de Brulon : « Dites-luy qu'il ne
parle pas si hautement à la reine; c'est un coquin, je le connois
bien. » Cependant il gaigna un degré dérobé et fust dire à la
reine de ne le pas escouter. Tellement que dès qu'il vint à sa
chambre, la reine s'advança pour luy dire qu'il n'estoit pas besoin qu'il luy parlast, et qu'elle sçavoit tout ce qu'il avoit dit
au roy, et le congédia assez mal. Enfin le bonheur et le malheur dépend souvent d'un habile ambassadeur : et certainement
il en faut icy un de naissance et qui ayt l'esprit souple, ou bien
il y servira de peu [1]. »

Page 161.

« Le 5ᵉ (septembre 1657). — Il (un certain M. Muller) nous
dit aussi que 4 ou 5 capitaines du régiment des gardes estant
allés auprès de monseigneur le cardinal pour avoir quelque récompense de ce qu'ils s'estoient si bien acquités de leur devoir

---

[1] L'ambassadeur dont il est ici question s'appeloit M. Booreel.

dans le siége de Montmédy, qu'ils en portoient encore les marques, il leur avoit respondu avec une mine sérieuse, qu'il estoit
plus que raisonnable que des personnes de leur condition et de
leur mérite receussent quelque récompense, et que mettant la
main à la poche, il avoit donné à chacun un escu d'or, dont ils
avoient esté si honteux et si outrés, qu'ils s'en estoient retour-
nés en pestant contre l'avarice du ministre. Cependant la politique en est admirable, car par là il fait que personne ne luy
viendra plus rien demander, de peur qu'il ne luy en arrive de
mesme... »

Page 221.

« Le 5e (décembre 1657). Nous apprismes que l'on avoit préparé icy un joly escrit pour en régaler la reine Christine, si
elle y fust venue : il devoit porter pour titre *la Métampsycose
de la reine Christine*. On y eust veu quantité de jolies choses,
et entre autres belles âmes qu'elle avoit eues, on luy donnoit
celle de Sémiramis, qui se travestissoit si bien, et qui, tantost
homme, tantost femme, jouoit tousjours des siennes, et surtout
lorsque faisant appeler jusques à des simples soldats pour coucher avec elle, elle les faisoit poignarder au relever, de peur
qu'ils ne s'en vantassent. La dernière âme qu'on luy donne est
celle de la Mathurine, cette gentile felle de la vieille cour. Mais
à présent qu'elle ne viendra point, cet escrit sera supprimé ;
monseigneur le cardinal ayant fait dire à l'autheur de la laisser
aller en paix. Si elle fust venue, on l'auroit publié pour l'obliger
à quitter un lieu où on la dépeignoit de ses plus vives couleurs. »

Page 231.

« Le 5e (janvier 1658). — L'après-dînée, nous fusmes voir la
bibliothèque de monseigneur le cardinal, qui est fort belle,
bien qu'elle ait ressenty le malheur de la guerre civile, et que
sa cruauté n'ait pas mesme espargné ce temple des Muses,
puisque par la vente qu'on en fit publiquement il y a quantité
d'exemplaires qui en ont esté éclipsés. Il est vray que par les
soins du sieur de la Potterie, qui en est à présent le bibliothé-
quaire, on en a recouvré une bonne partie, et il travaille encore
tous les jours à la rendre plus complète. Elle est dans une
grande galerie, qui a pour le moins 150 pas de longueur, et

qui est bien esclairée. Il nous dit qu'il y avoit plus de cent
mille différents autheurs qui sont rangés par ordre selon leurs
facultez, sur des tablettes, qui sont faites en forme d'armoires,
soustenues par des piliers de charpenterie, canelés et fort bien
taillés : on voit à droite tous les imprimés, et à gauche quantité
de manuscripts grecs, hébreux, chaldéens, syriaques, latins et
de beaucoup d'autres langues : la reine de Suède en avoit eu
une bonne partie, mais après le retour de son éminence, et son
rétablissement, elle les luy a rendus. Tous ces livres ne sont
pas des mieux reliés, parce que, comme il y manque quantité
de tomes des œuvres des auteurs qui y sont, on tasche de les
retrouver, pour les faire ensuite tous relier d'un mesme façon :
le dessein en est fort beau, et certainement si l'on le poursuit,
on en fera la plus belle bibliothèque de toute l'Europe. On nous
y monstra un livre de parchemin de deux doigts d'espaisseur
dans lequel on a peint en migniature les plus rares poissons de
rivière et de mer et une bonne quantité de coquilles : on l'estime mille pistoles, et effectivement le peintre qui y a travaillé
les avoit bien méritées, car tout y est représenté au vif et au
naturel, et à mesme temps qu'on y jette les yeux on admire
son ouvrage. »

Page 181.

« Le 1ᵉʳ d'octobre (1657).—De là nous allasmes à l'imprimerie
royale, fondée par Louys XIII, qui est aussi dans la galerie du
Louvre : il y a 5 grandes sales voûtées de plein pied, dans l'une
desquelles il y a 5 presses où l'on imprime les livres : les autres
ne servent qu'à faire selcher les feuilles et à garder les livres
imprimés. Il y a de plus la chambre de composition, qui est
au dessus de celle de l'imprimerie : on n'y travailloit pas comme
en celle d'en bas, où les presses rouloient sur quelques feuilles
de l'histoire Bysantine : cette impression passe pour la plus
grosse et la plus belle de toute la France. Monsieur le chancellier en est le directeur, et c'est par sa permission que les livres
s'y impriment : les Cramoisys ont le soing de faire les achapts
des papiers et les avances des autres frais, et de débiter les
exemplaires, dont il faut qu'ils rendent compte au bout de

l'an; et leurs profits distraits, le reste est pour l'entretien de l'imprimerie. »

Je continue afin de donner tout de suite une idée de ce manuscrit, sans préjudice de ce que je publierai après ces lettres.

« Le 15e. Nous eusmes une promenade au Luxembourg, la plus belle du monde. La journée estoit merveilleusement agréable, et de celles que les dames demandent pour y estaler la magnificence de leurs juppes. Nous y rencontrasmes monsieur l'abbé de la Vieville, qui est tout autre qu'il n'est ou qu'il a esté, tant il a pris l'air et l'entregent de la profession qu'il a embrassée. Ses petits cheveux, son petit collet et sa mine dévote, le déguisent plus qu'on ne le sçauroit croire. Il nous dit qu'il s'en alloit estre évesque de Rennes : cet évesché est le premier de toute la Bretagne, préside aux Estats de la province, de mesme que M. de Narbonne à ceux de Languedoc, et vaut 25 ou 30 mille livres de rente. Il l'a eu par accommodement avec le frère du mareschal de la Motte-Houdancourt, qui s'en est défait, c'est-à-dire qui l'a vendu ou troqué, n'ayant pu le remettre à aucun de ses proches, qui sont tous trop jeunes pour en estre pourveus. Le voilà en un beau poste, et il ne peut manquer de se faire considérer à la cour à cause du crédit qu'il s'acquerra en cette province-là, estant homme d'esprit et d'intrigue. Afin qu'il fust à la teste de ce corps avec plus de majesté, il luy faudroit un peu plus de barbe qu'il n'en a, mais elle ne luy veut pas venir. Bien qu'il ne soit pas bigot, il le veut paroistre estant avec ceux de son caractère, ou avec ceux qu'il sçait estre fort attachez au Romanisme. Il y a quelque temps que le sieur de Saint-Ravy le rencontrant chez monsieur de Metz, luy tint un discours qui luy dépleut extrèmement, car en parlant du caresme, il luy demanda s'il le faisoit icy, luy qui en Hollande mangeoit de la chair le vendredy-sainct ; il le nia fortement, et dit en raillant à Saint-Ravy, qu'il n'estoit pas non seulement huguenot, mais de plus calomniateur.

« Le 14e. Nous apprismes par les lettres du sieur de Reede

qu'il avoit escrites au sieur de Brunel, qu'il avoit fait un si horrible froid à Madrid, qu'il en estoit mort du monde dans les rues, et que tous les pauvres d'un certain hospital en estoient péris, et que du costé du Pardo, on avoit trouvé des moines tous gelés, qu'on n'a jamais pu faire revenir sans les voir expirer. Tellement qu'il semble que le froid ait esté également grand partout.

« Le 15e. Nous fismes response à nos lettres de Hollande, etc. »

MANUSCRIT N° 1323.

(Voy. p. 55.)

Voici d'abord le rapport de Bodin, sur le traitement que les enfants de François Ier subissaient en Espagne dans leur captivité :

MONSEIGNEUR,

Pour amplement vous fere entendre ce que a esté par moy fait au voyage qu'il a pleu au Roy, à Madame et à vous me donner charge de faire vers Messeigneurs les Dauphin et duc d'Orléans, je vous en feray, s'il vous plaît, entier discours depuis mon partement de Cambray, que en toute dilligence, avec le courrier de madame Marguerite, je partis prenant mon chemin droit à Nerbonne, ouquel lieu, attendant mon saulf-conduit de l'empereur, qui pour lors estoit à Barcelonne, je demeuray par l'espace de vingt-trois jours, lequel saulfconduit me fust apporté par ledit courrier en s'en retournant par France vers madite dame Marguerite. Incontinent l'avoir reçu, partis dudit lieu de Nerbonne sur chevaulx de poste, espérant perfaire mon dit voyage en toutte dilligence, ainsy qu'il m'avoit esté commandé ; mais si tost que je fus entré en la frontière de Saulces, trouvay ung gentilhomme de la garde de Parpignen, qui me mena avec luy en la dite ville, et promptement que y

fus entré me bailla en garde à ung souldart, et luy fist deffense
de ne me laisser parler à personne quelconque sans qu'il y fust
présent pour entendre tout ce qu'il me seroit dit, et combien
que, par bonnes remonstrances, je fisse entendre au dit gentilhomme qu'il m'estoit très nécessaire de faire diligence pour le
roy mon maistre, et que mon allée par delà n'estoit en rien
préjudiciable à l'empereur son maistre, néantmoings me contrainct demeurer audit Parpignen par quatre jours entiers, attendant ung gentilhomme qui venoit de la part de l'empereur
pour me conduyre et avoir le regard sur moy pendant que
seroye audit pays d'Espaigne, et lui arrivé, fus mis entre ses
mains, puis partîmes ensemble du dit lieu de Parpignen à nos
journées, tirant le chemin droit à Barcelonne, au quel lieu fus
contrainct de demourer l'espace de huit jours entiers, lesquels
passez, tirasmes le chemin de Sarragoce, ou quel lieu arresté
par trois jours fus contrainct de fere inventoire de tout ce que
povois avoir, tant d'or, d'argent, habillemens que autres chpses
que povois avoir, dont me convint payer tribut, combien que
mon saulfconduit portast de me laisser passer et retourner
franchement et quictement, et à ce ne me servirent les remonstrances que je fis au gouverneur de la ville et rentiers du
peaige. Ce fait, partismes du dit lieu de Sarragoce tirant le
chemin droit à Tudelle, qui est une ville du royaume de Navarre; et à longues journées passâmes oultre et jusques auprès
de Pedrasse, où sont de présent mesdits seigneurs les Daulphin
et duc d'Orléans; et avant que d'entrer en la dite ville de Pedrasse, que fut à ung samedi au soir, trouvasmes six souldars
de la garde de la ville qui nous arrestèrent jusques à ce que
l'ung d'eulx eust esté sçavoir au marquis de Verlangne, frère
du connestable de Castille, qui a la garde de mesdits seigneurs,
si son vouloir estoit nous laisser entrer en ladite ville. Le souldart retourné, fusmes par eulx conduits en la dite ville et menez loger en une hostellerie en laquelle tost après vindrent
huit ou dix souldars de la garde de mesdits seigneurs, lesquels
saisirent les clefs du logis, et par dedans et dehors firent le guet,
toute nuict. Le gentilhomme qui m'avoit en garde, non content de ce qu'ils entreprenoient sur sa charge, print gros débat

et noyse avec eulx, qui fust difficile à appaiser; leur commanda eulx départir du logis, maintenant que la garde de moy luy avoit esté donnée par l'empereur, et que au marquis appartenoit de me monstrer mesdits seigneurs et me fere parler à eulx. Demeurez tant d'une part que d'autre obstinez en leur fait et débat, furent contraincts le gentilhomme et lesdits souldars de faire le guet toute la nuyct; et le lendemain, icelluy gentilhomme, me laissant en la garde desdits souldars, s'en alla par devers ledit marquis, avec lequel il demoura longue espace de temps; et après estre retourné en l'hostellerie, me mena au chasteau et fortresse du dit lieu de Pedrasse, où je trouvay, en une chambre haulte, ledit marquis et plusieurs aultres gentilhommes en sa compaignie, prestz de eulx mettre à table, et me fit icelluy marquis seir au disner avec luy, et après le disner le suppliay me vouloir faire conduire ou lieu où estoient mesdits seigneurs, ce qu'il fist, et me mena en une chambre d'icelluy chasteau assés obscure, sans tapisserie ne parement aucun, et seullement y avoit paillaces, en laquelle chambre estoient mesdits seigneurs assis sur petits siéges de pierre encontre la fenestre de la dite chambre, qu'est garnie par dehors et par dedans de gros barreaux de fer, et la muraille de huit ou dix pieds d'espoisseur; la dite fenestre si haulte que à toute payne peuvent mesdits seigneurs avoir l'ayr et le plésir du jour; qui est lieu souffisant à détenir personne attaint de gros crime, et est ledit lieu tant ennuyeulx et malsain, que pour le josne et tendre eaige de mesdits seigneurs, me semble impossible de longuement y demourer sans inconvénient de maladie et grandement empirer leurs personnes. Et voyant mesdits seigneurs ainsi menez et détenus, et en si pauvre ordre de vestemens, qui estoient seulement de chacun un saye de velour noir, en façon d'habillement à chevaulcher, avec bonnets de velour noir à ung rebras sans ruban de soye ne aultre parure, des chausses blances, et souliers de velour noir par dessus, ne me fust lors possible me contenir sans gecter larmes, et en me perforçant de parler adressay ma parole à mon dit seigneur le Daulphin, et avec révérence commençay en langaige françois à luy faire les recommandations à moy enchargées de par le Roy et ma dite dame, le roy de Navarre et la Royne pareillement, luy donnant asseurance du traicté de paix fait et accordé entre le Roy et l'Empereur en la ville de Cambray, et pour estre chose utile tant à luy que au bien publicque du royaulme de France, et nouvelle telle dont il auroit joye et grant plésir, le Roy et ma dite dame m'envoyant expressément par devers luy pour le luy faire entendre; ensemble la dilligence qui se foisoit en France pour accomplir les convenances accordées pour le fait de sa délivrance, espérant que en brief il pourroit veoir le Roy, ma dite dame, les princes et le commun peuple de France, qui si fort le désirent que possible n'est de plus. Lors ledit seigneur Daulphin, en contenance triste, adressant sa parole audit marquis, luy dit en langaige espaignol, qu'il ne m'entendoit point, et qu'il me dist que si je sçavois parler le langaige du pays, que je luy fisse entendre ce que je voulois dire, dont je me trouvay fort esbahy et estonné, voyant mondit seigneur aliéné de son naturel langaige. Adonc, muant mon parler selon le langaige du pays, commençay à luy référer ce que dessus, et de tout mon pouvoir luy donner occasion de nouvelle joye et plaisir, luy fis ung petit récit comme les afferes de France estoient de présent venus en si bons termes que le temps de sa réduction et délivrance estoit prochaine; et après luy demanday s'il ne sçavoit plus parler le langaige de France. Ledit seigneur me fist response tout en espaignol : « Comment seroit-il possible que je l'eusse peu retenir, veu que je n'ay nuls de mes gens avec qui je puisse continuer de parler? » Puis luy demanday s'il ne me connoissoit point, et souldain mondit seigneur d'Orléans advança sa parolle, et luy dit : « Monsieur mon frère, c'est l'huissier Bodin. » Mondit seigneur luy respondit qu'il le sçavoit bien, mais qu'il ne le vouloit pas dire. Et lors adressant sa parolle à moy, me demanda de la bonne disposition du Roy, de maditte dame et de la royne de Navarre, de monseigneur d'Angoulesme et de mesdames ses sœurs, et le lieu où ils estoyent à mon partement, et après sur tout luy avoir respondu, me dit qu'il remercioit le Roy et maditte dame du bon vouloyr qu'ils avoient à sa délivrance, les suppliant que leur bon vouloir fust de continuer, et de bientost le mettre hors de la captivité où il est. Après ce luy fis les re-

commandations de veus, monseigneur, de monsieur l'admiral,
monsieur le chancelier, de monsieur de Bourges, de monsieur
le trésorier Babon et aultres du conseil du roy, qui estoient
ceulx qui continuellement avoient practiqué la paix et le
moyen de sa délivrance. Ledit seigneur, après avoir le tout bien
entendu, me dit qu'il vous remercioit et tous ceulx qui travail-
loient pour luy et sa délivrance, parlant en parolle aussy con-
stante que pourroit faire une personne de XXV ans. Ce fait,
mondit seigneur d'Orléans commença à parler et me faire à
peu près semblables demandes et recommandations. Et mondit
seigneur le daulphin, pour le plésir qu'il prennoit de parler
avec moy, veuillant recommancer nouveaulx propos, ledit
marquis luy demanda s'il vouloit aller en l'aultre chambre, qui
estoit près de celle où je trouvay mondit seigneur, qui est une
chambre encoires plus mal garnie que la précédente et de plus
pouvre demeure, en laquelle y a pour toutes veues une semblable fenestre que en la chambre précédente, vers laquelle fenestre se retirèrent mesdits seigneurs pour avoir plus aisément
le jour, et prindrent chacun ung petit chien entre leurs bras.
Lors me commencèrent à dire aucuns des souldars que c'estoit
tout le passe-temps de mesdits seigneurs, ausquels je fis response que c'estoit maigre passe-temps à si haults princes
comme sont mesdits seigneurs. Et je ne peus tenir d'en faire
remontrance audit sieur marquis, et incontinent un nommé
Andrée de Prate, qui est capitaine de la garde de mesdits seigneurs, me dit comme par mocquerie et en parolles assez étran-
ges : « Vous voyez en quel estat sont traictez les enfans du roy
de France votre maistre, entre les souldars des montaignes
d'Espaigne, sans aucun exercice et éducation, » et que si le Roy
envoyoit par delà quelque paintre ou ymaiger, que mondit
seigneur le daulphin deviendroit soubdain bon maistre, car il
s'adonnoit chacun jour à faire petits personnaiges et ymaiges
de cyre. Je luy dis que j'avoy espérance que avant trois mois il
seroit passé maistre en aultres meilleures œuvres et exercice à
luy plus convenables que icelles esquelles il s'adonnoit par delà. Alors le marquis me dit qu'il créoit en respondre deans trois
mois, voire jusques à la fin de quatre, en Espaigne mieulx que

nous en ferons en France; puis me dit que c'estoit assés parlé,
et qu'il estoit temps de me retirer. Je luy dis que je y serois
longuement sans m'y ennuyer, mais puisqu'il luy plaisoit que
je me retirasse, je mettroye le reste au lendemain; à quoy me
fust par luy respondu que je pouvois bien prendre congé sans
plus y retourner, et que je advisasse de prendre mon chemin
pour m'en retourner en France, dont je fus très-esbahy et mal
content, voyant le peu de temps qu'il m'estoit permis de veoir
les personnaiges que plus je désiroye à voir; et derechef luy
suppliay qu'il me fust permis de retourner le lendemain pour
faire ung petit présent à mesdits seigneurs de deux bonnets de
velour garnis d'orfaivrerie et de plumaiges blancs. Lors ledit
marquis me dit que moy retourné en mon logis je les envoyasse
et qu'il les leur présenteroit; je luy dis que je voulois estre présent, ce qu'il accorda, et fust envoyé en mondit logis quérir
iceulx bonnets qui estoyent en estuyz. Après les avoir receuez et
baisez, me voullant approucher de mesdits seigneurs pour les
leur présenter, ledit Andrée de Prate les print disant : « Messeigneurs, vous les voyez bien : ils sont très baulx; ne voulez-
vous pas que je les vous garde? » Mondit seigneur lui respondit :
« Ouy, capitaine, j'en sui bien content; mais je vous prie que
je les voye encores. » Et de loing les leur monstrant, de peur
que lesdits seigneurs y attouchassent, mesdits seigneurs se
commencèrent à esjoïr plus qu'ils n'avoient fait au commencement, me menant en plusieurs propos qui seroient, monseigneur, trop longs à vous escripre; et entre aultres choses, je dis
à mondit seigneur le dauphin : « Monseigneur, vous estes devenu merveilleusement grant, et croy fermement que si le Roy
et madame vous véoient, pour votre soudaine croissance ne
vous cognoistroient aisément. » Et pour le rapporter au vray et
en rendre le Roy et ma dite dame certains, ainsy qu'ils m'a-
voient donné la charge de faire à mon partement, je suppliay
audit sieur marquis que je peusse emporter la mesure et grandeur de mondit seigneur le daulphin, ce qu'il ne voulut permettre prendre, ne aucunement attoucher à mesdits seigneurs,
mais me promit qu'il la m'envoyeroit en mon logis; ce qu'il ne
voullut faire, pour l'opinion qu'ils ont que si j'eusse emporté

aucune chose en France qui eust touché à leurs personnes,
qu'il y a gens en France qui par art magicque et de nigro-
mance les rendroient saulvement par-deçà. Lors je fuz contrainct de m'en sortir avec regret sans mesure. Quant aux deux
bonnets, ils n'ont garde de les leur mettre sur la teste, de peur
qu'ils ne s'envollent par-deçà. A mon partement, après avoir
à grand regret prins congié de mesdits seigneurs, eulx deux
parlans ensemble, me dirent que je fisse leurs recommandations
au Roy, à madite dame, et à vous, monseigneur, et que je fisse
dilligence de retourner devers eulx, et en tel ennuy et regret
me départant d'eulx que je fus ramené par les gardes en ung
aultre logis plus honorable que l'aultre où je fus mené à mon
arrivée, et fus pareillement gardé nuyt et jour sans aucunement
me permectre d'aller par la ville; et le lendemain me fust fait
commandement de partir hors de ladite ville, ce qu'il ne me
fust possible de faire, à cause que, après bonne inquisition faicte,
l'on trouva que l'ung des souldars ayant envie avoir ung cheval
que j'avoye, luy donna ung coup de poignard dans l'espaule
pour le faire demeurer et le me rançonner. Toutesfois, je fus
contraint me partir dudit lieu sur mon cheval ainsy blessé, et
aller à trois lieues dudit Pedrasse en une petite ville nommée
Spelnede, où le gentilhomme qui me conduisoit me fist séjourner
par l'espace de dix jours entiers, pendant lequel temps il avertit
l'impératrix de ce qu'estoit passé, et pour obtenir d'elle ung
saulfconduit pour retourner par Fontarabie, qu'est chemin
beaucoup plus court que n'estoit à retourner par Parpignen,
aussy que mon premier saulfconduyt portoit de retourner par
Saulce et Parpignen, pendant lequel temps vindrent nouvelles
certaines de l'accord et traicté de paix conclue entre le Roy et
l'Empereur et la publication d'icelluy traicté, ce que je fis entendre à mesdits seigneurs par une lettre que je leur escripvis
pour tousjours leur confermer mon dire et donner espoir de
leur brief retour et délivrance. Ledit marquis me manda qu'il
avoit receu ma lettre et qu'il la garderoit pour la montrer à
mesdits seigneurs quant il auroit plus ample seurté de ladite
paix. Ce fait, après avoir ledit saulfconduyt, le gentilhomme
mon conducteur, sans aulcunement me laisser, et en aussy

estroite garde que si j'eusse esté prisonnier, me conduit à mon retour, et passant près Braques, à huit lieues par deçà, je trouvay le connestable de Castille en une sienne ville, auquel fuz faire la révérence, et selon mon petit sçavoir luy faire les remonstrances du poure estat et condition où mesdits seigneurs estoient pour le présent menez, et veu le traicté de paix accordé avec l'Empereur il n'estoit besoing user de rigueur et tel traictement envers eulx, le suppliant, comme celluy qui y avoit puissance, vouloir pourveoir à réduyre et remettre mesdits seigneurs en l'estat qu'il leur appartenoit ; à quoy me fist response qu'il estoit sur son partement pour aller vers mesdits seigneurs et les pourveoir de ce que leur seroit nécessaire, si bien que en brief le Roy s'en debvroit contenter ; ce que me fust très agréable, pour le désir que j'ay d'entendre que mesdits seigneurs soient hors du lieu de misère où à mon partement d'avec eulx je les laissay. Et le reste de mon voyage, combien que le chemin soit rude et difficile, me fust fort plus plaisant et agréable qu'il n'avoit esté auparavant ; et jusques dedans Fontarabie fus par le gentilhomme mon conducteur mené, duquel je prins congié pour, en meilleure dilligence que possible m'a esté, retourner vers le Roy, maditte dame et vous.

MANUSCRIT N° 1326.

(Voy. p. 57.)

Cette pièce est intitulée : Coppie de la supplication faicte par le sieur du Brusquet, premier fol du roy, aux députez estant assemblez, comme dit est dessus, sur le fait de la paix, en la ville d'Augsbourg, l'an 1555.

A Messieurs les Députez

Supplie très-humblement le sieur du Brusquet, premier fol du roy, voulloir pourveoir de curateurs à l'empereur et le roy

Henry, veu qu'ilz sont poures orphelins n'ayans père ne mère, de se voulloir mieulx gouverner pour l'advenir qu'ilz n'ont faît par le passé; car tout leur vye ne ont vesceu que en payne, tourment et fâcherie; endebtez comme poures gens qui ont une douzayne d'enffans à nourir, et ayans plus de payne que chartiers. Dives habet nummos, et non habet seipsum. Que vous sert tout vostre bien, et avoir plus de payne que ceulx qui n'ont rien? Litis preterite, noli maledicta referre; et par ainsy, vous autres messieurs les députez qui avez esté envoyé dü roy et de l'empereur pour les plus sages de leurs roialmes, à cest heure se voira si vous estes sages, dissimulez, contrefaiz ou folz naturelz; car aux sages ne fault riens dire ny aux folz. Aussy vous pôvez estre la ruyne et le soullagement de toutte la crestienneté, veü que voz maistres ont remis leurs consciences sur les vostres; vous aymerez voz consciences et pensserez qu'il y a [...] Dieu de mectre voz maistres et le poure peuple en paix et transquilité, que toutte leurs vies ont esté ruynez, bruslez, menglez jusques à rendre leur esperit. Et ne vous fault point fonder sur la pointe d'une esguielle disant : O je averay cecy, ô je averay cela ; O tu as fait cecy, ô tu as fait cela ; O cela appartient à nostre maistre, ô cela appartient au nostre. O le diable y ayt part! Si vous voulez tant regarder par le menu, vous trouverez en la fin qu'ilz ont autant en ce qu'ilz tiennent comme moy; car l'un l'a prins à ung aultre, et l'autre l'avoit prins à ung autre, et cest aultre l'avoit rapyné à ung autre. Pour conclusion, il y a mil ans qu'ilz n'y avoient riens ny l'un ne l'autre. Et par ainsy, messieurs les députez, la charité vous supplie voulloir venir au point, et sans tant de dispute voulloir mectre ces deux princes et poures orphelins en paix; et tout le monde dira que vous estes les plus sages, les plus honnestes et plus vertueulx que jamais furent au monde; et l'on vous paindra par touttes les cheminées et tapisseries de tout le monde, disant : « Volchy ceulx qui ont mis tout le monde en paix. » Au contrère, si vous ne faictes riens, tout le monde cryera : « O que vous estes meschans juifz et anabaptistes, ne pensans qu'il n'est point de Dieu, et disans : Volchy les volleurs qui veullent entretenir la guerre pour mengier leurs maistres et tout le monde. » En telle sorte

que je pensse que n'oserez comparoistre parmy les homes. Par
ainsy, vous supplie le poure fol du roy y voulloir ouvrir les
yeulx à faire quelque bon oeuvre. Et encoires, au grand dangier là où vous estes mis d'avoir encommenchié cecy, si vous ne
faictes riens qu'il vaille; car jusques aux chatz vous mauldi-
ront. Je sçay bien que se voullez croire le bon Joseph ab Ary-
matia, qui est monsieur le légat, que vous ferez quelque chose
bonne; car ung capitaine de chevaulx légiers ne prenderoit pas
plus de payne qu'il fait à vous assembler; car il averoit plus
tost assemblé quatre douzaynes de brebis que vous autres. Tout le
jour va escarmouchant, courant à ceste heure sur les Franchois,
à ceste heure sur les impériaulx; d'ichy à ung peu, en la chambre du conseil : il n'y a Jacquet qui ne fût bien las vers le soir.
Mais je seroye d'opinion que l'on vous meisse trestous dedens
une maison avecq ung pain, ung herencq et plain une bouteille
d'eaus, et que ne partissiez de là jusques à ce que n'eussiez fait
une bonne paix, quy seroit contre mon volloir ; car je n'aymay
jamais que la guerre puis que tant de gens ayment la paix. Vous
ferez comme l'entenderez ; et cecy fait, je yray baiser la main
del excellentissima regina, et de la seignourie de monsieur
d'Arras, sans oublyer la bonne grâce de messieurs le chancellier
de Hignicourt-Lalaing, et tous messieurs les députez. Et orabo
pro vobis omni vita mea. Et vous gardez de igne eterno, quod
paratur vobis a diabolo. Vostre très-humble et très obéissant, si
faictes riens qui vaille, le sieur du Brusquet, premier fol du roy,
et son vallet de chambre, huissier de la royne, maistre de la
poste de Paris, conseigneur de Saint-Michiel, vinguier d'Antibel,
grand almosnier de ma maison, fermier de Hintain et des Gal-
lières haultes et basses, borgne d'un œul, manchot de une main,
bossu d'une espaulle, et mary de la plus layde et maulvaise
femme qui soit dans Paris, je prie à Dieu que ainsy soit de vous
tous.

MANUSCRIT N° 1480.

(Voy. p. 39.)

Ce volume in-folio, écrit sur papier, est de la main de Gérard. A la suite du titre de la pièce que nous imprimons, on lit : Accedunt diplomata Belgica ab anno 1005 ad annum 1402. — Gérard ne dit pas sur quelles pièces il a fait ces copies. Nous croyons devoir donner tout entière celle qui occupe les pages 9 et suivantes du manuscrit, sans rectifier, à l'exception de quelques-unes trop grossières, ses fautes de latinité.

Introitus Ludovici comitis Flandriæ in civitatem Avignionem, anno 1356, et quomodo ibidem per papam receptus fuit.

Per N. cancellarium ejusdem comitis.

Anno millesimo trecentesimo tricesimo sexto, die Assumptionis Domini, circa vesperas, intravit dominus Avignionem cum VI^{xx} millitibus, et venerunt sibi obviam equi omnes de familia VII vel octo cardinalium, et fuit satis magna pressura pro multitudine equorum ab introitu ville usque ad palacium. A recta via dominus ivit ad reverenciam faciendam, et intravit ad papam cum millitibus et clericis solus, et osculato pede ab omnibus, introductus, dixi pro domino sua arenga : Quod dominus jam diu venisset ad eum, scilicet tribus vicibus fuit impeditus propter causas quas sibi dixerunt gentes sue, quas ad eum miserat, quia vidit quod consilium suum non consulebat quod ad eum accederet illo tempore, et adhuc bene sibi dicerentur si placeret, scilicet non dixi, fuerunt tamen cause impediendi, que si dominus venisset ante regem, qui venturus erat, et non habuisset optatum de requestis faciendis per eum super facta Maline, credidisset dominum impedivisse. Serio dixi quod dominus regraciabat Deo de sua sancta promotione, de qua summe gaudebat, qui dum erat cardinalis invenerit eum bonum patrem, et libentissime vidit eum in hospicio suo, et multa bona documenta dixit sibi quam plurima retinuit et priusquam promotus esset,

9

et misit gentes suas ad eum, habuerunt ingressum ad palacium et de majoribus supplicationes optatum sibi de pluribus beneficiis, et inter cetera regraciatur de dispensacione filii et domicelle de Cassello et, ut ista regraciaretur merito, venit ad eum non ut eum honnerat, nec se tediosum sibi reddat, sed ut solum eum videat regraciare ut sua et se ipsum cum omni posse offerat ecclesie, sanctitati sicut patri et domino papæ suo et omnibus suis ad beneplacitum et mandatum, excusando me quod lingua materna loquebar, quia pro domino sic fieri oportebat, qui non erat litteratus, ut intelligeret quæ mihi injunxerat dicere, tamen aliqua sibi dicere volebat dominus in certa hora sibi placida et per eum assignanda. Qui papa graciose respondit: Quod bene venerat dominus, et quod pro eo faceret quidquid posset secundum Deum et justiciam ; non vero tantum quod posset de plenitudine potestatis, quæ erat nimis magna ; et de ista plenitudine adjunxit ridendo, et assensit solum de dispensatione dicendo quod eam pro meliore facere retardaret, et placebat sibi quod dominus in crastinum reverteretur, et illa hora ad dicendum sibi quod placeret. Et surrexerunt omnes qui cum domino venerant, et venerunt ad hospicium domini, et cenarunt ; et visitavit dominus illa die et sequenti quatuor cardinales, et hora quidem vesperarum veniente, venit dominus ad palacium cum clericis et militibus et intraverunt cum eo illi solum de consilio suo.

Et cum dominus venerit ad eum et consiliarii, nullum permisit genibus flexis, sed omnes sedere fecit super scamna, et incepi redicere quomodo dixeram sibi, quod dominus non venerat ad honerandum eum, scilicet, etc., idcirco unum solum supplicare intendebam, et recitavi factum Maline et certum...... solemnitatem juris et facti intervenisse concludendo quod eum confirmaret. Qui statim respondit in presentia omnium, quod oportebat quod in hec vocarentur quorum intererat, nec nominavit eos ; sed post, sensi quod de duce et Maline habitantibus intelligebat. Post statim dixit omnibus quod traherent se extra cameram ; episcopum Rutinensem et me solum cum domino retinendo. Et quando fuimus soli cum eo, incepit dicere domino multa bona de regimine suo , ad finem justicie faciende per eundem, et quomodo responderat nunciis ducis et Maline, et etiam regis Francie super absolutione fidelitatis et hommagii preteriti ecclesie Leodiensis, et redditione precii pro illa villa dati, omnia denegando eis, et ultra dura verba respondendo quod non erant gentes, maxime dux, cui fieri deberet gratia, qui clericos supplantabat , ecclesias destruebat, etc.; et quod confusi recesserant. Et quomodo inquisiverat de Malina, et sedebat et qui devenerat precium, et quod bene sedebat pro domino, et pro ecclesia, et de precio erat jam defalcatum et mulcta, in laudem domini grossa; et post venerit ad guerram que insurrexerat in Burgundia, et quod videbatur quod ulterius deberet pululare, videbamus, et nec dicebat morum Anglicorum, aligationes Alemanorum cum Anglicis, non consulens bene quomodo dominus faceret novam, et rex hec timens rogaverat eum quod de novo aliquid non consederet domino. Verum propter isto modo sederetur dominus qui sibi non concederet istam confirmationem qui videns et volens aliqua replicari, vidi displicentiam et tacui expectando aliam horam. Et dominus priusquam surrexit episcopus, de cetero dixit sibi aliqua in secreto, et credo quod fuit de episcopatu Cameracensi, et exivimus; et exeundo dixit dictus episcopus, quod papa volebat quod dominus et ego comederemus cum eo die dominica sequenti, et interim visitaret cardinales, quod ita concessum est. Et illa die mandavit mihi, et dixit ore proprio sequenti die mane quod papa volebat scire quomodo de ejus responsione contentabar; qui respondi quod dominus non bene quod justum petebat et differebat facere, etc.; et quod diceret sibi quod concederet confirmaret, et dominus non uteretur usquequo iste guerre sedarentur, et saltem quod clare responderet, qui dixit mihi quod intentionis sue erat concedere hiis guerris finitis, et quod die dominica, si mihi videretur bonum, papa clare diceret domino quod rogavi. Et adveniente illa die dominica, hora prandii, cum tribus militibus, me et viij armigeris pro se et suis militibus, venit ad prandium et mandavit pro domino ante prandium in camera antequam iret ad mensam in aula, et pro me et ultra quam credi posset bonum multum fecit; et dixit domino de confirmatione quod sua dixit episcopus, et post ivit ad mensam ducendo dominum per manum semper, et sedit solus in alta mensa papali et in altera bassa dominus ut rex ante comederat, et post cum episcopus et post ego, et in altera mensa alii tres milites domini et non plu-

res in aula, et parum fecit legere ante eum, sed semper garru-
lavit cum domino, cum armigeris domini; et magna cibaria
dedit ei in excessiva quantitate et meliora vina. Post prandium,
redditis gratiis, reduxit dominum per manum ad cameram et
sedit . . . . et dominus ex una parte satis alte, et
episcopus et ego in alta sella ex altera; et incepit precipere
quod omnes exirent; quo facto, dixit mihi quod ego dicerem
quod placeret, qui respondi quod nesciebam quod ut alias sibi
dixeram, dominus eum attediare nolebat nec honerare, sed quod
habebat gentes mirabiles, qui rogaverant de supplicatione pro
beneficiis faciendis, et si non faceret male de eis esset unum
sibi non displiceret si dominus sibi plures mitteret, qui de illis
non faceret nisi quod vellet, secundo dixi quod pro me nil erat
petiturus, quod contentus eram nec prebendam aliquam aliam
quam *Pâr*, perpetuo haberem, et quod eram dives, quod dominus multa bona mihi fecerat, qui me respexit multum dicendo
esse verum. Respondi quod sic certe dixit ipse et verus habebitur,
plus quam si affectaretis, sicut cetero nunquam affectavi, etc. Et
incepit dicere quomodo fuerat promotus qui nunquam cogitave-
rat nec apparuerat, et multa similia. Postmodum feci sibi supplicare pro domino Philippo de Arbosio, de prebenda vacante
Cameracensi, et statim posuit in supplicatione : Fiat. Post ea
tradidi sibi supplicationem et litteram capituli Pâr pro magistro
Gerardo de Monte Ancuto, et dixit mihi esse ista supplicatio
justi, et dixi quod nimis pungebat decanum, qui respondit : Per-
mitatis me facere, qui nec permitam eos litigare et eis providebo:
ex quo dictis illum esse in necessitatem, quibus dictis fecit ve-
nire unum, et post accepit dominus licentiam, et osculatus est
eum, et postea cum vellem osculari pedem ejus, elevavit caput
meum, et me similiter fuit osculatus, et recessimus omnes die
martis de mane, et visitatit tam die sabati quam dominica, quam
lune omnes cardinales, et dedit omnibus tam camerariis, os-
tiariis, servientibus armorum xij xx flor. flor. consilio episcopi
antedicti, et dimissis ibi dictum Philipum, qui tradidit aliquas
supplicationes pro domino sub sigillo ad partem, et in saculo
alias de quibus non multum curabat et tres pro me.

MANUSCRIT N° 215.

(Voy. p. 40.)

Ces vers occupent dans le manuscrit la feuille marquée vij××1 (141) et vij××ij (142). Ils sont précédés de *l'Horloge de Sapience* et des deux lignes suivantes qui expliquent leur but :

« *Es vers cy-aprez escrips trouverez les noms de ceulx qui ont fait et fait faire ce livre.* »

« Ceste doctrine couronnée
Fu premièrement ordonnée
Du Saint-Esperit, et fu ditte
A un homme de grant mérite,
Saige et de grant perfection,
Profes en la religion
Du glorieux saint Dominique.
Nez fu de terre Almanique,
Frère Jehan dit de Souhaube,
Qui de purté ot vestu l'aube ;
Approuvé fu cest Alemant
De sapience vray amant ;
Fondé fu en toute science,
Principalment en conscience,
En purté de corps et de cuer,
Si comme il appert au desuer
En la doctrine de ce livre ;
Le roy Jhésu le face vivre,
Pour le loier de ceste histoire,
A tousjours avecques lui en gloire.
De latin en rommans donnée
Fut ceste histoire celle année
Que le millaire couroit
Qui proprement compter porroit
Mil trois cens quatre-vins et nuef,
En la ville du Chastel-Nuef,

A la requeste et à l'instance
D'omme de grant souffisance,
Es sept ars fondez royaulment,
Licenciez principaulment
Es drois dis civil et canon,
Qui du fons de baptesme a nom
Maistre Dimenche dit de Port.
Fait fu cest escript et transport
Dévot, soubtil et gracieux,
Par un frère religieux
De la nation de Lorraine;
A grant fruit et à pou de peine
Fu mis de latin en françoiz,
Et fu de l'ordre saint Françoiz;
Maistre fu en théologie :
Son nom, sa généalogie,
De fait advise celle et euevre,
Car il n'a pas fait si grant euvre
Dont il doie avoir loïer ne tiltre
Pour soy nommer en ce chappitre,
Car c'est moult petite loenge
A cellui qui translate et renge
De mot à mot aucune histoire;
Mais cellui doit avoir la gloire
Qui par la voulenté divine
Trouva premier ceste doctrine :
Cellui aussy par qui commant
Fu de latin mis en rommant
Doit estre béneis et loez
De grâces et de mercis doez.
Encore béneis en ceste clause
La personne qui en fu cause
De translater premièrement :
Jhésus, au jour du jugement,
Qui les pécheurs volt racheter,
Le vueille en gloire translater.
Faitte fu la translation
En l'an de l'incarnation
Devant dit, le jour dix-huitiesme
Du moys d'avril, environ prime.
Priez à Dieu le créateur

Que les péchiez du translateur
Vueille effacier et pardonner,
Aussy à ceulx grâce donner
Et à la fin béatitude
Qui icy mettront leur estude
Pour savoir bien vivre et morir :
Leurs âmes face Dieu flourir
Fleurs de vertus et de mérites,
Et quant du monde seront quittes,
Vueille Jhésus, pour leur loier,
A eulx son royaume ottroier ;
Et vous qui cy dedens baez,
Se plaisir vous vient, vous direz
Ou nom saint Jehan le apostre,
Pour moy une fois la pater nostre.
Disons en la derraine roie :
Amen, amen, que Dieu l'ottroie.

Cy fine l'Orloge de Sapience, qui contient deux livres. »

MANUSCRIT N° 696.

(Voyez p. 41.)

Voici d'abord des *Seguidillas* que nous avons copiées dans ce manuscrit ; nous en risquons, à côté du texte, la traduction littérale.

Quando mi luçero
Su luz esconde,
Aunque salga el sol
Pareze de noche.

Quand mon étoile
Cache sa lumière,
Bien que le soleil paraisse
Il me semble nuit.

Subense tan altos
Mis pensamientos,
Que qual aguila al sol
Miran derechos.

Si haut montent
Nos pensers
Que comme l'aigle, le soleil
Ils regardent droits.

La niña de oro
Y la de plata,
Son el sol y la luna
De nuestra patria.

La jeune fille d'or
Et celle d'argent
Sont le soleil et la lune
De notre patrie.

Cuento buestras gratias
Por las estrellas;
Pero sobran gratias
Y faltan ellas.

Je compte vos grâces
Par les étoiles;
Mais tant il y a de vos grâces
Qu'il n'y a pas assez d'étoiles.

Quien dixere, señora,
Que no te quiero,
Ruego a Dios que muera
Del mal que muero.

Qui dira, ma dame,
Que je ne t'aime point,
Je prie Dieu qu'il meure
Du mal dont je meurs.

Tu tienes mi alma,
La tuya yo no;
Desdichado me hizo
Fortuna en todo.

Tu tiens mon âme;
La tienne m'échappe;
Malheureux me fit
La fortune en tout.

Es cosa ordinaria
De las mugeres,
A los que las aman
Aborrezerles.

C'est chose ordinaire
De la part des femmes,
Que ceux qui les aiment
Elles les abhorrent.

—»»»O«C«««—

AUTRE PIÈCE.

LA CHACONA.

Vida bona, vida bona,
Vida vamonos a chacona!

La que tiene quarenta años
Y se nos vende por niña,
Al rebuscar de la viña
Advierta los desengaños.
Mire los verdes años
De toda su edad pasada
Y sepa qu'es jubilada
La dama qu'es quarantona
    Vida, Vida.

No se para que se entona
Si en el tiempo que ella sabe

Por diez y seis tuio havo
La carne de su persona;
Paraque se hace matrona
Pues save la conocemos
Y todo el mundo savemos
La inche el ruego de fregona
   Vida, vida, vida
     Bona.

La que tiene mas nationes
Que leies tiene Ginebra,
La que por momentos quiebra
Palabras y obligationes,
La que tiene santantones
Por toda su delantera,
La que se rinde a qualquiera
Por ser blanda de carona,
    Vida bona,
Vida, vamonos a chacona.

Al son del rumor sabroso
Y al recinar de las tablas,
Me dice muy bien pasito :
« Traidor, para que te tardas ? »
El me responde entre dientes
Con mas resuello que abla :
« Vengamos, mi vida, juntos;
Aguarda, querida, aguarda;
Que si tu no te detienes
Yo no me duermo en el guarda. »
   Vida, vida, vida y alma
   Vida, vamonos a la cama.

En el poço de mi dama
Apenas eche la soga,
Quando con poco trabajo
Sude la gota tan gorda.
Ella baila de contento

De ver como el niño llora,
Y en ver se con tanto gusto
Con dos lenguas cada bocca.
  Vida, vida, vidita bona
  Vida vamonos a chacona.

Al son del rumor sabroso
Entre corbas cabriolas
Mo dice muy bien pasito:
« Despatio que dure un hora. »
Mas io como soi volliço
Y tengo la iesca pronta,
La digo que alargue el paso
Y si es un poco tardona,
Qual Tantalo me la dejo
Con el vocado en la bocca;
      Vida bona.

No mas reinas ni condesas
Que es enfadoso su trato;
Mejor es lo mas barato
Pues todas son unas presas
De carnes limpias y tiesas;
No ai tal como la fregona.
Vida bona, vida bona.
Vida vamonos a chacona
Vida, vida, vidita, vida,
Vida, vamonos a Sevilla.

Bamonos vida a Sevilla
Por que alla tengo que darte
Un jubon de durandarte
Ques de muy fina telilla,
Que le truxo Mariana
De la feria d'Escalona.
  Vida bona, vida bona,
  Vida vamonos a chacona;
  Ciqui chiqui, morena mia;
  Si es de noche ò si es de dia.

MANUSCRIT N° 721.

(Voy. p. 42.)

Ce Ms., petit in-f° écrit sur parchemin, est du XIV° siècle;
il renferme un grand nombre de pièces, pour la plupart fort
courtes et toutes écrites en flamand ou en allemand, à l'exception
des deux suivantes que j'ai peut-être traitées, ainsi que les autres, un peu injustement à la page 42 de mes lettres. Le lecteur
en jugera.

LA CARITAS EN FRANÇOIS.

O carité! touse amiable,
Sur toutez vertus asmirable,
Où troveray de toy solas
Quant pastor ne sont caritable,
Mès cuer m'iers non merchiable.
Carité, se prise es au las,
Mervelhe est ne rompe se las,
Et se tu de froit engelas
Est dont ta gelée durable?
O carité! quel part alas?
Verray-je toy jamais? alas!
De toy ist le perte trop plorable.

DEUXIÈME PIÈCE.

(Ceci est en françois d'une femme qui aimoit.)

Lois que j'aym et aymeray
Toutdis tant que pouray durer,
Vous m'avés servi de cuer vray
Si lonctemps que rémunérer
Je vous vuel et abandonner

Mon corps à faire vostre commant
Fors que puis le chaynt an avant.

Moy poés baysier et acoler:
Congié vous en ay donné,
Et prendre tant que vodrez
Désormais et à moy juer.
Je ne le vous quier refuser;
Car vostre sui, n'alez doubtant,
Fors que puis le chaynt en avant.

Mais pour ce que m'ohnour y say,
Vos vuel ce par desous véer;
Car lors qu'abandonné l'auray,
Jamais n'y porai retorner.
A vostre voler poés ovrer
De mon cuer à guise d'amant
Fors que puis le chaint en avant.

Ceci est la réponse de l'amoureux.

De tant que vous m'abandonés,
Ma douche damme de ce non,
Cuer, corps et quanque vous portez
Sus le chaynt et le souplus non,
Vos merchi; mays dévocion
Ay trop plus, qu'Amours me sequeure,
A che desous qu'à che desseure.

Car li doubz lieu, bien le savez,
Il est pour consolation,
Prendre az bois........
De ce faitez excepcion
Qui fuist melheur affection :
Par amour chascuns plus labeure
A che dessous qu'à che desseure.

Je ne vous di mie qu'assés
N'y ait déduis d'ennour foison
En ce que sus li chaint portez,
Au mains selone m'entencion ;
Mais joye et récréation
A trop plus ne fuy onquez heure
A che dessoubz qu'à che desseure.

A la fin de ce volume, dont la reliure est celle de l'ancienne bibliothèque des *Stadhouders*, on voit en note qu'il a appartenu au comte *Johan de Nassau de Vyanden* et à *Marie van Loen*, sa femme. — Le titre des deux pièces qui précèdent y est écrit en deux langues. Je n'ai copié que le titre français.

⚬

MANUSCRIT N° 771.

(Voy. p. 48.)

Voici la pièce intitulée *La Cornerie*, que j'ai promis de donner comme exemple de mauvais goût.

Quant les quatre angles corneront
Piteusement sera corné,
Car cil qui n'est ancores né
Tramblera si le cor né ront,
S'il n'est de son sens escorné,
Quant les quatre angles corneront.

Hellas ! celles qui cornes ont,
Leur chief sera bien encorné
de   tous pointz n'est descorné,
Ne lors pas ne s'encorneront
Quant les quatre angles corneront.

Mercy crions à cry, à cors,
Las ! chascun cornart et cornarde,
Si juste n'a que son corps n'arde
Si Dieu n'est lors miséricors.

Chascun verra sa cornardie
Après le piteux cornement,
Et aussy, si le cor ne ment,
Son sens, quoy que le cornart die.

Et cil qui suyt cornarderie,
Les dyables le yront escornant,
Ne n'ayez garde qu'en cornant
Que cornart ne cornarde rie.

Las ! chascun son fait cornera,
Créez, s'il a esté cornart,
Bien cornera se son corps n'ard,
Je croy moy qu'on le cornera.

Ceulx qui n'ont creu comme cornars
Ce que les prescheurs leur cornoient
Seront bien souks se le cor n'oient ;
Brief, je les tiens par leurs cornes ars.

Sages est cil qui sans cornaille
De ce q'un chascun sainct cornoit,
Et est trop fol qui mon cor n'oit,
Car il n'est nul qui au cor n'aille.

Ha ! que feront lors les cornues
Et celles qui vivent encor ;
Plus n'auront menestrés ne cor,
De joye seront de corps nues.

Mout estrange est la corne muse
Dont on yra cornemusant ;

Cil qui va en corne musant
Est fol si à mon cor ne muse.

Chascun sera lors de corps nud,
Sans chapperon et sans cornette;
Celle sera bien du corps nette
Qui n'aura grand paour du cornu.

Car tout sainct qui a le corps net,
Et qui sont sains d'âme et de corps,
Regardans d'enfer les discors
Trambleront au son du cornet.

Besoing estoit que Dieu cornist:
Vigilate, si que cornon
Tant que nous donnons en cor non,
Quia nescimus se du corps n'ist.

Dieu nous dira : Je vous cornoye,
Mais sours estiez à la cornée;
Mainte âme en sera escornée
Et juge qui âme et corps n'oye.

Si prions Dieu que chascun corne
Les sept vertus que Dieu corna,
Tant que d'enfer où bon corps n'a
Nous ne puissons sentir la corne.
    Amen

MANUSCRIT N° 773.

(Voy. p. 45.)

FABLE DU BOUTILLIER ET DU JUIS.

Uns Juis marchéant pourtoit
Grans richesses, si se doubtoit
Et s'en ala au Roy requerre
Conduit pour aler par sa terre.
Au Roy, pour ce, bon argent donné ;
Son boutillier li abandonne
Et baille le Roy par conduit,
Et cils le meinne et le conduit ;
Mès convoitise qui le blesce
De l'avoir et de la richesce
Que il scet que le Juis porte,
Le fait entrer en voie torte.
Cils qui avant aler devoit
Va derriers : le Juis le voit,
Si se doubte, et li dit : « Amis,
Ne vous desplaise ne ennuit,
Mès alés avant mès ennuit ;
Car miex que moi savés la voie. »
Et cils que le Juis convoie
Va derriers et l'espée sachè ;
Au Juis dit : « Tu y morras
Et tout ton avoir me lairas. »
Cils à cui riens ne vaut criée
Vit des perdris une nuée
Devant euls voler d'aventure.
« Boutillier, dit-il, je te jure
Que ces perdris t'encuseront
Au Roy et pendre te feront. »
Cils qui tout ce rien ne prise,
Dou Juis a la teste prise,

Corps et tout cela et couvri,
Et la male au Juis ouvri,
S'a la richesse toute prise
Et s'en retourne en son service
Sans faire nule mention
Du murtre et de l'occision
Qu'il ot faite par son desroy;
Puis fut bien uns ans o le Roy.
Un jour à servir le convint
De perdris, et puis li souvint
Des autres perdris, si s'en rit,
Dont il moult folement mesprit,
Qu'à poinne s'en pot-il tenir,
Et sen plus pour le souvenir
De ce que le Juis ot dit.
Le Roy enquiert pourquoi il rit;
Mès cil ne li volt mie dire,
Et si ne cesse encor de rire
Si fort que au Roy point ne plet;
Mès n'en fet samblant, ains se tet,
Que plus n'en a ores parlé.
Autre fois a li Roys parlé,
Si li dit : « Varlet, di me voir;
Je vuel la vérité savoir.
Dis-moi dont si grans ris te vint
L'autr'ier, et de quoi te souvint,
Quant devant moi ainsi rioies;
Pour po de ris ne te crevoies. »
Et cils qui au Roy mentir n'ose,
Li conte mot à mot la chose
Dou Juis comment il l'occist
Et comment li Juis li dit
Que les perdris qui là voloient
Devant le Roy l'encuseroient.
Li Juis li dist vérité :
Par perdris fut iniquité
Congnéue, et li fais scéus.
Li Rois, qui fut moult esméus,
Si assambla ses conscilliers,
Si fu jugiés le boutilliers
Dou Roy et des barons à pendre,

Qu'oncques homs ne le pot deffendre.

LA MORALITÉ.

Trop est cils fols, à dire voir,
Qui tue homme pour son avoir ;
Car tel avoir, bien le recors,
Tost toute honneur et vie et corps.
Qui de glaive fiert périra,
Jà de ce quittes n'en ira ;
Se en son sanc fait hom floter,
Tués iert, ce puet bien noter.

« C'est ici une fable, ajoute Gérard ; mais un fait à peu près pareil est arrivé à Bruxelles, et je le tiens de plusieurs témoins oculaires.

« Un boucher de Bruxelles ayant tué sa femme fut arrêté et relâché quelques jours après, faute de pouvoir être convaincu. Au bout de quelques années, étant à la boucherie, il s'amusait à tuer des mouches, en disant de temps à autre : « Celle-ci ne le dira pas. » Ces mots ayant été remarqués et rapportés à la justice, ledit boucher fut de nouveau arrêté, convaincu du meurtre, condamné à mort et exécuté. »

FABLE [1]

Je vuil par une soutivité
Cy raconter en vérité
Qu'avint à Paris entour prime ;
Sceu fu un fait par une Lime.
Bon compagnon de Picardie
Là menoient trop bonne vie ;
Quant lor fu faillie pécune
Et chevauche n'orent aucune,

---

[1] Ce fablian, conte ou histoire se trouvait dans le manuscrit original à la suite de la fable intitulée : du Serpent qui rongioit la Lime, fable qu'on a omise parce qu'elle se trouve dans tous les recueils des Fables d'Ésope.

L'un d'eux dedens Saint-Matherin
Se fist porter en ung escrin;
Une Lime enclose y ot.
Jà de l'escrin fu fait dépôt
Pour les autres escrins rober,
Pour un reveler et jober.
Quant il rentra en son escrin,
La Lime oublie, et le matin
L'en raportent si compaignon.
« Or tost, font-il, or nous baignon
Et joons en belles estuves,
En biaus lis et en belles cuves. »
Li frère ne furent pas nice,
Tantost courans à la justice,
Tout droit vont à l'official,
Et li vont conter tout ce mal;
Et li fu la Lime baillie.
L'official lors estudie
Comment puisse ce fait savoir
Et le dépost emblé ravoir.
Lors appella un garçonnet :
« Va-t'en, dit-il, enfançonnet,
Foi que tu dois à saint Fraubert,
Tout droit en la place Maubert,
Et di ceste Lime vuil vendre;
Or en puet l'en bon marchié prendre. »
Mains de trois souls parisis
Ne vouloit prendre les petits,
Car il li estoit deffendu.
Cils qui la fit moult le blasma,
Et mauvès garçon le clama,
Et li dit très mauvès souflet,
« Ains que manjuses de mouflet
Donnée l'é, par saint Guéris,
Pour deus souls de bons parisis;
Vues-tu regaigner à revendre? »
L'enfançon ne vout plus attendre,
Tout raconta au vaillant homme.
Par ceci fut une grand somme
Rendue, de ce qui ert emblé;
Car sergent furent assamblé,

Pristent le fèvre en sa maison.
« Sire, dit-il, faites raison ;
Les escoliers vous montreré,
Et délivrés estre devré,
Qui ma Lime ont achetée ;
S'en faites ce qui vous agrée. »
Le fait fu cognu pour nottoire,
L'official en ot grant gloire.

FABLE

D'UN MÉNESTRIER ENVOIÉ PAR L'ESPOSE

Pour avoir une robe d'un chanoine de Troies.

Uns Ménestrier venoit des noces
En disant : « Or m'aist saint Joces,
Car je suis très bien assené ;
Solas en sera démené :
Assenés suis à vaillant homme,
Ne puis faillir à bonne somme
Ou au mains à bon garnement :
Ne fu si eureux garnement. »
Arriva soi chiés un chanoinne,
Lettre son affaire tesmoingne.
Le seigneur treuve en sa maison,
En son jardin, en la saison,
Qui estoit vestu d'un burieau ;
N'estoit pas fourré d'escuiriau,
Mès estoit fourrés de moutons
Dont sales en yver. Gentons
Cuida que fust son porte-livre :
« Sires, dit-il, bien puissiés vivre !
Où est le seigneur de l'ostel ?
Li Sires li baille un ostel !
— Certes, il est en sa chapelle,
Où patrenostre ou miserelle

Dit et vuet oïr le service.
— Foi que je doi à sainte église,
Dit le Ménestrier, il estuet
Que robes aie dou mieux qu'il puet;
Car messires à li m'envoie;
Li compains à mout très grant joie
Là m'a tourné mon paiement,
Déhas ait-il, si il me meut !
— Hélas! amis, trop tard venés :
Uns autres y est assenés;
Il emporta la bonne robe,
J'en cuidoie estre forment gobe ;
Messires l'a m'avoit promise :
Plus ne me gardera la bise
Ne vantera sus mes costés.
Le varlet dit; ostés, ostés.
— Je m'en vois, dit le Ménestrier;
Eureus ne sui ne hui ne hier :
Chascune vielle son duel pleure,
Ne fais yci bonne demeure. »

LA MORALITÉ.

L'en ne cognoist point la personne
Par la robe quant elle est bonne,
Ne pour la robe qui est sale,
Pour ce n'est la personne male,
Ainsiques bien sont amourettes
Dessous buriaus comme souls brunettes.
Robes qui sont de grant arroy
N'affièrent qu'à Royne ou à Roy
Ou ceuls qui sont de leur maisnie :
Çou dit Jhésus le fils Marie,
Qui nous vuille si assener
Qu'avec li nous vuille mener.

FABLE

DU SINGE QUI CONTREFIST L'EMPERAOUR.

Uns Empereres norri jà
Un Singe qu'il forment ama,

Et li Singes bien entendoit
Quanqu'as homes fere véoit.
Com à l'Emperaour vit servir
Et les festes li vit tenir,
Com tout le tindrent à seignour,
A la forest revint un jour ;
Tous les Singes fist assambler,
Petis et grans qu'il pot trouver ;
Sur tous se fist lever à Roi,
Puis les retint ensamble o soi.
De pluisiours fist ses chevaliers,
Et d'aucuns fist ses conseilliers,
Et les serjans de sa meson
Establi-il chascun par non ;
Dont prist feme, si ot enfans
Et tint festes riches et grans.
Doi home èrent el bois alé,
Mais il estoient égaré ;
Là où li Singes conversoient,
Outre lor volenté aloient,
Là où il èrent assamblé ; .
Ne si firent mie de lor gré.
Li uns estoit forment loiaus,
Et li autres trichierre et faus.
Quant en leur court furent entré,
Des Singes sont bel apelé.
Li loiaus hom les esgarda,
L'Empereres li demanda
Que li sambloit de sa mesnie,
Et s' ele estoit bel enseignie,
Li loiaux hom dont li respont
Que avis li est que Singes sont,
De moi et de ma feme di
Et de mon fil, que tu vois ci,
Que t'en semble ? ne me céler,
« Et que m'en doit, fet-il, sambler ?
Tu es singe, elle est singesse,
Laide et hideuse et felenesse ;
Par toi pués savoir de ton fils
Que c'est un singeliaus petis. »
A trichéour son compagnon

Toute méismes la reson
Li demandèrent mot à mot,
Et il lor dist que li samblot
C'onques ne vit plus bele gent
Ne mieux fussent à son talent.
Après lor dist de lor seignour
Que bien sambloit Emperaour,
Et bien puet estre rois ses fils;
Sa feme samble Empereris.
Dont l'ont entr'aus si honoré,
De toutes pars l'ont encliné.
Li loial homme avoient pris,
Si l'ont dessiré et mal mis:
Pour son voir dit li firent honte.
Oiez example de cest conte:
Ne puet mie o le trichéour
Li loiauls hom avoir honnour
En court où on vueille jugier
Et par mençonge forsjugier.

FABLE

DE LA FEME QUI DIST QU'ELLE MORROIT

Pour ce que ses maris vit aler son dru o lui au bois.

D'un vilain vueil à raconter
Qui o sa feme vit aler
Vers la forest son dru o lui;
Après corut: cil s'enfui,
Si est dedens le bois entrez,
Et il retourna tout irez;
Sa feme laidi et blâma,
Et la dame li demanda
Pour qu'il parloit ensi à li,
Et ses barons li respondi
Qu'il ot véu son léchaour

Qui li fet honte et déshonnour,
Aler o lui vers la forest.
« Sire, fit-elle, s'il vous plest,
Pour amour Dieu, dites-moi voir :
Cuidastes-vous home véoir
Aler o moi, ne l' me céler ?
— J'en vi, fet-il, el bois entrer.
— Lasse ! fet-elle, morte sui ;
Je morrai demain ou ancui :
A ma taie avint autresi
Et à ma mère, car je vi
Ung poi devant lor finement,
Ce fu séu apertement,
C'uns bachelers les conduisoit
Là où o elle riens n'avoit.
Or sai-je bien près est ma fins ;
Sires, mandez tous mes cousins,
Si départirons nostre avoir,
N'os el siècle plus remanoir ;
O toute la moie partie
Me metrai en une abéye. »
Li vilains l'ot, merci li crie :
« Lessiez ester, fet-il, m'amie ;
Ne départez de moi ensi :
Mençongne fu quanque j'en vi.
— Ne os, fet-elle, mais ester ;
Quar de ma vie m'estuet penser ;
Et surquetout pour le grant honte
Dont vous m'avez fet ci le conte,
Tout jours me seroit reprouvé
Que malement auroie ouvré,
Se vous ne jurez sairement,
Si que l' voient nostre parent,
Que ne véistes home o moi ;
Puis afiez la vostre foi
Que mauvais gré ne m'en saurez
Ne mais ne m'en reprouverez.
— Volentiers, dame, » cil respont ;
A un moustier ensamble en vont ;
Là li jure ce qu'ele dist
Et plus assez qu'elle ne quist.

Pour ce dist-on en reprouver
Que femes sevent engigner,
Es visiez non véritables
Ont plus un art que li dyables.

MANUSCRIT Nº 774.

(Voy. p. 48.)

On retrouve cette pièce dans le manuscrit suppl. français,
Nº 652-28, de la Bibl. du roi et dans le manuscrit Nº 7218.
Je vais la rectifier et la compléter à l'aide de ces deux leçons;
mais les mêmes passages manquant dans le premier manuscrit
et dans la copie de Gérard, cette conformité démontre que le
Nº 652-28, suppl. fr. est l'original sur lequel Gérard a fait sa
copie.

DU CHEVALIER QUI DONNA L'ANEL A LA DAME.

Jadis uns frans chevaliers iere
En cele marce de l'Empiere,
De Lohoraine et d'Alemaigne;
Je ne quit pas que nuls teulz maigne
De Chaalons jusqu'en Persois,
Qui si ait toutes à son quois
Bones tèches comme cil ot.
Comparer le vuell au fill Lot
Gauvain, si comme nous dison,
Mais je n'oy oneques son non
Ne je ne sai se point en ot.
Largesce et honnour et sens l'ot
Eslut à estre siens demaine;
De la despense qu'il demaine
S'en merveillent tout si acointe;
Ne trop emporté ne trop cointe

Ne l' trouvast nus por sa proece;
Il n'iert pas de trop grant richece,
Mais il se sot moult bien avoir,
Bien sot prendre en un lieu l'avoir
Et metre là où point n'en ot.
Dame ne pucele n'en ot
Parler qui durement ne l' prist,
N'onques à une ne i enprist
Bien acertes qu'il n'en fust bien :
Tant par estoit sor toute rien
Et frans et dous et débonnaire
Que chascuns pooit de lui faire
Quanqu'il vausist en tout ostel;
Mais as armes autre que tel
Le trouvast-on que je ne di,
Estous et irous et hardi;
Quant il avoit le hiaume el chief.
Bien sot un rene de chief en chief,
Cherchier pour une jouste faire;
A ce ot tourné son afaire.
Cis chevaliers que je vous di,
Il vausist que chascun lundi
Qu'il ert d'armes, qu'il en fust deus.
Onques chevaliers ne fist deus
Plus jolis d'armes qu'il estoit,
Ce n'iert mie cil qui vestoit
Sa robe d'esté en l'iver;
Plus donnoit-il et gris et ver
C'uns autres de dix tans d'avoir.
Adès vault entour lui avoir
Sept compaignons ou six au mains.
Ne jà riens ne tenist as mains
Que nulz vausist qu'il ne l'éust.
Déduit d'oisiaux, quant li léust,
Ama, que je ne mespris mie;
Et sot d'eschés et d'escremie
Et d'autres jus plus que Tristans.
Moult ot bon mai et moult lonc tans,
Et moult se fist amer as gens.
Biaus fu de bras et de cors gens,
Et frans et courtois et loiaux,

Et s'iert encor plus preus que biaux ;
Tout ce doit bien chevalier estre.
Amours, qui se fet dame et mestre
De ciaux dont elle est au deseure,
En ce bon point li córut seure,
Qu'ele en vault avoir le tréu
Des grans déduis qu'il ot éu
De mainte dame en son aage,
N'onques service ne hommage
Ne li fist d'entruès qu'il li lut.
Pource qu'il ne se reconnut
A son home n'à son bailliu,
Li fist-elle en tans et en liu
Sentir son pooir et sa force.
Onques Tristans, qui fu à force
Tondus comme fol pour Yseut,
N'ot le quart d'ahan que cil eut
Jusques il ot sa paie faite.
Elle li a sajete traite
Parmi le cors jusque as penons,
La grans biautez et li dous nons
D'une dame li mist el cuer ;
Or li estuet-il jeter puer
Toutes les autres pour testi.
De tant li ot bon plait basti
Amours, qui la connoissoit bien,
C'onques nulle si plésant rien
Qui femme fust n'avoit véue,
Ce dist, et s'en trait sa véue
A garant qu'il dist vérité.
« Ami, fet-il, tant averté
Ai fet de moi et tant dangier,
Or veult Dieux par cesté vengier
Celes qui seules m'ont amé ;
Je cuit mar ai mésaamé
Ciaux qui d'amours èrent souspris ;
Or m'a Amours en tel point pris
Que je comperrai mon outrage. »
Onques vilains qui barbiers sache
Les dens ne fu si angoisseus,
Ce pense et dist quant il est seus,

Ne jà son vueil ne fesist el,
N'onques mais home en si cruel
Point ne fu comme Amours l'a mis.
« Las ! fet-il, se je sui amis,
Que ferai-je s'el' n'est amie ?
Je ne sai, je ne le voi mie
Comment je puisse vivre ung jour.
Déduit d'armes et de séjour
Ne me puet mon mal alégier,
Or n'i a fors du tenir chier
Ciaux qui là vont où elle maint ;
Quar pour ce faire ont éu maint
De lor dame joie et soulas.
Qu'or m'éust-elle fet ung las
De ses biaux bras entour mon col !
Toute nuit songe que l'acol
Et qu'ele m'estraint et embrace ;
Li esveilliers me désembrace
En ce qui plus me délitast ;
Lors quier par mon lit et si tast
Son gent cors qui m'art et esprent,
Hélas ! que ne treuve ne prent.
C'est avenu moi et maint autre
Mainte fois ; mais ne puet estre autre :
Aler ou envoier m'estuel
Proier, quant autre estre ne puet,
Qu'elle ait de moi merci enfin,
Et que pour Dieu, ains que je fin,
Qu'ele me gart et vie et sens ;
Qu'ele auroit bien perdu son sens
S'ele souffroit que je morusse.
Bien croi que en son cuer déusse
Pitié trouver par ses douz iex.
Je cuit que moult m'i vaudroit miex
Li alers que se g'i envoi.
Ou dist : N'i a tel comme soi,
Ne nuls n'iroit si volentiers ;
Ou dist : Pièça que li mestiers
Aprent l'omme et la grant souffraite,
Puisque g'i ai raison atraite,
Il n'i a se de l'aler non

Dire qu'ele a en sa prison
Mon cuer, qui de gré s'i est mis,
Jà devant qu'il ait non amis,
N'en quiert départir par destrece,
Jentillece et pitiez es-ce
Que je l'aim, m'i doit bien valoir. »
Lôrs s'est atornez pour mouvoir,
Soi tiers des compaignons sans plus;
Ne sai que vous desisse plus :
Il monte et vallet jusque à sis,
Et chevauche liés et pensis
A ses amours et à sa joie;
S'envoiséure oste et desvoie
Ses compaignons de son penser;
Il ne se puéent apenser
De l'achoison de son voiage.
Dient qu'il chevauche à grant rage,
Célant son penser et sa joie,
Tant qu'il vindrent à la Monjoie
Du chastel û cele manoit.
Fet li sires qui les menoit:
« Voiés com cis chastiaus siet bien. »
Il ne disoit pas tant pour rien
Qui montast às fossez n'as murs,
Que pour savoir se ses êurs
L'avoit encor si haut monté
Que par l'assaut de la biauté
De la dame qu'il va véoir.
Font cil : « Vous en devez avoir
Grant honte en ce ramentevoir,
Chevalier qui tant quidé avoir
Bones tèches et tant bien fait
Que vous avez avant retrait.
Le chastel que la belle dame
Dont chascuns dist qu'en ung roiéme
N'a si cortoise ne si bele,
Or sachiez bien de voir, si éle
Savoit com vous avez mespris,
Il vous vendroit mieus estre pris
As Turs et menez en Chaaire. »
Fit-il en souriant : « Aaire,

Biaux seignor, or tout belement,
Menés-me un peu mains durement,
Que je n'i ai mort déservie,
Qu'il n'en est nus dont j'aie envie
Des chastiaux se de cestu non.
Je voudroie estre en la prison
Salehadin cinc ans ou sis,
Par couvent que fust miens icis
Comme il est, et quanqu'il y a
Qu'entres les quatre portes a.
— Vous averiez, font-il, tort, sire. »
Il n'entendent pas à ce dire
Que li bons chevaliers disoit;
Pour ce soffime le faisoit
Et pour savoir que il diroient.
Il lor demande s'il iroient
Veoir; « Et que ferons-nous donques ?
Font cil : chevaliers ne doit onques
Trespasser ne chemin ne voie
Bele dame, qu'il ne le voie.
— Je m'en tieng bien, fet-il, à vous;
Je lo donques et vueil que nous
Y alons quant raisons l'aporte. »
Atant tornèrent vers la porte
Chascuns la teste du destrier,
Criant : « As dames, chevaliers !
A tel voiage tel chançon ! »
Poignant s'en vont à esperon
Au chastel et sont ens entré.
Il ont ung nouvel baile outré,
Clos de fossé et de palis.
Li sire avoit devant lui mis
Son mantel torné en chantel
Et son surcot frès et nouvel
D'escarlate et de vairs entiers.
Moult vestoit tout jours volentiers
Chemise deljie et blanche;
Chapelet ot de flour de vanche
Et esperons à or vermieux.
Je ne sai comment il fust mieux
Plésanment vestus pour l'esté.

Il ne sont nullui arresté
Jusques au perron de la sale ;
Il n'i a vallet qui ne sale
As estriers par fine raison.
Li séneschaus de la meson
Les vit descendre enmi la court :
D'une loge où il ert, s'en court
Dire à sa dame la nouvele
Que cil li vient véoir que elle
Connoissoit par oyr dire.
El ne fu pas vermeille d'ire,
Ne ci n'iert mie de merveille.
Desor une coute vermeille
Avoit errant esté trécie,
Elle s'est en estant drécie ;
N'iert pas loye à la corohne :
Uns chapiaux de fleurs acorone
La dame de moult grant biauté ;
Ses puceles li ont jeté
Au col un mantel de samis,
Aveuc la grant biauté que mis
Nature en li ot sens encontre.
Que qu'ele veult aler encontre,
Se hastent cil si du venir
Qu'ançois qu'ele péust issir
De la sale i sont cil entré.
Au samblant que lor a monstré,
Li fu moult bel de lor venue.
De tant poi comme elle est issue
Encontre aus, en sont-il moult lié.
Une chainse blanc et deljié
Ot vestu la preu, la cortoise,
Qui traînoit plus d'une toise
Après lui sor les jons menus.
« Sire, bien soiez-vous venus
Et vo compaignon ambedui,
Fait cele, qui bon jour ait hui
Qu'il est bien digne de l'avoir ! »
Si compaignon li dient voir
Que n'iert pas dame à trespasser ;
Sa biauté les fet trespenser

Tous trois en lor salu rendant.
Elle prent par la main riant
Le seigneur, se l' mena séoir :
Ore a auques de son voloir
Quant delez lui se fu assis.
Si compaignon sont bien apris ;
Assis sont, ne li font pas cuivre,
Lès ung coffre ferré de cuivre,
Aveuc deus sages damoiseles.
Çou qu'il entendirent à elles,
A demander pluisours afaires,
Lor bons sires n'entendi gaires
A aus, ains béé à son afaire.
La jentix dame débonaire
Li set bien rendre par parole
Raison de quanque il l'aparole,
Quar elle est moult cortoise et sage.
Il lui tient adez el visage
Ses iex pour mirer sa biauté ;
Bien les a pris à grant verté
Ses cuers, qui tous est en lui mis ;
Quar de quanque il li ont promis
Lor tesmongne-il ore bien
Qu'il ne li ont menti de rien.
Moult li plaist ses vis et sa chière.
« Bele très douce dame chière,
De toutes autres mon penser,
Je vous sui venus présenter
Tout mon servicë et mon pooir ;
Quar, si Dieux me doinst joie avoir,
Il n'est nulle que j'aime tant
Que vous, se Dieu vrai repentant
Me laist venir à sa merci :
Et pour ce sui-je venu ci,
Que je vueil que vous le sachiez,
Et que jentillece et pitiez
Vous en prengne, qu'il est mestiers
Quar qui en feroit au moustier
Oroison, si feroit-il bien
Pour ciaux qui n'entendent à rien
S'à estre non loial ami.

— Hé! sire, pour l'âme de mi,
Fait cele, qu'avez ore dit?
— Foi que je doi Saint-Esperit,
Dame, fet cil, je di tout voir :
Vous toute seule avez pooir
Seur moi plus que feme qui vive. »
La coulours li croist et avive
A cest mot qu'il dist, qu'il est sens.
Fet-elle après, par moult grant sens :
« Certes, sire, je ne croi mie
Que si prodoms soit sans amie
Que vous estes, nuls ne querroit ;
Vostre pris en abesseroit,
Et vous en vaudriez moult mains,
Si biaux hom de bras et de mains
Et de cors et de toute rien,
Vous me sauriez jà moult bien
Une plume traire par l'ueil
Et ce quidier que je mains vueil
Faire entendant par vérite. »
Moult l'a en son venir hurté[1]
De parole et desfait son conte
Si com cil qui m'aprist le conte
Le m'a fet pour voir entendant,
C'est ce qu'il maine plus tendant,
Qu'il n'estoit riens que tant amast.
S'une autre le mésaamast,
Il s'en séust bien revengier,
Mais il ert si en son dangier
Qu'il ne l'ose de rien desdire.
Lors li racommencie à dire:
« Ha dame ! fet-il, pour pitié,
Fine amours me fait sans faintié
Descouvrir le mal que je sent.
Malement s'acorde et essent
Vostre parole à vos biaux iex,
Moult m'acueillirent orains miex
Au venir et plus plésanment :
Or sachiez bien certainement,
Ce fu cortoisie qu'il firent,[1]

Quar puis l'eure qu'il primes virent
[1] N'en regardèrent, c'est la somme
Qui si se tenist à vostre homme
Comme ne je fais et sans faintise
Douce dame, par jentillise
Quar je vous plèse à essaier
Retenez-moi à chevalier,
Et quant vous plera à ami
Ainz que post un an et demi
M'aurez et si preu et tel
Et aus armes net et à l'ostel,
Et aurez en moi tant bien mis,
Que cis nons c'on apèle amis,
Se Dieu plaist, ne m'iert jà véez.
— Li cuidiers que vous en avez,
Fait-elle après, vous fet grant bien;
Je n'entendoie au regart rien
Se courtoisie non et sens,
Et vous l'avez en autre sens
Noté folement, si m'en poise;
Se je ne fusse si cortoise,
Je m'en corçaisse jà vers vous.
Pour ce est fole chose de nous
Dames, et moult mal percevans,
Quar quant parole ou biaus samblans
Nous mène à cortoisie faire,
Errant cuident tout l'autre afaire
Cil soupirant avoir trouvé;
A vous l'ai-je bien espronvé,
Qu'ainsi l'avez-vous entendu.
Vous avez en tel leu tendu,
Certes, si comme nous cuidons,
Que se li aus estoit plus lons
Et li demis que troi entier,
Ne porriez-vous esploitier,
Pour riens que vous péussiez faire,
Que je fusse si débonnaire
Vers vous comme j'estoie orains.
On se doit moult bien garder ains
C'on se vit à qui on le fait. »

[1] Lacunes dans le manuscrit original.

Or ne voit cil, en dit n'en fait,
Qu'il puist faire ne devenir,
« A mains ne doi-je pas venir ;
Dame, fet-il, que j'ai esté.
Pitié ou débonaireté
A-t-il en vous, je n'en dout mie.
N'onques ne failli à amie
En la fin nulz qui bien amast :
Je me sui mis et inel sans mast
Pour noier ausi com Tristans ;
Comment que j'aie esté lonc temps
Sires de ma volenté faire,
A ce ai tourné mon affaire :
Se vous n'en prent pitié anuit,
Jamais ne cuit qu'il m'en anuit
Nulle quant g'istrai de costi.
Itel plet m'a mes cuers basti,
Qu'il s'est mis en vous sans congié. »
En fesant ung petit ris : « Gié,
Fait-elle, onques mais tel n'oy ;
Il puet bien remanoir ensi
Quant j'oi que çà n'est pas à gas,
Encore, par saint Nicholas,
Cuidai-je que vous gabissiez.
— En non Dieu, n'ai ; se vous fussiez
Une poure garce esgarée,
A ele, gentilz dame honorée,
Ne m'en séusse jà entremettre. »
Riens qu'il puist dire ne promettre
Ne li puet aidier ne valoir
A enterine joie avoir ;
Pour ce qu'il ne scet qu'il en face,
Si vermaulz li monte en la face,
Et les lermes du cuer as iex,
Si que li blaus et li vermiex
L'en moulle contreval le vis.
Or est-il bien la dame avis
Ne li faille point de couvent,
Ains voit-elle bien que souvent
L'en souvient-il aillours qu'ileuc.
Certes, s'ore plourast aveuc,

La dame moult féist grant bien.
El ne cuidast pour nulle rien
Qu'il péust estre si destrois.
« Sire, fait-elle, n'est pas drois,
Certes, que j'aim ne vous ne home,
Que j'ai mon seignor moult prodome,
Qui forment me sert et honeure.
— Hé, dame ! fet-il, à bone heure
Certes, ce doit-il estre liez ;
Mais se jentillece et pitié
Vous prendroit de moi et franchise [1]
Jà nuls qui d'amors chant ne lise
Ne vous en tendroit à poir
Ains feriez à c'est siècle honor
Se vous me voliez amer,
A une voie d'outre-mer
En porriez l'aumosne aatir.
Vous me ferez de vous partir. »
Ce dist la dame : « s'iert plus lais ;
Mes cuers ne m'i veult ne ne lait
Acordèr en nulle manière,
Pour ce s'est huiseuse proière ;
Si vous pri que vous en souffrez.
— Ha dame ! fet-il, mort m'avez,
Pour Dieu ne dites mais pour rien ;
Mais faites cortoisie et bien,
Retenez-moi par un jouel
Ou par chainture ou par anel,
Ou vous en prendez un des miens ;
Et je vous créant qu'il n'iert biens
Que chevaliers doie pour dame
Faire, se j'en devoie l'âme
Perdre en fin, que je ne le face.
Vos clers vis et vo clère face
Me pourroit pour peu estanchier,
Que vous avez tout sans dangier
Quanque j'ai, et cors et avoir.
— Sire, je n'en vueil pas avoir,
Fait-ele, le los sans le preu ;

[1] Lacunes dans le manuscrit original.

¹ Bien sai c'on vous tient à moult preu,
S'est piéça la chose séue
Seroie ore moult décéue.
Si je vous metoie en la voie
De m'amour et je n'i avoie
Le cuer, ce seroit vilonie.
Il est une grant cortoisie
D'issir fors de blasme qui puet.
— Ha, dame! tout ci vous estuet
Dire, fet-il, pour moi garir;
Si vous me lessiez morir
Sans estre amez, ce seroit tèche,
Se vos dous vis, plains de simplece,
Estoit homicides de moi;
Il en convient prendre conroi
Prochain en aucune manière;
Dame de biauté et lumière
De tous biens, pour Dieu, gardez-y. »
Cil douz mos plésant et poli
Le font en un penser chéir,
Endroit ce que ne veult oïr
Sa requeste et s'en a pitié;
Quar ne tient mie de faintié
Les souspirs, les larmes qu'il pleure.
Lors dist que force li queurt seure
D'amours, qui tout ce li fet faire,
Ne que jamais si débonaire
Ami n'aura s'el' n'a cestui;
Mais ce que onques mais que hui
N'en parla li vient à merveille.
Aveuc ce pensers la traveille
Raisons, qui d'autre part l'opose
Qu'ele se gart de faire chose
Dont elle se repente au loing.
A celui qui ert en grant soing
Del penser où elle est entrée
A trop bele voie moustrée
D'une grant courtoisie faire.
Amours, qui en maint tel afaire
A esté viseus et soutieux,

¹ Lacunes dans le manuscrit original.

En ce qu'ele estoit la jenticux
El penser où elle entendoit,
Trait cil erroment de son doit
Ung anel, se li mist el suen;
Si fist aprez ung greignor sen,
Qu'il li rompi lués son penser,
Qu'il ne li léust à penser
Del anel qu'ele avoit el doit;
Et quant elle mains s'en gardoit,
Si dist cil : « Or m'en irai-gié,
Ma douce dame, à vo congié
Et tout à vo commandement. »
Il se part de lui erroment,
Ains n'i fist plus d'arrestoison.
Nulz fors lui ne set l'achoison
Pourquoi il s'en aloit ensi;
Il est souspirans et pensi
Venus à son cheval, si monte.
Fet cele à qui li plus en monte
De lui remetre en sa leëce
« Iroit s'ent-il à certes ? Qu'est-ce ?
Ce ne fist onques chevaliers.
Je cuidoie c'uns ans entiers
Li fust assez mains lons d'un jour,
Mais qu'il fust lez moi à séjour,
Et il m'a jà si tost lessie !
Hay ! s'or me fusse plessie
Vers lui en parole ou en fait
Pour les faus samblans qu'il m'a fait !
Doit-on mais tout le mont mescroire !
Certes, qui or le vausist croire
Pour plourer ne faire souspirs,
Si me consaut li Saint-Espirs,
Pour ce ne perdist-il jà rien;
Nulz ne gilast ore si bien
Ne si bel, c'est ore du mains. »
Atant envoie vers ses mains
Ung regart, si choisi l'anel;
Tous li sans jusque el doit mainel
De son pié li esvanuy,
N'onques mais si ne s'esbahi

Ne n'ot de riens si grant merveille.
La face qu'ele avoit vermeille
L'en devint trestoute empalie.
« Qu'est-ce? fait-elle. Dieux aye!
Voi-je dont l'anel qui fu sens?
De tant sui-je bien en mon sens
Que je l' vi orains en son doit;
Cestui ce fis mon, et que doit
Ne pourquoi l'a-il el mien mis?
Jà n'est-il mie mes amis,
Si cuit-je bien qu'il le cuide estre.
Moult a esté à sage mestre,
Et si ne sai-je qui l'aprist;
Mais comment fu ce qu'il me prist,
A ce que je fui si souprise
Que je ne m'en sui garde prise
De l'anel qu'il m'a el doit mis?
Or dira qu'il est mes amis;
Dira-il voir? Sui-je s'amie?
Ensi dira, je n'en dout mie;
Mais pour noiant voir le diroit,
Ains le manderai orendroit,
Si le dirai qu'il le reprengne;
Je ne cuit pas qu'il en mesprengne
Vers moi, s'il ne veult que je l'hace. »
Elle commande c'on li face
Venir un vallet tout monté;
Ses puceles l'ont tant hasté
Que cil est venus tous montez.
« Frère, fait-elle, or tost hurtez,
Poigniez après ce chevalier:
Dites-li si comme il a chier
M'amour, qu'il ne voist en avant,
Mais viengne arrière tout errant
Parler à moi d'un sien afaire.
— Dame, fet-il, je cuit bien faire
Vostre volenté jusque à son. »
Atant s'en torne à esperon
Après le chevalier poignant,
Qui l'Amours aloit destraignant
De celi qui l'envoie querre.

A mains d'une lieue de terre
L'a-il ataint et retourné.
Sachiez qu'il s'en tient à bourné
De ce c'on l'avoit remandé ;
Mais n'a pas au més demandé
S'il set pourquoi le remandoit.
Li aniaux qu'ele avoit el doit
Jert l'achoisons du remander ;
Ce li fist son oirre amender,
Qu'il li est moult tart qu'il la voie.
Li escuiers s'est en la voie
Du retour à lui acointiez.
Il ne fu onques mais si liez
De voiage, se pour ce non
Qu'il est en moult grant soupeçon
Que ne l' remant pour l'anel rendre ;
Mès il dist qu'il s'iroit ains rendre
A Cistiaux qu'il le represist.
« Ne cuit pas qu'ele en mépresist,
Fet-il, vers moi d'une tele œuvre. »
La joie du retour li œuvre
Le penser dont il est en doute.
Il est venus à tant de route
Com il ot vers la forteresce.
La dame, qui en grant détrece
Estoit et seur lui deffendant,
Ist de la sale en descendant
Pas à pas aval un degré.
Apenséement et de gré
Ala en la court pour déduire.
L'anelet voit en son doit luire
Qu'ele doit rendre au chevalier :
« S'il m'en fait jà point de dangier,
Fait-elle, et il ne l' veult reprendre,
Pour ce ne l'irai-je pas prendre
Par ses biaux cheviaux. Se je puis,
Ains l'enmerrai jà sor ce puis ;
Si parlerai illuec à lui,
Et s'il ne l' prent sans anui
Tost l'en repenrai sa parole,
Ne jà de ce n'ière si fole

Que jète puer enmi la voie ;
Où dont? en tel leu c'on ne l' voie,
Droit en cel puis, n'ert pas mençonguc ;
Jà puis n'en iert ne que d'un songe
Chose dite qui me messièce.
Dont mar aurai esté tel pièce
Si longuement sans druerie,
Quant cil par sa chevalerie
Ou par souspirer devant mi
Veult que je le tiegne à ami
A cest premerain parlement.
Il l'auroit ançois autrement
Déservi, s'il le devoit estre. »
Atant est cil entrez en l'estre,
Qui de tout ce ne se prent garde,
Et voit celi qui il esgarde
Volentiers aler par la court ;
Il descent luès, contre lui court
Si com chevalier font vers dame.
Si doi compaignon ne nule âme
De laiens ne li font anui.
Fet-il : « Bone aventure ait hui
Ma dame à qui je sui et ière ;
Ne l'ai hui en autre manière
Férue du poing lez l'oye.
Elle a hui tante chose oye
Qui moult poi li touchent au cuer.
— Sire, fet-elle, alons luer
Séoir lez ce puis por déduire. »
Or n'est-il riens qui li puist nuire,
Ce dist, puisque l'aqueut si bel ;
Tout cuide avoir par son anel
Recouvré s'amour et sa grace ;
Mais il n'est pas encore à ce
Qu'il se doie esjoïr ensi,
Qu'il a moult poi sis delez li
Quant il oy tout autre plait.
« Sire, fet-elle, s'il vous plaist,
Quar me dites, par vo merci,
C'est vostre anel que je tieng ci ?
Pour coi le lessastes-vous ore

En mon doit? — Si ferai-je encore,
Se Dieu plaist, quant je m'en irai.
Dame, fet-il, si vous dirai,
Mais ne l' tenez pas à faintié,
De tant vault-il mieux la moitié
Qu'il a en vostre doit esté.
S'il vous plesoit en cest esté,
Le sauroient mi anemi
Se vous m'aviez à ami
Reçut, et je vous à amie.
— En non Dieu, ce n'i-a-il mie,
Fet-elle, ançois y a tout el.
Jà puis n'istrai de cest ostel,
Ce sachiez bien, se morte non
Que vous aurez ne cri ne non
De m'amour pòr riens que je voie;
Vous n'en estes preu en la voie,
Ains en estes moult forvoiés.
Tenez, je vueil que vous l'aiez
Vostre anel, quar je n'en ruis mie.
Jà mar me tenrez à amie
Pour garde que j'en aie faité. »
Or se despoire, or se débaite
Cil qui cuidoit avoir tout pris:
« Moult en vaudroit jà mieux mes pris,
Fait-il, se c'estoit voir que j'oi,
Onques mais nulle joie n'oi
Que si tost ne tornast à ire.
— Comment, fet-elle, biauz douz sire,
Vous n'i avez anui ne honte
De moi, à qui noient ne monte
A vous d'avoir ne de lignage;
Je ne fais mie grant outrage
Se je vous vueil vostre anel rendre :
Il le vous convient à reprendre,
Quar je n'ai droit el retenir,
Puisque ne vous vueil retenir
A ami, je en mesferoie.
— Diex ! fet-il, se me feroie
Jà d'un coutel parmi la cuisse
Ne me feroit-il tel anguisse

Comme ces paroles me font!
Mal fait qui destruit et confont
Ce dont il puet estre au desoure.
Trop durment me queurt Amours seure
Pour vous et met en grant destrece;
Ne jà mar bacrez à ceste
Pour rien du mont que je le preingne :
J'aim mieux que male mort me preingne
Au jour que je le reprendrai,
Ains l'avez-vous et je lairai
Mon cuer avuec en vo service,
Qu'il n'est riens qui à vo devise
Vous serve si bien et si bel
Comme entre mon cuer et l'anel. »
Elle li dist : « N'en parlez onques,
Quar vous en perderiez adonques
M'acointance et m'amisté,
Se vous, outre ma volonté,
Volez donques vers moi mesprendre :
Il le vous convient à reprendre.
— Non fait. — Si fait, n'a que dire;
Dont seriez-vous moult plus que sire
Se vos anuis à ce m'esforce
Que vous le me vueilliez à force,
Maugré mien, faire retenir.
— Dame, jamais ne l' quier tenir.
— Si ferez. — Je non ferai, voir.
— Volez-le-vous moi fere avoir
Sor mon pois? — Naie, douce amie;
En non Dieu, ce n'i a-il mie ;
Ce poise moi, si m'aït Diex,
Ne m'avendroit, c'est ma créance,
Se vous en un peu d'espérance
Me meliez pour conforter.
— Vous porriez ausi bien hurter
A ce perron le vostre chief
Qu'en péussiez venir à chief;
Si vous lo que le reprengniez.
— Ha, dame ! mais vous estaigniez
La dolour qui m'esprent et art;
Ains me lairoie à une hart

Rompre le col que l' repréisse.
Ne sai pourquoi je vous féïsse
Lonc plait, qu'el reprendre n'a rien.
— Sire, fet-elle, or voi-je bien
Que ce vous fet faire enrédie,
Quant parole que je vous die
Ne vous puet au prendre mener.
Or en vous vueil-je conjurer
La grant foi que vous me devez
Et proier que vous le prenez. »
Or n'i a plus qu'il ne conviengne
Reprendre ou qu'ele ne le tiengne
A desloial ou à jengleus.
« Dieux ! fet-il, li qués de ces deus
Partis m'est ores mains mauvais ?
Or voi-je bien, si je li lais,
Qu'ele dira je ne l'aim mie.
Qui tant estraint crouste que mie,
En saut ce qui est plus estroit ;
Je le voi bien au grant destroit
Que li lessiers ne m'i est preux,
Ainçois cuit-je que li miens preus
Et m'onors si est au reprendre,
Si je ne vueil forment mesprendre
Vers ma gentil dame honorée,
Qui s'amour m'i a conjurée
Et la grant foi que je li doi.
La où il est, ens en mon doi,
S'iert siens l'aniaux là où il ert.
Si je fais ce qu'ele me quiert,
Je n'i puis avoir s'onor non :
N'est mie amis qui jusque à son
Ne fait la volenté s'amie ;
Sachiez, ou il ne l'aime mie
Là où point en remaint à faire.
Je doi atourner cest affaire
Du tout à son commandement,
Que ne doit pas estre autrement
S'à la siue volenté non.
Ne la nomma pas par son non
Quant il dist : « Dame, je l' prendrai,

Par couvent que je en ferai
Après la vostre volenté :
La moie encore ait-il esté
En ce doit que je voi si bel.
— Tenez, et je vous rench l'anel,
Par couvent que vous l'en faciés. »
N'estoit envielzis n'esfaciés
L'aniaux du courtois chevalier.
Moult joians et de cuer entier
Le prist tout porpenséement ;
Moult le regarda doucement
Au reprendre, et dist : « Grant mercis,
Pour ce n'est pas li ors noircis,
Fet-il, s'il vient de ce bel doit. »
Celi sousrit, qui bien quidoit
Qu'il le déust remetre el sen ;
Mais il a fait un autre sen
Dont moult grant joie li vint puis :
Il est acoutez sor le puis,
Qui n'estoit que toise et demie
Parfons ; il ne meschoisi mie
En l'iaue, qui ert bele et clère,
L'umbre de la dame qu'ière
La riens du mont qu'il plus amot ;
Fet-il luès droit, tout à un mot :
« Je ne l'en reporterai mie,
Ains l'avera ma douce amie,
La riens que j'aim plus après vous.
— Diex ! fet-elle, ci n'a que nous ;
Où l'aurez-vous si tost trouvée ?
— Moult partant vous sera monstrée
La preux, la jentils qui l'aura.
— Où est ? — Par mon chief, vez-le-là
Vostre bel umbre qui l'atent. »
Il prent l'anelet, si li tent :
« Prendez, ce fet-il, bele amie ;
Puisque ma dame n'en veult mie,
Vous le prendrez bien sans mellée. »
L'iaue s'est un petit troublée
Au chéoir que li aniaux fist,
Et quant li umbres s'en dessist :

« Vez, dame, fet-il ; or l'a pris.
Moult en est amendez mes pris
Quant ce que de vous est l'emporte,
Quar n'éust-il ne huis ne porte
Là jus, si s'en vendroit par ici
Pour dire la soie merci
De l'onnour que fete m'en a. »
Hé Diex ! tant bon y assena
A cele cortoisie faire,
Onques mais riens de son afaire
Ne fu à la dame plesans.
Entalentis et esprenans
Li a jeté ses ieux ès siens :
« Moult vient à home de grant sens
Qui fet cortoisie au besoing,
Fet-elle ; orains iert cis si loing
De m'amor, or en est si prez
C'onques mais devant ni après
N'avint puis qu'Adams mort la pomme
Si bele cortoisie à homme.
Ne sai comment il l'en membra
Quant por m'amor à mon umbre a
Jeté cel anel en ce puis ;
Plus véer le don de m'amour,
Ne sai pourquoi je le demour,
C'onques hom si bien ne si bel
Ne conquist amours par anel,
Ne si bien doie avoir amie. »
Sachiés que l' ne le blece mie
Quant elle dist : « Biaux douz amis,
Tout ont mon cuer el vostre mis
Cil plésant mot et cil bien fait
Et li dons que vous avez fait
A mon ombre, en l'onor de moi.]
Or tenez, metez en vo doi
Le mien, je l' vous doins comme amie ;
Je cuit vous ne l'amerez mie
Mains del vostre, encor soit-il pire. »
De toute l'onor de l'Empire,
Je cuit ne l' féist-on se lié.
Moult sont puis andoi envoisié

Sor le puis de tant comme il peurent ;
Des besiers dont il s'entre-peurent
Vait chascuns la douçour au cuer.
Lor bel ocil n'ont pas jeté puer
Lor part del déduit, c'est du mains.
De cel jeu comme on fet des mains,
De c'ert–elle dame et il mestre
Fors du jeu qui ne puet pas estre,
Des autres lor estut-il bien.
N'en convient pas baer de rien
Ci le laira. . . . .
Se. . . . .
Je puis bien cest lay ci fenir ;
Ci les lais andeus convenir,
Si me trai mon penser aillours,
Quar puis que lor sens et Amours
A mis lors cuers andeus ensamble,
Au jeu qui remaint, ce me samble,
Verront-il bien à chef andui :
Or le lairai atant maishui. [1]

Après cette pièce vient le dit *du secrétain et de dame ydoine*
qui n'est autre, que le *dit du secrétain moine*, édité par M. Re-
nouard, d'après le manuscrit 1830 du fonds Saint-Germain,
à la suite du deuxième volume de ses fabliaux traduits. Il y a
cependant entre les deux leçons d'assez nombreuses variantes,
comme le prouvent les quelques pages qui suivent.

Qui veult bien dire ne traitier,
Si se gart bien au commencier
Qu'il die par si fait samblant
Que ses dis soit à tous plesant.
Or vous vaudrai conter la vie
D'un secretain d'une abéye :
Il aama une bourjoise
Qui moult par fu preux et courtoise,

---

[1] Le Manuscrit 7218, à la place des deux vers qui sont incomplets ici, en mel deux
autres dans lesquels l'auteur de la pièce (Jehan Renart,) est nommé.

Ydoisne ot non, et son seignour
Dant Guillaume le changéour.
Ydoisne fu bien afaitie,
Preux et cortoise et enseignie,
Et Guillame sot bien changier,
Moult s'entremist de gaaigner;
Assez estoit preux et courtois,
N'amoit pas escot de bourgois,
N'il n'iert mie tavernerés :
Ses osteux iert et biaux et nés,
La huee au pain n'iert pas fermée,
A tous estoit abandonnée, etc.

MANUSCRIT N° 775.

(Voy. p. 46.)

Ce manuscrit en trois volumes contient les œuvres de Watriquet, ménestrel du comte de Blois, Guy de Châtillon, qui mériteraient d'être mises au jour en entier, tant à cause de leur valeur littéraire, que par la diversité des sujets qu'elles embrassent. La bibliothèque de Charles V en possédait plusieurs exemplaires dont ne faisaient partie ni les deux qui sont aujourd'hui à la Bibliothèque du Roi, ni celui que possède la Bibliothèque de l'Arsenal. Les deux manuscrits des œuvres de Watriquet qui appartiennent à la Bibliothèque royale se composent chacun d'un volume in-8°; tous deux sont du XIV° siècle. Le premier, qui provient de l'ancienne Bibliothèque Mazarine, porte l'initiale C couronnée (Charles X); il contient le dit de la Nois; — un dit de Fortune; — le dit de l'Arbre royal; — le dit de la Fontaine d'amour; — la Confession Watriquet; — le dit des Huit couleurs; — le dit de Haute Honneur; — l'Enseignement du jeune prince; — le dit de Loyauté; — le dit de l'Ortie; — le Despit du monde; — le dit des quatre Siéges; — le dit du Preu Chevalier; — le dit des douze Dames de la fête au comte de Flandres; — le dit des trois Vertus; — le dit de l'École d'amour; — le dit de l'Yraigne et du Crapot; — le dit des

Mahommes; — le dit de la Cigogne; — l'Enseignement du roi Philippe de France.

Le second manuscrit, relié au chiffre N couronné (Napoléon), a été acquis depuis 92. Il contient les pièces suivantes : — le Miroir des dames; — le dit du Connétable; — les dits de la Nois; — de l'Yraigne et du Crapot; — de Fortune; — des Mahommes; — de l'Arbre royal; — de la Fontaine d'amour; — la confession Watriquet; — le dit de Haute Honneur; — l'Enseignement du jeune prince; — les dits de Loyauté; — de l'Ortie; — du Despit du Monde; — des quatre Siéges; — du Preu Chevalier; — le Miroir aux princes; — le Tournoi des dames aux chevaliers ou les Paraboles de vérité; — le dit du Roi; — l'Ave-Maria Notre-Dame; — les Fatras.

Presque toujours Watriquet nous informe dans ses pièces, au commencement ou à la fin, de la date de ses vers et du lieu où il les composa; ainsi par exemple, *son miroir des princes*, (manuscrit 632-18, suppl. fr. Bibliothèque royale) commence de cette façon :

En cours des rois, des dux, des contes,
Doit-on les biaus diz et les contes,
Et les examples raconter,
Pour les bons instruire et vanter,
Et pour ce c'on ne doit laissier
Biaus fais perdre ne abaissier,
Se voult *Watriquet* entremetre
D'une matire en rime metre,
C'un prince li conta jadis,
Cui Diex en son saint paradis
Veulle osteler l'âme de lui.
A paines le sai à nullui
De loiauté à comparer,
S'en fist miex sa rime parée,
Cilz qui en son non la para;
En l'an que Diex mort compara
Mil et .ccc. et xxx et sept,
Fu fais cilz diz en un recept,
De Marchen-Voie lez la tour,
Qui belle est et de riche atour,
En une petite oratoire,
Pour miex avoir de Dieu mémoire.

Fu fais en lieu net et discré,
Plaisant, gracieus et sécré.
Faites-moi un poi de silence;
S'il vous playt que je l'encoumence
Et qu'il vous soit ici contez,
Je le dirai; or escoutez.

A la fin de son *dit* de la *Cygoigne* (manuscrit 7095, folio 95
v°, Bibl. roy.), après nous avoir appris que maintes gens se ré-
jouissent de ses vers, mais qu'il craint cependant qu'ils ne leur
profitent pas beaucoup, parce qu'on aime mieux un fatras ou
une *frivole* que des vers moraux, il ajoute :

.... Cy faut le diz
Et la rime de la Cygoigne;
Fait droit à la cave en Bouloingne,
L'an vingt et sept à un matin,
Lendemain de la Saint-Martin
C'om dist à l'entrée d'yver,
En furent commencié li ver
Par Watriquet, dit de Couvin,
Qui point ne boit d'iaue con vin.

Watriquet nous fait connaître ici qu'il avait pour surnom *de
Couvin*; — mais on l'appelait encore *sire de Vérioli*, témoin
entre autres le manuscrit 652-18, supp. fr. Bib. roy., dans lequel
on lit au-dessous de la première miniature qui est de présenta-
tion, la rubrique suivante : *Veschi comment Watriqué, sire
de Verioli, baille et présente touz ses meilleurs diz et escrits
à monseigneur de Blois son maistre; premièrement le miroir
des dames.* » Il nous apprend également que cette pièce fut
écrite en l'an *vingt-trois* (1523). L'année d'avant, et c'est le
même manuscrit qui le consigne, il avait, à l'époque de la
Chandeleur, composé le dit *des huit Couleurs*; celui des *quatre
Sièges* remonte à l'année 1519, au jour de l'Ascension.

Les compositions de Watriquet sont, pour la plupart, des pièces
morales à l'usage de tous états. Assez fréquemment il amène
sa moralité d'une manière fort peu habile; mais une fois entré
en matière, il est vif et incisif. J'en citerai pour exemple les pas-

sages suivants de son dit de *l'Ortie*, que j'emprunte au manuscrit du roi 7995. Après un assez grand nombre de strophes sans intérêt et qui n'ont qu'une moralité vague, le poëte, s'adressant plus spécialement à telle ou telle profession, dit :

> Quant chascuns paie ce qu'il doit,]
> Dont n'ateng feuté ne foit
> Entre le Lyon et Renart.
> Renars Noble engigne et déçoit,
> Renars brasse et ly Lyons boit,
> Renars partout son mal espart,
> Et des genz Noble prent sa part.
> Ainssi de mainte cours se part
> Loiautez, car le seigneur voit
> Souvent s'il n'estoit que lui quart,
> Compaignier Mesdit tempre et tart,
> Et Envie qui le tonçoit.

Il s'adresse ensuite aux princes, aux prud'hommes, aux chevaliers, et il les conjure d'être preux, courtois, généreux :

> Princes, chevaliers, clers et lais,
> Com plus et haus hom plus est lais,
> Des péchiez et sa fame laide,
> Et dist-on partout à eslais,
> Que d'autrui mère fu ses lais,
> Quant il à valour ne s'afaite.
> Enfes qui bonne mère alaite
> Ne puet venir à male faite ;
> Haus hom, fai dont bien, le mal lais,
> L'on ne die nulle retraite.
> Aies touz jours penssée en taite,
> Que de toi soit chantez bons lais.

Souvent Watriquet commence ses dits d'une façon charmante de naturel. Voici, par exemple, comme il ouvre son *despit du monde* :

> Dyt-vous ai d'armes et d'amours,
> Or vous commencerai aillours,
> Mais qu'il ne vous voeille desplaire, etc.

Ailleurs, pour le dit des *quatre Siéges*, il débute de la sorte :

Au temps que florist aubespine,
Que roussignols en la gaudine
Chante et démaine ses déduiz,
Si comme il est apris et duiz,
Pour la douce saison que rose
Au matin se moille et arrose
Et baigne en la douce rosée, etc.

Quelquefois Watriquet est remarquable par l'énergie de son vers et de sa pensée. Ainsi dans le *dit de Haute Honneur*, on trouve le passage suivant, qui nous semble de tous points remarquable. On dirait du *Rutebeuf* :

Honneur ne vient pas por seignier,
Pour lui estuver et baignier ;
Et pour gésir nus en blans lis,
N'a-on pas d'armes les délis.
Et si sachiez que li plus cointe
Ne sont pas tout d'honneur acointe :
Tiex porte les fraisiaus dorez
Qui assez poi est honnorez,
Et les boutonciaus esmailliez
Qui petit est d'armes mailliez, etc. [1]
..... Haute honneur pas ne s'adresse
En grant boban ne en richesse,
Ainz gist en bras, ainz gist en mains,
Du bon qui n'est faitis ne vains ;
En bon piz, en bonne poitrine,
En bon dos et en bonne eschine,
Et en marteléis d'espées :
Là despart honneur ses soudées ;
A ceux qui premiers et derrains
Sont bien faisans, et qui les rains
Font frémir et aclairoier,

____

[1] On peut rapprocher ces fragments de la pièce que j'ai donnée dans mes *Jongleurs et trouvères*, page 75, et qui a pour titre *Une branche d'armes*. L'idée en est presque la même.

Par biau jouster et tournoier,
Dont chevaliers versse et souvine :
Cil ont d'honneur la bonne estrine,
Et suit le chemin de valour,
Qui sueffre en hiaume la chalour,
Et en estours et biaus meslis,
Contez est avec les eslis ;
Qui bon cop reçoit et bon paie,
Et souvent se met en l'essaie,
De souffrir si ruiste bargaigne,
Que dedenz la sueur se baigne,
Ront espées et fent blazons,
Et trait chevaliers des archons,
Et fait le feu d'achier saillir,
Cil ne doit à honneur faillir,
Ne si fait ne sont pas celés ;
Mais je voi aucuns bachelers
Qui sont si parez comme rois,
D'arméures et de conrois,
De grans chevaus, de grant compaigne,
Se c'estoit Artus de Bretaigne,
Si a-il paremens assez ;
Por ce n'est pas mains tost lassez
Ses cors ne ses cuers plus hardis.
Or voit-on bien acouardis
De ceulx entourtilliez d'orfrois,
Qui démainent ces granz esfrois,
Que des acesmez simplemant, etc.

Plus loin, dans *le dit de Loyauté* par exemple, Watriquet donne, sans y penser, des détails de mœurs assez curieux :

A ces festes et as haus jours
Doivent estre les hautes cours
Des bons ménestrex célébrée,
De faiséours, de recordéours,
De trompeurs, de tabouréours,
De vielle bien atrempée,
Des naquaire à grand huée,
Et puis que raisons ne le vée,

Watrequins vuoet à brief mot cours
Dire rimé faite et parée,
De loiauté enluminée,
Qui ci aval nous fait secours, etc.

Le *dit de l'Arbre royal* est une longue allusion relative aux vicissitudes de nos princes. Voici comment Watriquet l'explique (fol. 54, manuscrit 632-18) :

Et dist du vergier sanz doutance,
Que c'iert li roiaumes de France,
Et li arbre ens arengié,
Sont duc, prélat, prince, clergié,
Chevaliers, gens grosse et menue,
Par qui la terre est soustenue,
Au plus noble prince du monde.

Or est drois que je te responde
Le voir du grant arbre chéu,
Si con tu l'as à l'ueil véu,
Qui tant par iert biaus et adrois,
Ce fu Phelippes li biaus rois,
Au corage fier et hardi.
Por voir le te créans et di,
Que de biauté touz rois passa,
Et li vens qui jus le versa,
Ce fu la mort pesme et desperse,
Qui sa blanche char li fist perse.
Tost fu sa grant biauté perdue,
Dont mainte gent fu esperdue ;
Car cuer ot d'onneur eschauffant.
Li geton sont li quatre enfant,
Qui à droit l'exemple en compère ;
Li doi en sont après le père,
Reversez et jus trebuschiez,
Dont c'est grant douleur et meschief ;
Touz li mondes en est ennuis.

Li premiers fu li rois Loys,
Des getons mors et trespassez,

Qui de largesce avoit assez,
Et d'onneur; touz les rois du monde,
Tant comme il dure à la reonde,
N'estoit princes de sa value.
Or nous a sa valour tolue
Mors qui ne daigne homme esparguier.
Qui la perte em porroit vengier,
Bon en feroit entrer en paine,
Car en lui sourdoit la fontaine
D'onneur et de largesce entière.
Il ne failloit point de lumière
Où ses bons visages estoit,
Qui d'onneur faire s'arrestoit;
Car chascuns en iert esclarcis.
Touz rois, dus, princes et marchis
De ce monde avoit sormontez :
Seur touz iert prisiez et doutez,
En largesce li plus parfais.
C'estoit Alixandres touz fait,
Au cuer de hardement doré;
Par lui l'avoit Diex restoré,
Pour prouesce renluminer.
Or as véu son cors finer,
Quant il vouloit encommencier
A florir et à commencier
Les biaus dons donner et promettre,
Pour les bons à lui traire et metre,
Ainsi qu'il commençoit à faire.
Onques rois de plus noble afaire,
Puis Charlemaine, ne vesqui.
Chascuns estoit enluminez
De lui; or est ses cors finez,
Qui tout iert de noblesce plains.

Et bien doit plorez estre et plains,
Li getons qui après chay,
Que la mort si pesme envahy,
Qu'ains n'en pot estre respitez,
Qu'à terre ne fust mors getez,
Qu'au plus ferme et fort se cuidoit,
Bien le te puis mohstrer au doit ·
Ce fu Phelippes de Poitiers,

Rois des Frans, de bonté entiers,
Qui païs en Flandres conferma,
En cest siècle poi de terme a
Demoré, dont c'est grans domages;
Car espris estoit ses visages
De hardement et de fierté.

Or doit-on en moult grant chierté
Le tiers geton après tenir,
Qui touz seulz a à maintenir
Quanque li autre ont maintenu.
C'est Charlemaine revenu,
Qui loiauté fera régner,
Mauvais punir et refrener
Les envieus, les desloiaus;
C'est Charles li arbres roiaus,
Rois seur toutes les royautez
De ce monde, où iert loiautez
Et honneurs revenue à vente,
Faussetez la orde pullente
En bas à vilté est tenue.
Or est noblesce maintenue
En toutes vertus acroissans,
Que sages et bien cognoissans,
De metre les bons en puissance,
Qui de bien faire ont cognoissance
A cui loiautez atalente.

. . . .
Et li getoncelez petis,
A qui la grant froideur luita,
Que li premiers getons geta,
Ce fu li petis rois Jehans,
Qui tant fist paines et ahans,
Et duel la royne Clémence,
Qui porta la noble semence
De l'enfant, et qui en fu mère.

. . . .
Or t'ai-je vérité contée,
De quanque tu m'as demandé;
Fai qu'il soit à Charlon mandé.

Watriquet a cela de commun avec les trouvères antérieurs, qu'il n'est pas toujours en poésie d'un goût très-délicat, surtout pour la rime. On en trouverait une preuve éclatante dans sa pièce intitulée : *la confession Watriquet*, qui se termine par 26 vers rimants en *corde*.

J'aurais encore beaucoup d'autres observations à faire sur ce poëte trop peu connu ; mais ce n'est pas ici le lieu, et j'abrége.

Voici maintenant les pièces que j'ai extraites du manuscrit de La Haye. La première est intitulée :

« Ci commence le dit du Connestable de France, comte de Porchiens, nommez Gauchier de Chastillon, fais par Watriqués [1].

A sage proudomme obéir
Se doit-on d'onneur pourvéir,
Et grâce aquerre à son mestier ;
C'est de quoi j'ai grant mestier.
Or Diex de grâce me pourvoie
Et d'éur, et me mette en voie
De bien aprendre et tant savoir
Que je moustrer vous puisse à voir
Et conter sans estre repris
Mon ditié qu'à faire ai empris,
En moustrant les fais et l'emprise
D'un preudomme que chascun prise.
Chascuns qui miex miex en parole,
Et si bonne en est la parole
Au matin, que qui en para
En tout le jour miex en vaura ;
Car le preudons estoit parfais
En honneur, par dis et par fais,

[1] Dans le manuscrit 632-18, supp. fr. bibl. roy., il y a, avant ce dit, une miniature où l'on voit quatre personnages assis, causant entre eux. Un cinquième est debout et les écoute. Au-dessus de la miniature, on lit en lettres rouges : *Comant li dus de Bourbon commanda à faire le dit du Connestable.*

Courtois et de très grant vaillance,
De ce n'est-il nulle doutance.
Largesce et honneur norrissoit
Et tous servises mérissoit ;
Nulz n'estoit de lui escondis.
Or en doit-on faire bons dis.
O primes, en est-il saison,
Bons iert aus champs et en maison,
En tous temps, la nuit et le jour,
Il ne prenoit onques séjour
De lui en honneur travaillier.
Prouesce faisoit esveillier
Courtoisie, honneur et largesce,
Et loiauté qui de noblesce
Toutes les autre vertus passe.
C'estoit la jemme et la topasse
Des haus hommes ; tous les passoit,
D'onneur faire ; edès amassoit
Largesce en lui de plus en plus :
Ce fust outrages du serplus.
Moult iert courtois outre mesure,
Et si nés c'onques mespresture
D'autrui ne volt conter ne dire ;
Tant fust plains de couroz ne d'ire,
Onques n'issi hors de sa bouche
Vilains mos : manière avoit douche
Plus que dame ne damoisele.
De sa vie, qui tant iert bele,
Ne devroit nus estre taisans :
Au monde iert et à Dieu plaisans,
Car à nullui ne desplaisoit.
Des mauvais parler se taisoit,
Et des bons iert sa bouche plaine.
En son cuer sourdoit la fontaine
De si parfaite courtoisie
C'onques personne tant prisie
De lui à son vivant ne fu,
Car il ardoit tous dis ou fu
De charité et de largesce.
Onques miex n'en fit en l'adresce
Alexandres ne Charlemaine.
S'autant céust en son demaine,
Moult céust de larges passez.

Tant estoit plains et amassez
Des vertus et des bonnes mours,
Qu'il fu d'armes et d'amours
Presque parfais en tous son tans.
Or en est triste et lamentans
Honneur, quant elle l'a perdu ;
Pour li a le cuer esperdu,
Et en tristeur ira vivant ;
Ne soit qui m'en voist estrivant.
Cuer avoit de large donneur,
Plain de courtoisie et d'onneur,
En tous cas loiaus et estables.
Ainsi vesqui-il connestables.
Li bons Gauchiers de Chastillon,
Cuens de Porchiens, qui au billon
N'afinoit argent ne or fin ;
Mais en honneur jusqu'en sa fin.
En si biaus despens l'afina
C'onques de donner ne fina
Tant qu'il en ot la main où metre.
Onques né se sot entremetre
Nul jour d'estre avers ne eschars,
Car s'il plouist pains, vins et chars,
S'en iert bien servie sa court.
O primes tieng son terme à court :
Trop vesqui poi li bons preudons
Qui tant nous donnoit des biaus dons.
— Nus n'estoit de lui refusez :
Onques ses cors ne fu usez
Qu'en très haute honneur pourchacier.
S'éust bras de fer ou d'acier,
S'en faisoit-il prouesce assez
Quant es rens s'estoit entassez
Et en la presse des chevaus,
Comme Tristans ou Perchevaus
I faisoit sa force cognoistre,
Lui douter et son pris acroistre ;
Tous dis sembloit frès et nouviaus.
Dont s'estoit si plains de reviaus
As hostes où il revenoit
Qu'autre de lui ne convenoit
A resbaudir la compaignie.
Hélas ! trop en est méhaignie

Courtoisie, qui que s'en dueille,
Et largesce, veille ou ne veille,
Convendra de France partir,
Où elle iert mise à grant martir.
Nus herbergier ne l'osera,
Car destresce pourposera
Encontre li en tel manière
Que mais n'iert au monde plainière,
N'i ara déduit ne soulas.
Ma dame loiauté, hé! las!
Qu'en dirés-vous? c'iert votre père.
Iert jamais nus qui si se père
De vous que cis en iert parez.
Au duc Naime estoit comparez,
Le Baivier qui servi maint jour
Charlemaigne le roy majour.
— Ainsi vesqui que li dus Naimes,
Preudons, loiaus, et se tu maines
Por li tristour et grant tourment,
Ne m'en merveille nullement :
Trop en est tes nons abaissiez.
— Mais de proesce me laissiez
Un poi parler, qui moult s'en claime.
Lasse dolente! et tel duel maine
Que nulz ne l' puet reconforter.
Je me souloie déporter,
Dist-elle, en honneur et em bruit,
Et si faisoie au monde fruit.
Or m'estuet désormais séchier
Quant celui voi mort qui si chier
M'avoit qu'il n'iert onques sans mi
Nulle fois ne jour ne demi.
— Et mors m'en mist en grant esmai
Qui en l'an vingt-neuf, en mai,
Le m'ousta à l'Ascencion.
Mout en ai grant contriction
Au cuer et moult en sui marie,
Ne sai mais à cui m'aparie
Ne li demorer asséur,
Car poi truis de cuer si méur
En armes par bien labourer
Où je puisse en pais demorer
Assés, ne estre à mon devoir;

Mais bien vous puis dire de voir,
Cilz me faisoit à honneur vivre
Aveuc loiauté à délivre,
Aveuc largesce et courtoisie :
Par lui estoie actorisie
Et cognéue tout partout.
— Ne nulz, tant ait le cuer estout
Ne le cors fort, aspre et légier,
Ne vous veult en lui hébergier
Nous quatre ensemble en son hostel ;
Mais li preudons avoit los tel
En très-haute honneur si parfait,
Qu'en lui estions tout affait
Hebergiées à volenté ;
Car il avoit le cuer enté
De largesce si très parfaite
Que de lui onques ne fu faite
Escharsseté ne vilanie :
Bien nous a destruitie
Mors qui tels cors nous a tolu ;
Car pour argent ne or molu
N'iert jamais un tel recouvrés.
Ahi ! terre et car aouvrés,
Engloutissiez-nous toutes quatre,
Ne praigniez pas l'une sans l'atre ;
Pour Dieu, ne nous descompaigniez,
Ou en honneur nous sousteigniez
Et nous sauvez nos bons ostés
Ou toutes quatre nous ostés ;
Car conforter ne nous savons
Quant no père perdu avons
Qui estoit en honneur croissans.
Tant qu'il vesqui fors et poissans
Fu moult de cors et esveilliez,
Donques ne vous en merveilliez
Si le cuers avons esperdu
Qui tel seigneur avons perdu.
Bien povons gémir et plorer,
Car ne sarons où demorer
Jamais en un cors tout ensemble,
S'un n'en naist qui à lui resemble.

« Vesci comment les quatre suers se complaignent de leur bon
père le conestable qu'il ont perdu :

Toutes quatre en un manoir
Ne porrons jamais remanoir.
A douleur sommes départies,
S'irons par estanges parties ;
Mais je ne sai de quelle part,
Ne qui ara mais en nous part.
Grant duel ai du département ;
Car je sai bien apertement
Jamais ensemble ne serons ;
Pour nient nous en lasserons :
Nos vies user nous convient
En tristeur, quant il me souvient
Du temps de son bon vasselage
Que il estoit en jone aage,
Ne loissoit en lointaing pays
Tournois, cembiaus ne envays
Qu'estre ne vousist des premiers.
D'onneur faire estoit coustumiers,
Onques jour n'en fu recréans.
Hé, las ! bien sommes meschéans
D'avoir perdu un tel seignor ;
Nous ne r'arons jamais greignor :
Onques estouz ne bobanchières
Ne fu, ne vilains manecchières ;
Mais courtois, humbles, douz et frans
Fu touzjours, ainz ne fu souffrans
Ses cuers à déshonnesté faire.
A tout le monde devoit plaire,
Car c'estoit un droit porte-joie.
— Donques n'est nus qui ne s'esjoie
Si tost qu'il ot parler de lui.
A paines vi-ge onques nullui
Qui de lui déist se bien non.
Or pert bien largesce son nom,
Courtoisie, honneur et noblesce ;
La mort vilainement nous blesce
Qui nous en a fait orphenines.
— O loiauté, se tu ne fines

De duel et d'ire c'iert merveilles !
Qui nous tendra jamais as veilles
Ne as festes en grant chierté?
Vous n'aviez orgueil ne fierté,
Gentilz conestables des Frans;
Ains estiés douz, courtois et frans
Cent tans plus que je ne vous die.
Vous hayés mesdit et boidie,
N'entendiés à rien qu'il déist.
S'uns povres hons vous mefféist,
Vous n'estiés pas aigres de prendre
Vengance ne de lui sorprendre;
Ainz faisiés tant par biau souffrir
Qu'à piés vous en venoit offrir
L'amende tout à vo plaisir
Sans vous point d'onneur dessaisir;
Et as poissans, fors et estous,
Là se moustroit vo pooirs tous.
Vous n'en dengniés un déporter
Pour riens c'on séust enorter.
Vers euls aviés cuer de dragon :
Vous alastes en Arragon
Pour aquerre d'onneur le pris,
Qui n'est pas en reposant pris,
Ainz l'achate moult chier le preus,
Car il en vient honneur et preus.
— Dont pour plus d'onneur conquester,
En Sezille, sans arrester,
Fustes-vous et en mainte guerre
Pour pris et haute honneur conquerre,
Vous ne prendiés onques repos;
Mais or sont bien d'autre pourpos :
Li pluseur princes d'orendroit
Tourner voi l'envers à l'endroit.
Selonc la vie du preudomme,
Des si fais est petite somme;
A paines a-il son pareill.
Donques si je ne m'apareill
A ses fais conter et nonchier,
A toute honneur doi renonchier,
Car de largesce estoit floris
Et en parfaite honneur norris,
Très gentils princes et loiaus;

Comme à roide estache apoians
S'i pooit chascuns apoier
Pour loiauté prendre et loier.
— Seur toute riens estoit à dame
Douz et courtois; onques nulle âme
Ne les pot miex de cuer amer
Sans vilanie et sans amer.
— Vous savez bien, si voir en di,
Sa renommée s'estendi
En mainte marche par le monde.
Mout mena vie pure et monde :
Chascuns qui miex miex le prisa
De largesce et actorisa;
D'onneur fist s'amie et s'espeuse,
Et de li, en amour joieuse,
Ces quatre filles engendra
Qui assez miex un jour vendra
Le porront plorer et complaindre
C'orendroit; moult aront à plaindre
Quant bien apertement saront
La perte que faite y aront.
Moult viveront en grant tristèce :
Jamais joie au cuer ne léesce,
Largesce à paines n'avera,
Ne le royaumes ne saura
Qu'il a perdu ou gentil conte,
Ne à combien li duelz en monte,
Tant que besoins en iert venus;
Mais dont saront grans et menus
Combien domageuse est la perte;
Car à l'ueil la verront aperte,
Et combien ses cors leur valoit,
Dont assez petit leur chaloit
A son vivant, dont c'iert folour;
Car il leur retourne à dolour.
Et bien s'em pueent si ami
Désormais clamer elami,
Car près et loing bons leur estoit :
D'eus aidier onques n'arrestoit,
Ne cessoit iver ne esté :
Bon leur a maintefois esté;
Maint grant fais leur a soustenu
Et en grant honneur maintenu.

Bon fu à son commencement,
Bon moien, et bon finement.
— Vie honneste et belle mena
Le prendons, et Diex l'asena
A fin si honorable et douche,
Qu'aussi comme la vraie touche
Où vives ne puet aprouchier
Morut sans vilain reprouchier.
Comme la fleur de son lignage,
Le bons preudons, si com li nage
Au chaut soleil remet e font,
Ensement trébusche et confont
Largesce et courtoisie toute,
Et prouesce, de ce n'est doute ;
Loiautez méisme i chancelle.
A paines voi celui ne celle,
Tant face en lui terre trembler,
Qui parfaitement resembler
Veulle le preudomme au cuer fin,
De cui mon dit veul traire à fin.

Explicit le dit du Conestable de France.

Cette pièce ne se trouve pas dans le manuscrit de la Bibl. roy. de Paris N° 7995. Celle qui suit y est au contraire, ainsi que dans le ms. 652-18, supp. fr. Cette seconde pièce est intitulée :

CI COMMENCE LE DIT DES MAHOMMES.

Tant ai lonc temps esté en vie
Que je mesdit ni et envie
Seur touz autres amez à court.
Grâce et honneur à culz acourt,
Et li bon sont arrière mis,
Tant y est pris et los remis
Que li seigneur sont si diver
Ce n'est ne d'esté ne d'yver

Qu'il soient sané[1] leur mahommes
Qui des bons font mains mauvés hommes
Et engloutissent maigre et gras;
Jà Diex ne leur laist véir gras[2],
Ces cras est à dire demain
Mal aient de soir et de main
Cil mahommes et mal leur viengne,
Si que mais haus homs ne souviengne
De tel gent croire ne amer,
Car en euls n'a riens fors amer,
Et il n'en vient que chose amère;
Povre en sont maint bon filz de mère[3]
Dont il reçoivent les profis :
De ce vous en teigniez pour fis.
—S'aucuns à bien faire s'avoie
En douce France et en Savoie,
En Hénaut, ou en Alemaigne,
Ou à court le roi Charlomaigne,
Et soit si sages et apris
Qu'il monte à honneur et à pris
Par son biau servir et ouvrer,
Cuidiez qu'il doie recouvrer
De son beau service les preus ?
Nenil voir, ne n'iert jà si preus
C'uns mahommes ne le deseuevre
Par sa mauvaise langue, et prueve
Qu'encor n'est pas si bien prouvez
Qu'à grant dou prendre soit trouvez
Ainssi, par fausse gent prouvée,
Toute prouesce est desprouvée.
Et largesse despourvéue;
Elle n'est mais à court véue,
Si comme on li souloit véoir.
Nulz n'i veult le preus pourvéoir;
Aujourd'ui n'est qui le pourvoie.
Adès est mahommes en voie
A l'uis, au sueil ou à la porte,

[1] Le manuscrit 7995 dit sanz.
[2] Ce vers manque au manuscrit de La Haye; je l'emprunte au 7995 de la Bibl. roy. de Paris.
[3] Pour ce en sont maint bon fil a mére, manuscrit 7995. Le manuscrit 832-18 porte la même leçon que celui de La Haye.

Qui tout l'aport des bons emporte.
On doit bien haïr tel portée
Et qui coustume a aportée
A court, de croire tele gent.
Il ne m'est au cuer bel ne gent,
Ne drois n'acorde, c'est la somme,
Que haus hons croiè un seul homme,
Que cent en soient mescréu;
C'est uns mal mahommes créu
Dont il convient les bons mescroire
Et haïr; de si fait mescroire
Ne vint onques bien à nul temps :
Pour ce le di, que se lonc temps
Trait de son arc qui tant fu rois
Que d'un roiaume iert plus que rois;
Mais au derrenier trest tel flèche
Qu'elle mist où ses orgucils flèche
Desous ceulz où rois ot esté
Par maint yver et maint esté,
A qui il faisoit les descors;
Mais or est bien ses fil destors,
Dont le roi avec lui tordoit,
Et c'est raisons, quar li tors doit
Tous dis empirier et destordre.
Pris fu, dont il ne pot destordre;
Si le clama mescors et las;
Il s'en bati et si tort las
Qu'il y recompara les tors
Des maus conseuls où il fu tors.
— Trop se desrompi à fort corde,
Mais il cuidoit bien si fort corde
Qu'à lui n'éust pooir fortune
Qui sourprent toute riens que une;
Et elle li monstra sa force :
Si près le tondi à sa forche,
Quant elle en soursaut l'assailli,
Qu'il n'ot plus riens que rère à lui :
Destors ot esté et contors,
A tous fais et fors contors,
Et tant fist par faus cordement,
Ses tors l'entordi ordement,
Dont poi fu regretez et plains;
Ainz fu de lui le mondes plains.

Il n'est mais de roi ne de conte
Court c'on ne tiègne de lui conte,
Chascuns qui miex miex en parla.
Si puet-on esgarder par la
Voie de ce mal Mahommet :
Bien doit savoir haus hons où met
Son cuer, s'il est nés de bon estre ;
Par qui il doit gouverner estre,
Et se il est de bon affaire,
Que c'est grans meschiés d'omme à faire
Franc de lui qui doit estre sers.
Pour tant di, preudons, se tu sers
Un haut homme pour déservir
Ses bienfais et pour biau servir,
Aies sa bonté déservie ;
S'en lui n'est honneur ^servie,
Ton biau servir déservira ;
Mais s'il à lui desservira
Un Mahommet qui le desserve,
En lui fera largesce serve,
S'ara ce que li bons dessert ;
Et nepourquant, preudons, désert
De cuer loiaument, ce t'afin,
N'iert jamais paiez en la fin,
Car li bon qui ne finiront
De bien faire et bien fineront,
Et aront vie bonne et fine
Et le mauvais malement fine,
Si com cis mahommes fina
Qui de mal faire ainz ne fina.
Chier li fu ses escos finez,
Qu'à honte et à duel fu finez,
Dont mais parole n'iert finée :
Bien li fu fortune affinée
Et bien se démoustra com forte,
Et à tour, que elle conforte
Qui veult et le fait desconfort ;
Ainssi tourna son veu confort
Fortune, et se moustra con forte,
Que l'un grieve et l'autre conforte
Fortune, qui les fors abas,
Par son mestort le mist au bas,
Dont de ce bas plus bas ala

Ha, Diex ! con dure voie ala !
Où à tel duel convient aler,
Tost i'ot fait Fortune avaler ;
Et Diex, qui tout fait et loing garde,
De telle avalée nous garde,
Et veulle em pitié regarder
Tous ceuls qui se voudront garder
Des mauvais mahommes mesdis.
Dites amen : ci faut mes dis.

Explicit le dit dés Mahommes.

Voici, d'après le 2ᵉ volume du manuscrit de La Haye, le début des *Paraboles de la vérité*, pièce qui, d'après une note de Gérard, porterait le titre de *le Tournoi des dames as chevaliers* dans un autre manuscrit. En effet, le manuscrit 632-18 supp. fr. lui donne ces deux titres.

En l'an de la grâce greignour
Mil et trois cens nostre Seignour
Vingt et sept, ou milen d'octembre,
A Monferant, si qu'il me ménibre,
En Blézois, j'ère avoec le conte
Devant qui je contai maint conte,
Mains biaus exemples et mains dis
Fais de nouvel et de jadis.
Biaus est li lieus à deviser ;
L'on y puet d'assez près viser
Grans prairies et vignobles ;
Bons est li pays et nobles,
Li hostiex riches et massis,
A deus liues de Loire assis
Qui court entre Biausse et Saloigne, etc.

Le dit de haute Honneur qui suit, porte dans le manuscrit 7995 le titre de : *Enseignement du jeune prince*, et il diffère beaucoup de celui du manuscrit 652-18. Voici son intitulé dans le manuscrit de La Haye :

Ci commence li dit de Haute Honneur pour les povres bacheliers d'armes.

Commencier voeil à toy, jone flour de Jouvente :
Se tu voés que nature en toi ne se démente,
Met à honor conquerre cors, avoir et entente ;
Fai ti via odorer comme flour de bonne ente.
Hardement te semont et Vigour sa parente,
En la court de Prouence, où li bon ont leur vente :
Iluec est Séurtés qui aus preus se présente,
Valeurs et Cortoisie, qui n'ont pensée lente,
Là se marie Honnours, qui les mauvais creyente ;
Là paiera Largence son tréu et sa rente.
Se tu voés cheminer de haute Honnour la sente,
Loiautés te menra, c'est une vertus gente,
Par l'acointance aus preus, cui valours atalente.

Or povez dont véoir, riches est li présens
De Dieu quant il envoie haut home avis et sens
De loiauté connoistre et d'amer bonnes gens ;
Car en court de haut prince n'est si bons paremens
Com des bons à véoir, c'est mes entendemens,
Soit en mortel bataille ou en tournoiemens,
Et de loyal preudome est fais ses hardemens,
Et il les ait acquis par dous acointemens.
Tant connoistra en euls Prouece et Hardemens,
Vigours et Séurtés et grans efforcemens,
Jà seur lui ne tourra li desconfessemens ;
Car bien est esprouvez vils amonnestemens.

Bien vous ai cest exemple dit et amonnesté,
Comment li hom qui aime honour et loiauté
Doit avoir des preudomes le cors avironné ;
Mais on voit autrement l'affaire retourné ;
Car li bacheler povre, de vaillance esprouvé,
Qui par les biaus fais d'armes doivent estre honoré,
Ne sont en haute court oy ne escouté ;
Nuls ne les trait avant, tout y sont oublié
Par gent de petit pris qui les ont soumplanté,
A cui sont le biau don départi et donné.

D'euls me déusse taire, assez en ai parlé ;
Ne voeil que pour voir dire me sache nuls mau gré ;
Mais c'est deuls que tel gent sont si avant bouté
Et le bachelier preu povre arrière reculé.

Des bons doit-on le bien dire et amonnester :
Haus hom, qui voés valour et honnour conquester,
Ne laisse mentéour entour toi arrester ;
Fai envie punir et mesdit tempester,
Et les loyaus preudomes entour toi amasser.
Les biaus services dois à droit guerredonner,
Estre compains, entre euls doucement appeller,
Aus champs et aus hostiex son visage monstrer,
Lors pénera chascuns de ton corps honorer,
Et si porras de force tes anemis mater ;
Car donner et promettre font maint home trouver
En hardi couvenant et leur cors esprouver.

Cils proverbes est bien séus et esprouvez
Qu'homs avers ne puet estre en haute court trouvez ;
Par Dairon en est bien cils exemples prouvez,
Qu'ains ne fu biaus services par lui guerredonnez,
S'en fu mains de ses homes prisiez et honorez,
Et par le roy des Griex desconfiz et matez,
De Perse et de Césaire hors chaciez et boutez,
A honte et à dolour mors et déshonorez.
Ainssi fu li eschars d'onnour déshéritez,
Et cils qui largement mérissoit les bontez
Et aus preus départoit bours, chastiaus et citez
Et r'ert compains entre euls aus champs et aus ostez :
Cilz conquist tout le monde et fist ses volentez.

Qui largece hay, onques honour n'ama ;
Il est bien esprouvé, chascuns le set pieçà,
Par largement donner tout le mont conquesta ;
Le service des preus si bel guerredonna,
Que chascuns à bien faire son pooir efforça :
De reposer n'ot cure, mais tant se travailla
Que de mer et de terre souverain se clama.
Les preudomes tousjours volontiers honora
Et du sien largement leur parti et donna.

Prouece en li nasqui, Hardemens l'engendra,
Et pères fu Largesce, qui des bons l'acointa :
Ainssi li gentils roys sa vie enlumina.

Ci doivent prendre garde li prince et li seignour
Qui voelent à leur vie pris acquerre et honour,
A tous fais entreprendre, c'est la vie greignour ;
Doivent honte crémir et esloignier folour,
Les preudomes amer et mérir leur labour ;
Mais or va autrement, ci voient li plusour ;
Car li bacheler povre n'ont jamais nul retour :
Jà n'aura tant en culs prouece ne valour,
S'en armes maintenir ont despendu le lour,
Que nuls les traie avant : tout ce font lobéour,
Mesdisant qui ne prennent de mesdire séjour,
Et les cours des haus homes empirent nuit et jour.

C'est dolours qu'ainssi va li mondes de l'empire,
Que nuls n'est mais créuz se 'i ne sét mesdire.
Parler à *placebo*, jangler, truflier et rire.
Cel qui miex de FAUVAIN à estriller s'atire,
Ce est li miex amez, nuls ne l'ose desdire.
Aujourd'hui le véons, ce est et duel et yre,
Que nuls n'ert jà si preus se povretez le tyre,
C'on le voeille jamais au grant besoing eslire ;
Mais jengleur mesdisant, gent de povre matire,
Et amasseur qui font d'argent leur tirelire,
Dont Honneurs est chéue et tournée à martire,
Cil ont grâce et avoir en France et en l'Empire :
Si m'en tais d'culs atant, je n'en puis nul bien dire.

Explicit le dit de Haute Honneur.

Du troisième volume de La Haye, je n'emprunterai, et l'on trouvera sans doute que c'est beaucoup après l'avoir parcouru, que *li fatras de quoi Raimondin disputa devant le Roy.*

Aprenez à mangier joute,
Vous qui ne goustés de pois.

Aprenez à mengier joute,
Qu'en son cul ne vous engloute
La marrastre des trois rois,
Qui a l'entre-pète route
Pour une culaine goute
Qui la tient ou trou brenois ;
Si ne puet aidier tremois
Ne nulle riens c'on i boute,
Qu'adès ne soille li prois ;
Vous en sucherez la goute,
Vous qui ne goustez de pois.

   Doucement me reconforte
   Celle qui mon cuer a pris.

Doucement me reconforte
Une chate à moitié morte
Qui chante touz les jeudis
Une alléluye si forte
Que li clichés de nos porte
Dist que siens est li lendis ;
S'en fu uns leus si hardis
Qu'il ala maugré sa sorte
Tuer Dieu en paradis,
Et dist : Conpains, je l'aporte
Celle qui mon cuer a pris.

   Je me veul d'amour retraire,
   Puis qu'elle m'i fait languir.

Je me veul d'amour retraire,
Dist un estrons mprs à traire,
Et dire voir pour mentir,
Et si vestirai la haire
Désormais, et pour pis faire
Me veul en bien convertir ;
Et quant j'orrai retentir
Le mortier et les aus faire,
G'irai mes boiaus sentir ;
Car tel note me doit plaire,
Puis qu'ele me fait languir.

A bonne amour sui dor née
Mon vivant, pour miex valoir.

A bonne amour sui donnée
Quant une chièvre damnée
M'a dit que je doi avoir
A fame une cheminée
Qui ne hume que perrée,
Pour un ours si concevoir
C'on ne s'en puist percevoir;
Mais s'elle est despucelée,
Et je lo puisse savoir,
J'amerai une popée
Mon vivant pour miex valoir.

Sans confort ne vivrai mie
De la douche longuement.

Sans confort ne vivrai mie
De la douce longuement,
Se vous ne baisiez demie,
Sire, de mon fondement;
Et se li trous on lermie,
Vous mascherez croste et mie
De ce breneus oingnement
D'entour, si savez comment
On destrempe tel boillie;
Puis humés tout chaudement,
Si porrez avoir copie
De la douce longuement.

Amis, puisque vous partés,
Toute ma joie est faillie.

Amis, puisque vous partés
J'arai deus eus esquatés
Qui devendront formaigié
Pour chanter à deus autés,
Tant que vous serez autés
C'uns estrons mors qui rougie;
Car une truie soingie

Dist hier à quatre pastés :
Seigneur, j'ai un cul quierchie,
Mais s'à vo nés n'i tastés,
Toute ma joie est faillie.

Puisqu'il m'estuet de ma dame partir,
Or voi-je bien je pert soulas et joie.

Puisqu'il m'estuet de ma dame partir,
J'espouserai saint Pierre le martir
Pour engendrer ung mahomme de croic
Qui me fera le tonnoire engloutir,
Et puis m'irai en paradis quatir
De ci à tant que d'amer m'i recroie ;
Mais se g'i truis angle qui en Dieu croic,
Je m'i voudrai de chanter aatir
Si haut que tous diront que je songoie ;
Quant le douz mal de mort ne puis sentir,
Or voi-je bien, je pert soulas et joie

Hé ! gracieuse au cors gent,
Quant arés de moi merci ?

Hé ! gracieuse au cors gent,
Uns leus à queue d'argent
A si le ventre entoumi
Qu'il n'a c'un oil et une dent,
Et quant il vient entre gent
Tantost a Dieu endormi,
Et fait, pour l'amour de mi,
Un si fort molin à vent
Desouz le pié d'un fourmi,
Que li clichet dist : Hersent,
Quant arés de moi merci ?

Quant biautez, dame, à vous m'amaine,
J'ai joie ramenée ici.

Quant biautez, dame, à vous m'amaine,
Dist la gueule d'un saint alaine,
J'espouserai ochi ochi

Pour miex mengier foin et avoine,
Et puis s'irai saignier à vaine
L'ombre de la tour de Conchi;
Mais se li vins de Clamechi
Ne m'aprent la trique dondaine,
Je ferai au conte de Rouchi
Chanter au cul d'une seraine :
J'ai joie ramenée chi.

Douz viaire, mon cuer avez
A touzjours mais parfaitement.

Douz viaire, mon cuer avez,
Pour ce que vous ne vous lavez
Nulle fois sans un oingnement,
De quoi je sui touz débavez;
Mais se les rues n'en pavez
D'aval Paris, certainement
Pais prendrez à mon fondement;
Se le bren baisier n'en savez,
Vous li dirés d'amendement :
Par vostre oudeur onques m'avez
A touzjours mais parfaitement.

Ami loial vous ai trouvé,
S'est drois qu'à vous me rende prise.

Ami loial vous ai trouvé,
Dame, car un bués m'a couvé
Tant que je sui li vens de bise,
C'on a pris pour larron prouvé,
Pour ce que j'ai voie escouvé
Luxure hors de sainte églyse,
Que nus n'aime au monde ne prise,
S'en a si son cors esprouvé
Que toute en a arsse et esprise
L'amer qui mon cuer ma rouvé,
S'est drois qu'à vous me rende prise.

Amis, se vous ne voulez boire,
Je vous prie que vous humés.

Amis, se vous ne voulez boire,
Dist la paireure d'une istoire,
Il convient que vous devinés
Se ma dame a talent de poire,
Et puis remaschérés la poire
Dont je fui her soir desjunés,
Tant c'uns mors chiens attraînés
Fera en lui saint Jehan croire,
Et dira, se vous ne jenés :
Sire, vesci mon cul qui foire,
Je vous prie que vous humés.

      Ma joie en douleur se mue,
      Quant pour humblement prier
      Merci ne puis recouvrer.

Ma joie en douleur se mue,
Ce dist une vesse mue,
Quant ne me puis délivrer
De chevauchier à sambue,
Pour ce c'uns estrons qui bue
A fait vo gorge enyvrer ;
Mais g'irai tant abuvrer
Une vielz pelle cornue,
Qu'elle ira dimenche ouvrer
Et crier aval no rue :
Merci ne puis recouvrer.

      Maugré félons mesdisans
      Maintendrai le bien amer.

Malgré félons mesdisans
Serai-je si voir disans
Que je m'en ferai blasmer
A deus fours demi-cuisans
Qui devindrent clerc lisans
Pour une truie affamer,
Et puis noièrent en mer
Le songe des Sept Dormans,
Pour ce que volt chanter

Avec les petis enfans :
Maintendrai le bien amer.

En chantant me reconforte
Quant j'ai perdu mon ami.

En chantant me reconforte
Une oé qui fut si forte
Qu'elle abati saint Remi
En luitant à jambe torte ;
Mais uns limaçons l'emporte
As chans de Béfabémi,
Et puis dist à Elami :
Va chacier dehors no porte
Le songe Pierre Rami,
Et li di qu'envie est morte
Quant j'ai perdu mon ami.

Plaisant regard de ma dame
Me fait amer de cuer vrai.

Plaisant regard de ma dame
M'a fait de Remi tel game
Que la perte i recouvrai
D'un escot à pié d'eschame
Qui mist à feu et à flame
Le temps qu'avec lui ouvrai ;
Mais ce coubec li loirai
Les braies au cors saint Jame,
Et que saint Pierre en jurai,
Ainz qu'il éust cors ne âme,
Me fait amer de cuer vrai.

Ma dame, que j'aim d'amour fine,
Car me regardez de cuer fin.

Ma dame, que j'aim d'amour fine,
Dist uns singes à la daufine,
J'ai une teste d'esclefin,
Qui m'a dit que paradis fine

Et que li firmament s'acline
A faire pape du dauflin ;
Mais se la taie d'un auflin
Pour mon escot ne paie et fine,
Je li dirai, se j'ai pris fin :
Orde vielle, puans rufine,
Car me regardez de cuer fin.

S'ensi est que ne vous voie,
Ma très douce dame gente.

S'ensi est que ne vous voie,
Ce dist un singes qui noie
A une fueille de mente,
Je serai cuens de Savoie,
Car une vache de Troie
M'a donné le dons de rente
En l'ombre d'une présente,
Mais se c'est fausse monnoie,
G'irai dire à une lente :
Ostés vo cul, qu'il ne poie,
Ma très-douce dame gente.

Je sui souvent pour ma dame en esmai
Quant je ne puis en li merci trouver.

Je sui souvent pour ma dame en esmai
Quant uns oisons d'avril couvé en mai
Me fist her soir en paradis voler
Pour engendrer le cors saint Nicholai,
Qui ne volt onques à Dieu merci rouver,
Mais uns escouffles li dist, sanz mot sonner :
Biaus doux compains, onques fort vin n'amai,
Je te ferai d'un estront désjuner,
Que je chiai ens ou bois de Mormai,
Quant je ne puis en li merci trouver.

A fine amour deviendrai fins amis,
Pour estre miex amé d'amie fine.

A fine amour devendrai fins amis,
Car une truie vestue de samis
Me fist her soir engendrer me mairine,
Qui m'a apris à buier les tamis,
Et uns hairons qui est en fierte mis
Devint tantost mestre de médecine.
Tu as menti, dist uns harens d'espine,
Et je m'en vois preschier en la Champine
Et confesser les pourciaus endormis,
Pour estre miex amez d'amie fine.

> *Ma dame, vostre véue*
> *M'a de vous amer espris.*

Ma dame, vostre véue,
Ce dist une bésaguë,
Trouva hier en ses escris
C'une singesse cornue
Est abesse devenue
De Saint-Antoine à Paris;
Mais Diex en geta un ris,
Car toute joie et perdue,
Parce c'uns eus de pertris
Me dist c'uns estrons de grue
M'a de bien amer espris.

> *La grant biauté, dame, de vostre face*
> *M'esprent de vous servir et bien amer.*

La grant biauté, dame, de vostre face
A pris un chat qui quatre leus enchace,
Et si m'a fait un tel brouet humer
Que g'engendrai Guillaume Fierebrace,
Qui m'envoia chanter de geste en place
Tant que j'apris les porciaus à tumber;
Mais quant je vis la taie saint Omer
Qui chevauchoit le picot d'une eschace,
Je l'envoiai en enfer sarmonner

Pour convertir un fol qui de sa mace
Merci me fait doucement espérer.

Dame de grant biauté parfaite,
Je vous aime parfaitement.

Dame de grant biauté parfaite,
Dist une truie contrefaite,
Vous baiserez mon fondement,
S'ensi est que nus vous........
Car une vielz maison deffaite
M'en a raporté jugement,
Pour ce c'uns ombres de jument
De combatre à un koc s'afaite,
Pour armer dist séurement
Une vesse en vo gorge faite :
Je vous aime parfaitement.

Amis, ne te desconforte,
Mais aies ton cuer en joie.

Amis, ne te desconforte,
J'arai une chièvre morte,
Pour un sor harenc qui noie,
Qui veillera à ta porte
C'uns limachons ne t'enporte ;
Et s'ensi est que je poie,
Tu diras un chien de croie,
S'il te mort, qu'il me déporte,
Et s'aucuns pendre t'envoie,
N'en pleure jà lerme forte,
Mais aies ton cuer en joie.

J'aim par amours, qu'onques Diex ne sa mère
Ne touz li saint n'i puissent avoir part.

J'aim par amours, qu'onques Diex ne sa mère
Ne porent faire une vé si amère

Que je n'i aie engendré un poupart
Qui me menra la queue d'une arée;
Car j'apris hier l'afaire et le mistère
De boire toute l'yaue qui se départ;
Mais quant je vis le songe d'un liépart
Qui [1]....... le fuisiau sa commère,
Je dis : Compains, mes cuers de vous se part,
Se vous ne faites si que Brués vo père
Ne tous si sains n'i puissent avoir part.

Presidentes in tronis seculi
Sunt hodie dolus et rapina.

Presidentes in thronis seculi,
Ce dist uns eus armez de cuir boilli,
En ço d'e.. ...... si grant médecine a
C'une charrete jusqu'à Més en sailli,
Qui engendra le seigneur de Sculli,
La Maselaine, dont uns cos se disna ;
Mais uns harens tous s'en desgratina
Quant il fu mors, pour c'on li toli
La pater-nostre qui li adevina
Qu'avec les angles, in gloria celi
Sunt hodie dolus et rapina.

Tant est amours vertus noble et poissans
Qu'elle a sour tous seignorie et poissance.

Tant est amours vertus noble et poissans,
Dist uns sirons plus gros que li croissans,
Qu'elle me fait couler parmi la pance
La haute mer et les poissons noans,
Et s'afaitoist une paire de gans,
Prince de Gale et roine de France ;
Mais j'en ferai Dieu peser en balance,

[1] Mot omis dans le manuscrit original.

S'il ne me fait à lui estre semblans,
Plaindre m'irai à un contiau sans malice;
Pour ce c'une oé est si outrecuidans
Qu'elle a seur tous seignorie et poissance.

Ma dame, se j'ai pestris,
Vous arez dé mon bis pain.

Ma dame, se j'ai pestris,
J'arai deus oés de pertris
Qui seront fil de nonnain,
Et s'aront piet de brebis,
Pour ce que deus moines bis
Furent her soir pris à l'ain,
Maugré le cors saint Gilain,
Qui pria à deus rubis :
Venés—moi tendre la main,
As Innocens à Paris,
Vous arez de mon bis pain.

Amés, amés de cuer d'amie,
Amés commé loiaus amis.

Amés, amés de cuer d'amie!
Je vous lirai d'astronomie,
Ce dist uns ours à deus tamis
Qui avoient l'ost estourmie,
Et s'aprendrai tant d'escremie
Que la dépoille d'un fourmis
Desconfira nos anemis;
Et se je voi oé et demie,
Je li dirai : Cuers endormis,
L'ombre d'une truie endormie,
Amés com fins loiaus amis.

Amours, pourquoi m'avés prise,
Et que vous ai-ge mesfait ?

Amours, pourquoi m'avez prise?
Ce dist une oé de Frise :
Je n'ai vaillant c'un souhait,
Et s'alai hier à l'églyse
Toute nue sans chemise
Espouser un vel de lait,
Pour ce c'uns oingnons qui brait
Se combatoit à la bise,
Et li dist : Sire, entresait
S'uns estrons les dens vous brise,
Et que vous ai-ge mesfait ?

Explicit les Fastras.

MANUSCRIT N° 779.

(Voy. p. 49.)

Je pense que tu viens de Liége,
Galant, conte-moy des nouvelles.
— C'est un faulx et périlleux piége,
Je ne des en scay dire belles.
Comment? sont-ils tousjours rebelles,
Qu'esse qu'ils dient qu'ils feront?
— Ils l'ont esté, sont et seront.

Que dit-on parmy la cité?
Y fait-on nul nouvel édit?
— Le deable benedicité
Croiroit ce qu'on y fait et dit :
Ce que l'ung dit, l'autre desdit,

Et leur tumeur point ne s'abat.
— C'est ung droit infernal sabbat.

Quels est leur parler du bon duc
Et de son noble fils le conte?
— Ils dient qu'ils ayment le pluc,
Au surplus n'en font pas grant conte;
Ils en parviendront à mesconte.
On ne soustient pas adez ire.
— Aviengne ce que j'en désire!

Que dient-ils des Namurois
Et autres pays Bourgongnons?
— Dea, nous sommes de Namur roys,
Et contre Luxembourg hongnon.
Tant qu'ils auront en bourg ongnons,
Ils n'en parleront autrement.
— L'ung y bourde fort, l'autre ment.

Et de ces feux qu'ils ont boutez,
Esse point merveilleuse perte?
— Puisqu'ils n'ont esté déboutez,
La douléance en est apperte.
Ils ont manière fort experte
A brûler en pouldre et en souffre.
— Pourquoy non, quant on le souffre?

Comme font-ils de leurs promesses
Et de la submission d'eulx?
— Ils tiennent leurs vespres pour messes,
Car promettre et tenir sont deux.
Toutefois, sont-ils sy hydeux
Comme on dit et sy inhumains?
— Dieux me gart d'entrer en leurs mains!

Or me raconte de Dynant;
Que dient-ils que ce sera?
— On en parloit yer en disnant,
Disant que point ne cessera.
Son grant orgueil abaissera;
Pendus seront à leurs despens.
— On me pende se les despens.

Toutesfois, le peuple Liégois
Est-il point avec eulx party?
— Brûlés soient en feu grégois
Tous soustenans le leur party.
Assault leur sera imparty
Avant que la chose demeure,
— Autant de verde que de meure.

N'ont-ils point peur d'estre assaillis
Et misérablement tués?
— Ils sont maintes fois jà saillis
En guerre tous habitués.
Les biens seront restitués
Que ils ont ravy cest esté.
— ....

Et ces fausses gens des mestiers,
Seront-ils tousjours mesdisans?
— Leur party n'est double, mes tiers;
Non pas pour ung jour, mès dix ans;
Et s'ils gardent telx melz disans :
Cecy est pour nous, qui qu'en hongne.
— De ce me rapporte à Bourgongne.

C'est despit que tel coquinaille
Veulent auctorité avoir.
— S'il fault qu'en guerre coquin aille,
Point ne craint perdre son avoir;
Pour cela est-il bon à voir

Qu'ils ne sont de nul mal lassez.
— Et sy feront du mel assez.

Pour faire leur dernière course,
N'ont-ils pas mis des gentils sus?
— Nenny, au premier qui se cource,
Ils sont incontinent issus.
Il en y a de mal tissus
En tel nombre et de mal affaire.
— Ils ont trestous chier mal à faire.

Quant on leur parle de raison,
Pourquoy ne la font-ils d'eux-mesmes?
— Le peuple est plain de desraison,
D'abus et d'arguz trop extrêmes.
S'ils bâtissent mal leurs prohêmes,
La fin n'en peut pas estre bonne.
— Ils planteront au bout la bonne.

Et que dient-ils de Namur
Quant ils en parolent entre eulx?
— Ils dient, par Dieu, qu'il n'a mur
Qu'ils ne remplissent tous de treux.
L'autre jour décélé contre eux,
Car on me dist qu'ils veulent pais.
— Ils le requièrent aux habais.

N'y entends-tu remède donques
Pour les mener à raison joindre?
— Quant ils seront vaincus, adonques
Les verrés-vous cesser de poindre.
Et doit-on telx faulses gens oindre
Sans les désoler et confondre?
— On les puist comme bacon fondre!

Ils sont maulvais, faulx et vilains;
Selon que par toy puis entendre,

Ils feront fais faulx et vilains.
— Que nos arcs soyent prests à tendre;
Je doubte que le long actendre
Ne leur face double maleur.
— Point ne ressongne le mal eur.

Mais quant on leur parle du prince,
N'ont-ils point vergongne d'offendre?
— Ils respondent bien qu'ils ont prins ce
Gros martel pour les gros doz fendre.
Ils ont donc vouloir d'eulx deffendre?
Mais ils ne sont pas bien unys.
— De tant seront plus tost punys.

Je prie à Dieu qu'il les mauldie,
Tant sont-ils félons et pervers.
— Il ne leur chault qui les maulx die
Contre eulx par prose et par vers.
Ils ont entendemens divers,
Sans cuider estre fols, mès saiges.
— On n'en peut faire bon messaiges.

Y retourneras-tu sy tost
Pour savoir leur moyen de faire?
— Pleust à Dieu que l'on garnist ost
Pour les tous destruire et deffaire.
Il fault laisser tout autre affaire;
Contre eulx chascun traveillera.
— Se pasteur dort, qui veillera?

Ils payeront le proficiat
A leurs despens, je t'en asseure.
— Il ne faut que dire fiat;
Car chascun le gros dent a seuré.

Adonques mauldiront-ils l'eure
Qu'ils auront commis tels deffaulx.
— N'en parlons plus, ils sont trop faulx.

MANUSCRIT N° 783.

(Voy. p. 50.)

LE MYSTÈRE DE LA FRANCE.

Cette pièce est précédée du sommaire suivant :

« Ycy commence ung mistère là où France se représente en
forme d'ung personnage au Roy Charles VII° de ce nom pour
le glorifier ès grâces que Dieu a faictes pour luy et qu'il a re-
ceues à sa cause durant son règne, et parlent ensemble par
dyalogue, *et premièrement :*

FRANCE AU ROY.

Roy excellent, roy d'immortel mémoire,
Roy de vertu, roy tout laborieux,
Roy triumphant, roy réfulgent en gloire,
Roy sur tous roys hault roy victorieux !
O ! et quel loz, quelle fameuse hystoire,
Mettray-je avant de tes faicts glorieux,
Quand par clarté d'excellente victoire
En toy s'estend tout livre hystorieux !

LE ROY A FRANCE.

Roy jadis fus, or suys devenu terre ;
Tourné à néant soubz celuy sanz couronne ;
Si ne m'est riens du los du monde acquerre,
Ne de hault tiltre en quoy on me fleuronne.
S'en moy eut onc aucun effet de guerre,
La gloire en est à Dieu en son hault trohne.

Lequel pour vous m'a conduit en mon erre
Affin d'actaindre au salut qui couronne.

FRANCE AU ROY.

O noble roy, et com te glorifie
Cestuy reffuz en mérite féconde !
Plus il t'essourd, et plus te clarifie
Que le soleil saphir ne perle monde.
Los maugré toy t'en croist et fructifie,
Et vole espars par le circuyt du monde,
Et Dieu t'en prise et l'air t'en sacrifie
De telle humblesse en gloire si parfonde.

LE ROY A FRANCE.

L'humilité y est à cause juste
Que homme indigne ait gloire en divin œuvre,
Qui ay mené à effort comme Auguste
Ce qu'en espoir n'estoit d'humain recueuvré.
Dont s'en mon tems j'ay eu bras si robuste
Que d'en jecter vielle angloise couleuvre,
A paine escript de Lucan ou Saluste
Comprend si hault, car c'est Dieu qui y œuvre.

FRANCE AU ROY.

Digne est le bras que Dieu ainsy honneure,
La terre eureuse où il règne et domine.
Le françoys tronne on doibt bien louer l'heure
D'en avoir eu le repost et saisine.
La fame en vole au ciel et par desseure,
Et de l'effect se sent terre et marine,
Et de la perte on se tourmente et pleure,
Car c'estoit propre estorance divine.

LE ROY A FRANCE.

Mon règne entra par guerre maleurée,
Par povreté, par ruine et misère,
Dont Dieu enfin par grâce restorée
M'a tiré hors à victoire très clère.
Justice ay sours, France ay désencombrée :
Si en soit prins en bon gré le mistère,
Si mon temps eût porté plus de durée,
Espoir ma vie eût porté plus de misère.

Le Roy droit cy, refusant l'honneur que France luy baille en l'atribuant plustost à ses serviteurs qu'à sa personne, se contourne envers iceulx, et en les remerciant de leur bon service, se démest de la gloire à luy donnée par leur cause :

A vous, seigneurs, et à votre vaillance
Est deu l'honneur de ceste vallitude,
Par qui vertus et haulte bienveillance
J'ay siégé et trosne et gloire à plénitude.
Dont se du cas je monstroie ignorance,
Ce me seroit mespris d'ingratitude
Faicte envers Dieu, de tort et d'usurpance
Du los d'aultruy dont j'ay béatitude.

Droit cy, comme ses barons feussent honteux du remerciment, et que arrière en voulsissent remectre l'honneur sur leur Roy en humiliant leurs personnes, parlant l'ung après l'aultre, chacun des deux coupletz, jusques au nombre de vingt et quattre, *et premièrement* :

LE SEIGNEUR DE BARBAZAN.

Touchant ma part, ô roy de françoys trosne,
Point je n'y quiers avoir remerciance,
Et ne vaulx pas que ta grâce me donne
D'aucun servir vaine glorifiance.

Se j'ay riens fait de ma povre personne
En guisi d'aultruy pour ta multipliance,
J'ay fait mon deu : honneur ainsy l'ordonne,
Que cil bien serve en qui l'on a fiance.

LE SEIGNEUR D'ESTOUTEVILLE.

Néantmoins, si ay-je emploié corps et âme
A te servir en ta dure fortune,
Où n'ay aquis, mon espoir est, nul blasme,
Mais prou dangier et povreté mainte une.
Se fruict en est venu à ton royaulme,
J'en loe Dieu qui si bien me fortune;
J'en ay prins mort couvert de mon heaulme
En l'ost Barroys, dessoubz contraire lune.

LE MARESCHAL DE BOUSSAC.

Et moy, ô roy de hault tiltre immortel,
Et qu'ay-je fait pour toy dont gré j'atende,
Sinon qu'en cueur je me suys monstré tel
Comme honneur veult qu'en propre honneur je pende!
On doit à Dieu sacriffice à l'autel
Et à son roy service par prébende :
Lors où com plus l'homme est de hault hostel,
Com myeulx lui siet qu'à ce fait je entende.

Jadis me feis ton mareschal indigne;
Et m'obligea nature avec service,
Sy voix de peuple auchun los m'y assigne,
Cela j'ignore et ay plus peur de vice.
Le bien j'en offre à ta grâce bénigne :
De bon vouloir j'ay exercé l'office;
Se j'ay moins fait qu'au devoir est condigne,
Du non-povoir Dieu, espoir, m'est propice.

LE SEIGNEUR DE GAUCOURT.

J'ay eu de Dieu le don de longue vie,
De long travail et de moult aygre paine ;
Mais qu'en cela grâce aye desservye,
Dieu seul congnoist que je m'y fie à paine.
Trop bien j'ay eu de bien faire l'envye,
Des bons servir, d'entendre à vertu plaine ;
Mais quand raison m'y astraint et convye,
Se grâce y quiers, la folie m'est vaine.

J'ay porté foy à mon roy, à mon père ;
Presté main prompte, corps souple, à mon maistre ;
J'ay deffendu ma nourrice et ma mère,
La noble France ou qui j'ay prins mon estre.
Ne veult nature, et n'esse raison clère ?
Qu'à père et mère on doit prester sa dextre,
Et masmes soy relever de misère ?
Voir, qui y fault, à honte puist-il naistre !

POTON DE XAINTRAILLES.

Dès que homme naist, subjet naist à troys choses
A prince, à terre et à loy de nature ;
En ces troys poins tiennent leurs fermes poses
Tous poins d'honneur et d'humaine droicture.
Moy donc, voyant le jardin de tes roses
Estre envay de grevance et de injure,
Dès que fus né je promys lermes closes
Et d'en venger ma part de la laidure.

Se donc j'ay fait quelque povre exploictance
Touchant service et paine corporelle,
O noble roy, ce ay fait en acquitance
De mon debvoir suyvant loy naturelle.
L'homme entreprent, et Dieu donne prestance
A qui poursuyt en egreur sa querelle ;
Et tout flourist et croyst par habondance
Là où sens règne en œuvre temporelle.

LA HYRE.

Amer droicture et Dieu, et honte craindre
En tout hault cas estroict et difficile,
Ce fait noble homme à honneur paraclaindre
Et à bien faict estre duyt et facile.
Lors dont quand l'œil veult les périlz estaindre
De mort, de feu, de plours en dômicille,
Il n'y convient à tout dire et riens faindre
Que tost comprendre et fuir long concille.

Dieu aux bons cueurs donne les adventures,
Et de sa main conduyct leur entreprendre ;
Et contre espoir souvent donne romptures
Sur leur plus fort, et victoire en fait prendre,
Je ne fus onc à molles nourritures,
Ains à tout aigre et crimynel apprendre ;
Dont à l'exemple à si fectes natures
J'ay fait mon cours, Dieu pardoint le mesprendre.

AMADOC DE VIGNOLES.

Là où Dieu veult contourner la rousée,
Là croissent fruycts et flourist arbre et pomme ;
Mais si voit-on povre terre arrosée
D'humble vassal si bien que d'un hault homme.
Tant qu'ay vescu s'est ma force exposée
A prompt servir en employ de preudhomme,
Par quoy s'en ce m'est grâce disposée,
J'en loe Dieu tant qu'ung César de son Romme.

De petit trou grand fourgon ne peult ystre,
Ne grand effect de petite personne,
Ne povre œuvrier ne peult grand œuvre tistre,
Ne sobre estat aux grantz point ne consonne.
Porté néantmoins j'ay tonnoire et esclistre,
Et maint dangier en moy mort se foisonne ;
Roy, prens en gré, je l'ay fait à bon tiltre,
Du faict Dieu doint que le ciel en résonne.

JEHAN DE BRESZÉ.

De bon vouloir j'ay assez qui m'appreuve
Quel je l'ay eu envers ta seigneurie,
Quand le travail de ma très longue espreuve
Te monstre au doy dont l'oeuvre est avérie.
Riens touteffoys je ne dy par répreuve,
Car point n'y chiet cause de vanterie;
Mais pour monstrer le cas comme il se treuve:
Tout oeil l'a veu, ma vie y est périe.

Ne plains pourtant ma mort ne ma ruyne,
Mais que ta gloire y puist avoir essourse,
Car cent autre que je vien de l'orine
Qui hayt Angloys et volentiers les course.
J'ay pourchassé leur mort et leur bruyne
Tout mon vivant par emprinse et en course,
S'en gré le prend la magesté divine,
J'en suis plus cler que de nul or en bourse.

L'AMIRAL DE CEUTAT.

Le fondement de vraye amour rassise,
C'est loyaulté en estable courage,
Et là où maint telle noble franchise,
Là tient vertu voulentiers son estage;
Labeur y va, vaillance y est précise,
Sens y pourvoit (à tel cas, tel oeuvrage),
Le bien s'i quiert, le mal se préadvise
Et rien n'y va à perte ne vaucraige.

Se dont d'amour qui le courage alume
Me loist parler, ô roy, devant ta face,
D'avoir aymé léaulment me présume,
Car apparu t'en est mainte efficace.
Bien eureux est qui sa vie consume
En devoir faire, et en oeuvre de grâce;
Car l'or du monde emprès ce n'est qu'escume
A qui deffend à tuyr bonne trace.

MESSIRE ROBERT DE FLOQUES.

Comme ce fait de ton noble royaulme,
Prend en subtil humaine intelligence,
Appert tout cler que ce que plus roy ame
C'est aigre exploit conduyt par diligence.
Le mol emprendre infère tel foys blasme,
Et maint hault bien se pert par négligence ;
Dont à mon temps tel a eu los et fame
Qui ne l'eust pas ne fût par indigence.

Dont moy, le moindre entre les corps louables
De ceulx qui ont esclarcy ta fortune,
Tant comme ay peu en leurs vertus voyables
Les ay suivy par destresse mainte une.
Se mes fais sont petit recommandables,
Aussy n'en quiers-je avoir grâce nésune,
Mais au besoing voit-on les plus aydables :
Los qui sans cause est folie importune.

LE CONTE D'ANNALLE.

Quoyque mort soit l'estroicte fin ultime
De nos destroys et passages terribles,
Si n'est-el pas sy hydeuse en l'estime
Qu'il ne soient cueurs soubz la peur non vaincibles.
Ce fait honneur par lyen légitime
Qui contempner leur fait tous cas horribles,
Et de vertu les grandist et anime,
Mieulx amans mort que vivre dépressibles.

Ce ne dy pas, ô noble roy de France,
Par nul esgard à ma povre personne,
Mais pour l'extrême oultrageuse vaillance
De mes meilleurs dix mille en ta couronne,
Qui mettans main aigre en ta recouvrance
De leur sang rouge ont restably le trosne,
Toy rendant vie en leur mortelle oultrance
Et là où mort de gloire les fleurosne.

LE CONTE DE BOUZAN.

Quoyque mys soie en ceste hystoire eslite,
Prince escoçoys et françoys connestable,
La cause en est touteffoys sy petite
Que rien n'y voy qui me soit réputable,
Sinon qu'en celle adversité despite
J'ai efforcé mon povoir véritable
Pour France escourre en payant mon débite
Et dont l'effect fut piteux et constable.

Verneil, jadiz l'enyvrée sangsue
Du sang françoys et d'escosse armeresse,
De mon bon cueur me rendy triste yssue,
Non moins à toute escossoise noblesse.
Fortune avoit l'œuvre en ce point tyssue
Que rien n'y feist, vaillance ne appresse;
La mort néantmoins m'y fust en gré receue,
Mais pitié fust de tant de gentillesse.

LE CONTE DOUGLAS.

Amour vers Dieu feist entrer en martire
Les sainets jadis pour leur foy catholique,
Et honneur fait aux nobles gens eslire
Mort sans vray gaing pour la chose publique.
Honneste mort se convoite et désire,
Devant le vivre à honte et à réplique,
Et ne doit nul plaindre son desconfire
Pour commun bien dont l'œuvre est angélique.

Amour me feist fier entrer en bataille
Pour rebouter force angloise ennemye,
Mais à fortune en pleust tourner la taille
En mon contraire et en ma forte amye.
J'y receuz mort soubz le aubert de maille,
Et maint noble homme en semblable escremye;
Si plaist à Dieu qu'à fruict telle œuvre vaille,
La mort du corps, ô roy, ne te plains mye.

A ey fove [illegible]
Ea qu oy d l'amue en ty pou[illegible]

[illegible]
[illegible]
[illegible]
[illegible]
[illegible]

Chica boule [illegible]
Combien de [illegible]
Pour moy [illegible]
Il sont la [illegible]
Aventureux [illegible]
Qu'en l'ar [illegible] a son infame
Pour augmenter la gloire et le bonheur
Et pour [illegible]
Ni gloire au roy, dans [illegible]
Ni de [illegible] grand mal [illegible]
Pers que [illegible]
Les mots [illegible]
Tout al[illegible]
[illegible]
[illegible]
Par [illegible]
Au moins [illegible] vains en jeunesse d'hommage
De cœur [illegible]

[illegible]
[illegible]
One par [illegible] et prince de terre
[illegible]
[illegible]
A [illegible]
A [illegible]
A [illegible]
[illegible]
[illegible]
Front accusy pourroit conclure et paix
Apprie [illegible] de [illegible]
[illegible]
[illegible]
Je dois [illegible]
A foute [illegible]
Mais en [illegible]
Je [illegible]

N'ay fors le sang qui pend à mon achemme
En quoy d'honneur ay payé la droieture.

BOURGOYS.

Chierbourg, ô roy, m'est bien de chier coustange,
Combien qu'à toy de povre extime et perte;
Pour moy, povre homme enversé en la fange
Et dont la fame à légier fust couverte.
Néantmoins, je prens à tesmoing Dieu et ange
Qu'en tous périlz ma vie s'est offerte
Pour augmenter ta gloire et ta louenge
Et pour venger ton injure soufferte.

Com toutefoys suys de povre extimage
Entre si noble et haulte baronnye,
Tout ainsy est du mesmes à l'ymage
Sobre l'effect dont ma fame est garnye;
Mais se j'ay fait povre et petit dommaige
Par mon service à angloise mesgnye,
Au moins me vante en loyaulté d'hommage
De cueur vers toy d'une amour infinye.

ARTUS DE BRETAIGNE CONNESTABLE DE FRANCE.

Du françoys trosne et du royal palais
Longtemps fus maire et régnant connestable,
Ayant tousjours mon retour et relays
A servir France en loyaulté estable.
Aymant les bons, comprimant les maulvais
Soubz une amour à justice prestable,
Dont ensuyr pourroit concorde et paix
Apprès long cours de guerre détestable.

Je trouvay France en extrême pityé,
A toute foule et honte habandonnée;
Mais en après, par divine bonté,
Je la revys à joie ramenée.

Moy de ma part je me suys acquitté ;
Pour luy muer sa dure destinée,
J'ay fait mon mieulx et Dieu y a bouté :
A luy seul donc en soit gloire donnée.

LE SEIGNEUR D'ORVAL.

Duyct au harnois dès ma jeune naissance,
L'avoir en dos m'a esté une joye,
Et devant toute humaine esjouissance,
En cel endroit tout mon cueur je logoye.
Je m'y trouvé de force et de puissance,
Et pour gaigner cueurs d'hommes je veilloye,
Car là luysoit ma gloire et reluysance,
Pour parataindre aux fins où je songoye.

Tard vins, ô roy, pour estre mys en compte,
Et qui pirs est ma vie a esté briefve,
Dont pour si peu que mon povre fait monte,
Ce m'est besoing que folye m'eslieve ;
Trop bien j'ay craint encourir blasme et honte,
Ne dont reprouche aulcunement me sieve,
En Catheloigne ay payé debte et monte :
Se l'âme est bien, la mort point ne me griefve.

LE CONTE DU MAINE.

Sang, aliance, amour, pitié, droicture,
Ung croistre ensemble en temps d'une venue
M'ont fait tourner ma force et ma nature,
Roy Charle, en toy dont ma vie est tenue.
Portes constant molle et dure advanture,
Et toute estrange et perverse advenue,
Sans craindre mort ne de péril pointure,
Dont qu'elle fut en subit survenue.

En ta royal, excelse girarcie,
Prouchain de toy m'a donné résidence.

Là où touchant françoise monarcie,
Par ton plaisir j'ay eu la présidence.
Se ta fortune y est si esclarcie,
Ce a fait ton sens, non la myenne prudence;
De tant d'honneur Dieu et toy je mercye :
J'ay fait mon mieulx selon ta confidence.

MESSIRE PIERRE DE BRESAÉ.

Là où j'en voit que force et effort faillent,
Et perdent temps les mains qui s'i emploient;
Là convient bien, sans que cueurs en tressaillent,
Que les vertus et les sens se desploient,
Et qu'en dur cas où les hommes se baillent,
Leur hault affaire ilz ploient et reploient,
Et vainquent ceulx qui d'orgueil s'avitaillent
Et enyvrés de fortune folloient.

Force estourdie et hors temps mise en œuvre
Rend triste fin et fieblesse confuse,
Si vault tel foys plus sens dont on se cueuvre
Que vaillant bras dont sans fruict ou abuse.
Subtil engin Dieu l'eslargist et l'euvre;
S'ainsi n'estoit, France en fust bien camuse.
Là où sens a, là trouve-on beau recueuvre :
C'est ung beau meuble à celuy qui en use.

LE CONTE DE DUNOYS.

Se tiltre avoit en moy de remembrance
Et dont me peuse allier de mérite,
Je disse ycy, et sans nul encombrance,
Qu'en temps aussy j'ay veillé en garite,
Et que la main j'ay mys en l'arbre et branche
Pour luy garder sa gloire circunscripte,
Comme raison m'a donné démonstrance
Que je l'ay deü par loy d'honneur escripte.

[illegible]

[illegible]
[illegible]
[illegible]
[illegible]
D'[illegible]
[illegible]
[illegible]
J'ai un Dieu et voilà [illegible]

LE SONGE DE JACOB.

[illegible]
[illegible]
J'ai un Dieu, [illegible]
Et du [illegible]
Dieu m'a [illegible]
Ne me [illegible]
Et qu'[illegible]
De qui le corps [illegible].

[illegible]
Ce n'[illegible]
Roy, [illegible]
[illegible]
L'[illegible]
L'[illegible]
Et fait [illegible]
Celui qui l'[illegible]
Sur [illegible]
Quand [illegible] son absence.

[illegible]
[illegible]
Et [illegible]
[illegible]
Quand [illegible]
Et [illegible]
N'a [illegible]
Ne [illegible]
Que [illegible]
Et pour la terre où qui [illegible] elle est faite.

Jeune fus mys à ce mestier apprendre,
Et tout parcreu, oncq ne feis aultre chose;
Neccessité me feit les armes prendre,
Et par contraincte y mys toute ma pose.
Les Angevins ay fait maint cas apprendre,
Dont de l'effect sur honneur me deppose :
Celuy tousjours ay mys dans mon comprendre,
Roy, pren en gré, dur m'est ta bouche close.

LE SEIGNEUR DE LOHÉAC.

Soy arrester sur louenge du monde,
Là où les faictz sont de povre value,
Là gist le flot de folie parfonde
Et dont la face au loer se polue ;
Ne suffist pas qui en fortune habonde
D'avoir grand fame et grâce bien volue,
Se effect n'en sieut qui à gloire responde ;
Car aultrement à homme est retollue.

En moy, Dieu loz n'a fait dont je me fie,
Fors de cueur noble et voulenté honneste.
Si d'aultre part quelque ung me glorifie,
C'est par faveur non propre et mal digeste.
Ung seul endroit le corps me clarifie
D'avoir servy le grand roy de conqueste,
Celui qui l'air préfère et clarifie
Sur tous régnans par œuvre magnifeste.

JOACHIN ROAULT.

Soubz le dompteur de la fierté angloise,
Soubz l'expulseur de vielle tirannye,
Soubz le soleil de la clarté françoise,
Soubz l'accueilleur de noble baronnye,
Soubz le myrouer d'humanité courtoise,
J'ay esté soubz moy et ma progénye,
Dont à tous jours, tant que monde se croisse,
Luy diray gloire et louenge infinye.

Se je suys mys en cestuy digne nombre,
'C'est sans mérite et à peu de déserte,
Et m'est grand peur que l'honneur ne m'encombre,
Et qu'en mon front n'en tourne honte apperte.
Mon faict est nul, mon personnaige est sombre,
Et ma vertu est mal clère et couverte,
Dont de la gloire au siége où je prens umbre,
C'est comme indigne : à Dieu soit-elle offerte.

L'acteur droit cy, pour inciter France et exhorter de son devoir envers Dieu, pour luy démonstrer les causes pourquoy avec la dignité des personnes, l'admonesto d'en faire recordation glorieuse et solempnité possible.

L'ACTEUR.

France, entens cy, prens garde à ceste histoire
Fondée en choys et en fleur de personnes,
Par qui haulx faictz, comme il est tout notoire,
Tu as esté affranchie à tes bournes,
Remise en paix, en règne et en victoire,
Donnant splendeur à dix-sept couronnes,
Mesmes tremeur à payen territoire
Et jusque au bout des nations félonnes.

Rens gloire à Dieu, multiplie tes grâces,
Pleure en louant du parfont des entrailles,
Fais retentir tes hympnes et préfaces
Jusque au palais des divines oreilles,
Affin que Dieu préserve des flammaces
D'enfer, ton roy, le grand roy des merveilles.
Joins avec luy ces vingt et quatre faces
Dont en ton trosne en gloire n'as pareilles.

Fay souldre en air ymages et statues,
Marbre plomber comme jadiz en Romme ;

Fay gergonner murailles revestües
De Charles mort que le VIIe on nomme.
Par luy tu es essourse jusque aux nues,
Rondie en rond comme une entière pomme,
Donc et afin qu'encore en plus proflues
GEORGE en fait l'advertance à tout homme.

Tousjours des bons se fait la démonstrance.
Contentez-vous, vous tous, nobles de France,
Contentez-vous sans chëoir en murmure
Sur ces seigneurs dont la haulte nature
Les a fait mectre au plus hault de la brande.

Ce vous est tiltre et mirouer d'espérance
D'avoir par temps semblable recouvrance;
Soit-on sur terre, ou clos en sépulture,
Toujours des bons se fait la remonstrance.

Ayez-vous pry d'aultruy honneur soufrance;
Vous n'estes pas lessez par ignorance,
Ains expectans claire ailleurs couverture,
Et là où lectre et nouvelle painture
Espoir donrront de voz faietz remembrance,
Contemplez-vous de ceste remontrance.

Et sic est finis.

MANUSCRIT N° 801.

(Voyez p. 52.)

Ce volume se compose de 520 feuillets écrits probablement
vers 1450; il est précédé de la table suivante, qui fera suffisamment juger du contenu :

« Cy commence la table des rubriches de ce présent traictié, parlant des fais et vaillances de trois jeunes hommes, desquelz l'un estoit filz d'un roy de France, l'autre d'un roy d'Angleterre, et l'autre du roy d'Escoce ; lesquelz reconquirent le royaulme de Sesille de la main des mescréans, par leurs innumérables proesses.

Et premièrement traicte

Comment il advint d'un roy de France quy ot ung filz hommé Phelippe.

Comment Alphons, roy de Sesille, prinst à femme Sebille, fille du roy d'Espaigne ; et comment Phelippe, filz du roy de France, se party de Paris, au desceu de son père, pour aler en Sesille, sur les ennemis de nostre foy.

Comment Phelippe, filz du roy de France, se party secrètement de Paris. Comment il changea son nom. Aussi comment il arriva à Toullette (etc.).

Comment ung vaillant chevalier cecillien arriva à Toullette. Comment le Despourveu se mist pour demourer auvec luy ; comment il le mena en Sezille ; comment, par sa haulte proece, préserva Ferrant son maistre de estre prisonnier (etc.).

Comment ung chevalier de Sezille départi d'illec en Angleterre puis en Escoce ; comment il y exploita touchant le secours ; comment le Thurc fut de ce adverly, et comment le roy Fierabras, frère du Thurc, fut mené prisonnier dever le roy de Sezille à Naples (etc.).

Comment Ferrant le connestable emmena le roy Fierabras son prisonnier devers le roy de Sezille (etc.).

Comment, en attendant le secours d'Escoce, Ferrant et le Surnommé estoient à séjour en la cité de Naples festoyez des dames et des damoiselles.

Comment le roy d'Escoce envoya devers les roix de France et d'Engleterre. Comment ils envoyèrent gens en Escoce pour partir auvec le filz d'Escoce (etc.).

Comment l'armée de France, d'Engleterre et d'Escoce arrivèrent par mer au port de la cité de Gayette. Comment le Turc deffendy la descendue des chrestiens (etc.).

Comment l'armée des chrestiens envoya deux chevaliers devers le roy de Sezille pour le advertir de leur venue. Comment ils prindrent terre, et comment d'aventure ilz escheirent ès mains de Olivier, connestable du royaume de Sezille.

Comment le connestable de Sezille envoya les deux chevaliers d'Escoce vers le roy son seigneur, qu'ilz trouvèrent. Comment le roy les oy (etc.).

Comment l'armée des chrestiens estans devant le port de Gayette fu par fortune de mer menée à perdicion. Comment David d'Escoce se rendy prisonnier à Orkais, filz du Turc (etc.).

Comment la perte de l'armée des chrestiens estant devant Gaiette fu plainte et plourée par la crestienté (etc.).

Comment le roy de Sezille resconforta ses nobles hommes et subgés (etc.).

Comment le Turc assiéga Ferrant, séneschal de Sezille (etc.).

Comment Onffroy, filz du roy d'Engleterre, se descouvry de sa voulenté, au filz du conte de Werwic son cousin. Comment eulx quatorze se partirent pour aler en Sezille (etc.).

Comment la grant tempeste porta la nef de Onffroy en grant péril en Sezille, où elle fut prinse des Turcs.

Comment tenant son siége devant Ferrant trouva manière d'avoir trèves à ses annemis (etc.).

Comment le roy de Sezille, du consentement de Ferrant, son séneschal, accorda les trèves (etc.).

Comment, après les trèves asseurées, ledit Turc et le roy Fierrabras son frère retournèrent en Turquye (etc.).

Comment le Turc envoya par soixante hommes enforcier l'ostel du roy Fierrabras son frère pour occir Ector (etc.).

Comment Ector arriva ou royaume de Sezille et se présenta au Surnommé de par le roy Fierrabras de Perse (etc.).

Comment le Turc conclud d'asségier Naples la cité (etc.).

Comment le Surnommé estans pris fu traictez par le Turc, et aussy comment fu rescous du gibet (etc.).

Comment les trois damoiseaulx, le Surnommé, Hector et Athis, racomptèrent chascun son adventure (etc.).

Comment après le bancquet le roy de Sezille, le filz du Turc, et plenté de preux et vaillans hommes vouèrent haultement.

Comment le Turc sceut et ot la coppie des veus dessus dis (etc.).

Comment le roy de Sesille estant assegié en sa noble cité de Naples, et son connestable tenans les champs, saillirent sur l'ost du Turc. Comment le Turc fut illec ocis (etc.).

Comment l'empereur Frédéricus d'Allemagne moru. Comment le roy de Sezille fut esleu et couronné empereur (etc.).

Comment le nouvel empereur prépara ses besongnes pour parreconquerre son royaume de Sezille (etc.).

Comment les ambaxadeurs de Turquye traictèrent pour la délivrance de Orkais, filz du Turc (etc.).

Comment Orkais le jeune Turc ot congié de retourner en sa terre. Comment l'empereur fist crier ung tournoy. Comment le Surnommé, Hector et Athis eubrent congié de aller jusquez en leur pays veoir leurs amis; et comment ilz promisent de retourner et estre tous trois en personne à ce tournoy.

Comment l'empereur et roy de Sezille receu les couronnes impérialles. Comment il fist préparer le lieu et place où le tournoy et feste se devoit tenir. Comment Orkais se apparilla pour venir à ce tournoy (etc.).

Comment le Surnommé arriva en France. Comment il déclaira son fait au duc de Bourgoigne son oncle. Comment, après plusieurs devises, le gentil duc fu content de aler en Sezille à ung tournoy en estat royal (etc.).

Comment Hector, filz du roy d'Engleterre, conclut de retourner en son pays. La mort du roy. Le couronnement de Hector son filz, et comment conclut de aler ricement au tournoy au royaume de Sezille.

Comment David d'Escoce, dit Athis, arriva en Escoce. La mort du roy d'Escoce. Le couronnement de David son filz. Comment le jeune roy ala au tournoy en Sezille, où il fut honnourablement receus de l'empereur, des dames et de tous.

Comment le Turc se party de son pays pour venir au grant tournoy en Sezille (etc.).

Comment le roy Hector d'Engleterre party de Londres pour aler au grant tournoy en Sezille (etc.).

Comment le roy Phelippe de France et le duc de Bourgoigne son oncle partirent de Paris, et arriverèrent (*sic*) en Sezille. Comment ils furent receus. Comment le roy tournoya descongneu. Comment il le fist vaillamment. Comment il fut recongnut, et comment il gaigna la louange et le pris du tournoy.

Comment l'empereur, le roy de France et leurs femmes, noblement accompaigniés de princes et nobles hommes, de dames et damoiselles, arrivèrent à Paris. Comment ilz furent receus. Comment d'illec alèrent en Engleterre. Comment ilz y furent festoyez, et comment l'empereur retourna en son pays (etc.).

Comment le roy de France retourna d'Angleterre en son royaume. Comment il ot mémore de son bon hoste de Toullette; et comment, son royaume bien disposé, il envoya devers cellui hoste, qu'il pourvey avec sa femme, son filz, sa fille et son nepveu bien et grandement. »

Après cette table, qui montre assez bien ce dont il s'agit dans tout l'ouvrage, le texte commence de la manière suivante :

« Chy commenche l'ystoire des trois filz du roy, c'est assavoir du roy de France, d'Angleterre et d'Escore ; comment en peu d'espace reconcquirèrent le royaulme de Sezille, qui estoit en la main des Turcs, par leurs grandes prouesses.

Après le crucifiement de nostre Seigneur Jhésu-Crist et que la sainte foy crestienne fut manifestée et augmentée en tous les royaumes quy aujourd'uy sont, et quy furent tournez en nostre sainte foy par les apostles, en après les sains docteurs, icelle sainte foy fu augmentée, et la loy de nostre Seigneur Jhésus honnourée et gardée; et tant que comme tous les royaumes chrestiens furent en telle transquilité et bonne paix, que entre eulx nul'es ne aucunes guerres n'y avoit; car par les prédications et enhortemens dessus dis, elles leur estoient expressément deffendues. Et en ce temps régnoit ung roy en France de très-excellente recommendation hommé Charles, et avoit à femme une très-vaillant et noble dame, fille du roy de Navarre (etc.). »

Citons encore cette partie de l'ouvrage où, dans un banquet, quelques-uns des seigneurs prononcent les vœux du paon.

« Comment, après le banequel le roy de Sezille, le filz du Turc et plenté de preux et vaillans hommes vouèrent haultement.

Après touttes les parolles dessus dittez, on fist apporter ung paon par deux damoisielles; et lors le roy voua prumiers de deffendre son royaulme à son pouvoir; et que nonobstant l'orgueil et tirannie de son adversaire, se trop grant force ne lui faisoit faire, à prisonnier noble et de bonne vertu ne feroit tirannie, mais feroit sa guerre par honnour et noblesse, et ne tendroit jà jour de sa vie, pour la mort endurer, parolles de rendre riens à son adversaire. Aprez voua Ork̄is, et dist que à son léal povoir il rendroit paine de mettre paix entre le Turc son père et le roy de Sezille; et se son père aloit de vie par mort, jour de sa vie ne feroit guerre au roy de Sezille ne à son royaulme, ains en rendroit entièrement tout ce que son père en tenoit; car tant le véoit adréchié en toutes bonnes vertus que sur tous autrez rois le désiroit à congnoistre, aussy la bonté, la beaulté et les vertus de ceste sa noble fille, amprès laquelle il estoit assis, lui rendoit très-grant pitié au cœur de la perdicion et aliénacion de son héritaige. Chascun lui sceut bon gré de ce veu, et l'en remerchia le roy, la roine et leur fille, la belle Yolente.

Après ce fut porté le paon devant Ferrant, lequel le renvoya devers les chevalliers prisonniers qui estoient Sarasins, qui firent veuz assez semblable à celluy de Orkais. Ce fut que à leur povoir qu'ilz tendroient la main au bien de paix en accomplissant le veu de Orkais leur jonne seigneur.

Aprez voua Ferrant, que pour la grant cruaulté que il véoit sans nombre en la personne du Turc, jamais à luy ne se rendroit n'à racnchon ne le prendroit. Et par celluy veu faisoit requeste et prière à tous ceulx qui soubz lui estoient que chascun endroit soi voulsit faire le pareil, ce qu'ilz ne ly refusèrent pas.

Ceste salle qui toutte plaine de gens estoit sans le paon estre apporté devant eulx tendirent les mains en hault et en jurant promisrent de einsy le faire chascun endroit soy que Ferrant le séneschal avoit dit. Les trois serviteurs de Ferrant qui devant leur maistre estoient misrent la main sur le paon, et en la présence des dames vouèrent et promisrent à Dieu, aus dames et au paon, tout ainsy et par la manière que leur maistre avoit fait. Iceulz veuz, par les roys d'armes, furent mis par escript. Les damez ne vouèrent point ce jour; car pour tel cas à elles n'appartenoit pas (etc.). »

Le volume finit de la sorte :

« Cy fine mon livre, lequel a esté à moult grant paine translaté pour le grant temps qu'il y avoit que la choze estoit advenue; et trouvay escrip au dessus: C'est livre et *histoire royal*. »

Et plus bas :

« Che livre est au markis de Frare. Et le parfist *Flipot Wacreme*, demourant à Lille, en la paroisse de Saint-Meurisse. »

ADDITIONS.

Nous espérions pouvoir donner à la fin de ces extraits, le poëme latin dont nous avons parlé p. 27, et qui est intitulé : *de Pugnâ Psalmorum* ; mais il ne nous est point parvenu. Les copies des trois premiers manuscrits qui suivent, que nous n'avions pas exécutées nous-mêmes, nous sont arrivées trop tard pour être placées à leur ordre. Afin de réparer cette inexactitude involontaire nous les imprimons ici sous le titre d'*additions*.

MANUSCRIT Nº 1323.

(Voy. p. 55.)

Lettre de François Ier, roy de France, à M. de Pommeraye, son ambassadeur auprès de Marguerite d'Autriche, duchesse douairière de Savoye, gouvernante générale des Païs-Bas, du 6 octobre 1529.

« Pommeraye, vous verrez ce que j'escrips à madame l'archi-duchesse, ma bonne tante, et à M. de Hocstrate pareillement, sur les nouvelles que j'ay eues de mes enffans par le retour de l'huissier Bodin ; et pour ce que je désirerois bien y renvoyer, et que dadvantaige elle escripvist une si bonne lettre à l'empereur, qu'il voulust permettre que les serviteurs de mesdits enffans leur fussent rendus et rebaillez pour les servir durant le peu de temps qu'ils ont à y demeurer, et que dadvantaige il les fist si bien traicter, estant maintenant la paix et amittié entre nous telle que luy tiens de mon cousté pour asseurée, qu'ils n'ayent occasion de s'y ennuyer, tant comme j'ay sceu qu'ils font. Je vous en ay bien voulu pareillement escripre, et vous mander que

sur cela ayez à suivre entièrement ce que mon cousin le grant
maistre vous en escript, selon la créance que sur ce vous baille
par lesdittes lettres, et vous y conduire par façon que vous me
puissiez renvoyer ce courrier ou aultre avec ladite dépesche le
plus tost qu'il vous sera possible; leur donnant bien à entendre
que la chose me touche de si près, que je ne puis moings que de
faire faire l'instance que je vous escriptz leur en fère, et que en
ce faisant je le répulteray à aussy grant grâce et plésir qu'ils
sauront faire pour moy. Et sur ce, me remectant sur lesdictes
lettres de mon cousin le grant maistre, je vous diray à Dieu,
Pommeraye, qui vous ait en sa saincte garde. »

Escript à Paris, le sixième jour d'octobre mil vᶜ xxix. Ainsi
signé, FRANÇOIS, et du secrétaire Robertet ; et superscript : « à
Pommeraye, mon pannetier ordinaire et ambassadeur devers
madame l'archiduchesse. »

**Lettre de François Iᵉʳ, roy de France, toute écrite de sa main,
à Marguerite d'Autriche, duchesse douairière de Savoye, gouvernante générale des Païs-Bas.**

> *N. B.* Cette lettre ne porte point de date, mais elle fut écrite
> sans doute le même jour que la précédente à l'ambassa-
> deur Pommeraye, c'est-à-dire le 6 octobre 1529.

« Ayant eu, Madame ma bonne tante, par votre moyen et in-
tercession, l'ayse et plaisir de savoir des nouvelles de mes enfans
par le retour de celluy quy par votre commandement y feust
dépesché à Cambray, j'ay bien voulu le vous fere entendre, et
davantage vous prier, madame ma bonne tante, vouloyr escripre
à l'empereur, qu'estant de ceste heure entre nous la payx, amy-
tyé et allyence telle que de mon cousté je la tiens assurée,
qu'yl veuille avoyr regart à fere remetre au servyce de mes enfans partye des servyteurs qu'yls avoyent en Espaygne, afyn
que le temps qu'yls y auront à demeurer ne leur soyt sy
long ne sy ennuyeux qu'y le pourront trouver estant seulz
comme y sont. Et sachant que vous trouverez cette requeste de
père sy résonnable qu'elle ne doyt estre refusée, veu que je ne
demande plus grant avantage pour eulx en la payx qu'y l'ont eu

en la guerre, je ne vous en feray aultre plus grande instance,
mays remetray le tout à la seureté et fiance que j'ay prise de
vous et à ce que vous dyra de ma part Pomeraye, estant devers
vous, lequel je vous prie en cela vouloir croyre comme vous
ferez

Votre bon fyls et neveu,
Signé FRANÇOYS. »

Sur le dos, est aussi écrit de la main du roi :
A Madame l'Archiduchesse, ma bonne tante.

Lettre de Marguerite d'Autriche, duchesse douairière de
Savoye, gouvernante générale des Pays-Bas, à l'empereur
Charles V, datée de Bruxelles, le 11 d'octobre 1529.

« Monseigneur, le roy très-chrestien et madame sa mère envoyèrent de Cambray, de mon sceu, ung leur officier par saulfconduyt de votre Majesté pour aller visiter messeigneurs le
Daulphin et le duc d'Orléans, ses enffans, affin d'estre acerte-
nez de leur estat et bon portement; lequel officier, à son retour,
leur a fait très-mauvais rapport rédigé par escript, dont je vous
envoye la copie; sur quoy ledit sieur roy et dame m'ont escript,
comme austrice de paix, vouloir pourveoir et remédier, tant
par lettres à votre majesté, que à l'impératrice, afin que mesdits sieurs leurs enffans, pour aultant qu'ils ont encoires à demeurer en Espaigne, que ne sera longuement, comme ils espè-
rent, soyent bien trayctez, et que leurs serviteurs ou aultrement bonne partie d'iceulx leur soyent restituez et les aultres
relaxés et bien traictez en bénéfice de ladite paix; ce que,
Monseigneur, m'a semblé très honnête et raisonnable, et dont
votre honneur dépend. Par quoy, véant la grande affection
qu'ils y ont comme nature veult, ay incontinent offert escripre
cestes à votre majesté, et aultres quasi semblables à madite
dame l'impératrice, affin de donner ordre à ceste affaire; si
vous supplie, Monseigneur, y adviser et remédier de sorte que
la bonne amytié encommencée par ceste dite paix entre vos
deux majestés se puisse continuer et accroistre, ainsy que l'u-
niversel bien de la chrestienté le requiert. Et si d'aventure en

ce faisant concepviez quelque crainte, pourriez en ce cas fère accroistre leur garde, et ne fais doubte, Monseigneur, que si cy-devant il y a eu faulte à les bien traicter, qu'il vous en desplaira, et y pourvoierés promptement pour l'advenir au grey et contentement desdits sieur roy et madame sa mère. Ledit sieur roy m'en a escript si honnestement de sa main que vous ay bien voulu envoyer ses propres lettres et copie de ce qu'il en escript à son ambassadeur résident icy.

Monseigneur, je prie atant notre Seigneur vous donner bonne vie et longue. De Bruxelles, le xɪ d'octobre aᵒ xvᶜ xxɪx.

Monseigneur, Dieu vous a faict ceste grâce de vous avoir donné des biaus enfans, pourquoy povez mieulx sentir que vault amour de père et le regret dudit sieur roy ; parquoy je vous supplie, comme toujours je vous ay escript, de vouloir entretenir l'amitié dudit sieur roy, veu qu'elle vous est si propice selon le tans ; et an ce sa requeste sy honneste et resonnable vouloir pourveoir en la manière que dessus. Je vous euse escript ceste de ma main, mes j'euse perdu du tans, parquoy vous supplie la prendre pour telle et du vouloir qui procède de :

Votre très-humble tante,
Signé MARGUERITE. »

Sur le dos estoit :

A l'Empereur.

N. B. Ce qui est sublinée (sic) estoit écrit de la main de l'archiduchesse Marguerite.

Les lettres de François Iᵉʳ, roy de France, contenues dans ce volume ont été copiées sur les lettres originales ; le rapport de l'huissier Bodin, sur une copie d'une écriture de l'année 1520, et la lettre de Marguerite d'Autriche, gouvernante des Païs-Bas, à l'empereur, sur la minute originale, qui se trouvent dans l'archive de la chambre des comptes à Bruxelles.

Signé G.-J. GÉRARD.
secrétoire de l'empereur et roy, et auditeur des comptes à Bruxelles,
attaché au département des archives.

MANUSCRIT Nº 773.

(Voy. p. 51.)

« Chy s'ensieut une chanson qui fu fette à cause de la journée de la Bataille de Mont-le-Héry telle que s'ensieut, et
prumiers :

Entendés, fleur de noblesse,
Les hauls victorieux fés
Florissant en hardjesse
Que un prince en tous biens parfés
Perpétra, portant les fés
De la bataille mortelle
Où pluseurs furte (sic) deffés ;
En guerre est la façon telle.

Par ung mardi, la bataille
Se fit ainsi qu'à midi,
Frapant d'estoc et de taille,
Emprès le Mont le Héry.
En fortune constraindi
Le très noble Roi de Franse
D'estre rudement servy,
De dars, d'espée et de lance.

C'estoit bruit espoentable,
Du foudre de ces canons,
Maint vaillant home notable,
Isus de noble maisons,
Et là main bon compagnons
En morurte (sic) à détresse ;
Le Dieu que nous aourons
Leur doint en glore léesse !

Et quant che vient as aproches,
Le conte de Charolois
S'i porta bien sans reproche
En criant à haute vois :

« Avant, Bourgogne ! au François ! »
Lors archiés prirte (sic) à trère,
Et tout à piel à cheste fois,
Afin de mieux devoir ferre.

Mès afin qu'on n'abelisse
Les Bourghegnons par trop fort,
Si ferret n'est qui ne gliche ;
Car, pour doute de la mort,
Il est vrai, soit droit ou tort,
Qu'aucuns, en cheste joùrnée,
Fuirte (sic) contre droit resort
Et lesserte (sic) l'assanblée.

Mais le preu et le vaillant conte
Et les nobles de sa court,
Les bons corages, sans honte
Maintindre le Roi si court
Que on ne le tient pas pour lourt ;
Car non plus que une poinInture,
Depuis le mortel béhourt,
Ne se mit à l'aventure.

Aynchois, la propre nuitie
En peur monstre les talons,
Priant Dieu qui le conduie ;
Mès le conte dont chantons
Et ses vaillans canpions
Tienrte (sic) camp en ordonanse,
Tenant leur oppinions
Trois jours sans outrecuidanse.

Mès, pour parler de l'istoire
Au droit autenticquement,
Le Roi, pour aquerrir gloire,
Dist qu'il gaigna vaillanment
La bataille, mès vraiement
Téu ses fés et ses fuiches,

On set bien certainement
Qu'il lessa ses serpentines.

Mès qui plus est, sans cremir honte,
Léun des crétiens le plus grant
S'embraina devant ung conte
Et tou les siens ensieuvant ;
Et afin d'estre devant,
Léun ruoit jus sa sallade
U son harnas de Melan ,
Lanche, dars, coutiau de prade [1].

Finablement, homes d'armes,
Prendre devés chi miroir
Armoiant les nobles armes
Du conte qui fit devoir,
Et qui sauva tout pour voir
Che jour la gentil armée,
Dieux, qui sur tous a pooir,
Vueille garder l'asanblée !
                    Jaquet Dopez.

MANUSCRIT N° 705.

(Voy. p. 41.)

ÉPITAPHE DE SOUILLART.

Je suys Souillart le blond et le beau chien courant,
De mon temps le millez et le mieulx pourchassant ;
Du bon chien saint Hubert, qui Souillart avoit nom,
Fuz filz et héritier, qui eult si grand regnom ;
Car après son trespas me laissa sa bonté.
En l'an devant sa mort m'avoit desjà dompté.
Je veul bien maintenir sur tous chiens bien menés
Avoir esté de ceulx qui ont eu plus hault nez,
Avec le pié la gueulle longuement forsonnant,

[1] Pour couteau de parade.

A rente de mon droit tout le jour bien venaut.
J'ay creu, craint et aymé sur tous aultres mon maistre
Autant que fist onc chien ne est possible d'estre ;
Maintz plaisirs luy ay faictz en plusieurs grands deffaulx
Où il c'estoit trouvé par pluyes et par grandz chaulx.
Droit chien bault ay esté de ceulx que loe Phébus,
Et croy qu'après ma mort il n'en demeura nulz,
Et n'est de mes enffans, dont j'ay eu vingt et deux,
Qui par toutes forestz prenoient les cerfz tous seulz.
Du temps que je régnoie estoit Baulde en Veolu,
La bonne lisse rouge, qui tant de bien a eu,
Honaise la belle et bonne, et Clérault et Joinbaol ¹
M'ont fait de grandz secours et par terre et par eau.
Dont n'eussent-ilz esté, j'eusse lessé la peau ;
En cheange et dehors cheange faisoient bien leur mestier ;
Mais tousjours à besoing je leur faisoie mestier.
J'ay fait de belles traictes et mainctes saillies de cerfz,
Autant que fist chien, dont se sentent mes nerfz.
Maint chevaulx ay lassés pour me suyvre à chasser ;
Les ungs mortz ou mallades, les autres fais lasser.
Mon maistre auchune foyz ay fait piquer si fort
Que soubz luy en courant tombait son cheval mort.
Au bon roy Loys qui tant ayma la chasse,
Fuz jeune présenté pour chien de bonne rasse,
Et par luy fus donné au sénéchal Gaston
Qui au grand sénéchal en fist présent et don.
Ainsy servy ces troys qui m'ont si bien conduict,
Pour prendre cerfz à force n'est chien qui mieulx soit duyt.
Je suys maintenant vieul et suys tenu bien aise
Pour l'amour du bon roi ne fais rien qui desplaise
Au maistre à qui je suys qui me garde si chier
Qu'il me fait pain et char pour mon vivre trenchier,
Coucher dedens sa chambre près du feu chaudement,
Paille et belle lictière acoustrée naitement :
Le bel escu pour marque à croix destre au costé ;
Je suys en cest estat que je vous dy traicté.
Dieu, par sa saincte grace, doint paix et paradis
Au roy mon premier maistre et celuy qui m'a mys
Au service duquel j'é ma vie assignée,
Chez Jacques de Brésé, où elle sera usée.

EXPLICIT.

¹ Il manque ici un vers dans l'original.

Les deux pièces suivantes sont tirées de la Bibliothèque royale de Paris. Je les donne comme rapprochement. Je dis un mot sur la première, à la page 47 des lettres qui précèdent.

(MANUSCRIT 198. N. D.)

CI COMANCE LE DIT DES TRAVERCES.

Entre Engleterre et Normandie,
    Ce furent deus,
Je croi que ce seroit mes preus
    Par saint Thoumas.
Moult est fous qui se claimme mas
    Au premier cop.
Ou ferons trestout à cop
    Sur les chaitis.
Bons est toujors li pains faitis
    D'ostorement,
Je le vi plus noir qu'arrement
    De duel et d'ire.
Nus ne pourroit conter ne dire
    Sa biauté,
Qui aimme honnor et loyauté
    Il est garis.
Je fui devant à Paris
    Aprendre d'art.
Tiex se cuide chaufer qui s'art,
    S'avient souvent.
Il a à Yvri un couvent
    De buvéors.
Mençonges de prêchéors
    N'ont one honni.
Tout li doi ne sont pas onni
    De votre main.
Dites, i venrez-vous demain,
    Se diex vous gart?

Elle me geta un regart
    Qui m'a tué.
Vos drapel firent-il bué
    Qui si sont blanc?
Ainz me tient une goute uslant
    Contre le soir.
Se Diex te gart, di me-tu voir,
    Est-il pendus?
Les sacremens sont deffandus,
    Ce m'a l'en dit.
Dras il en a tant au lendit,
    Que c'est miracle.
L'apostole et le patriarche
    Si sont mort.
Certes, mult est fox qui s'amort
    A péchié faire.
Il n'a mès ne provost ne maire
    En cette ville.
Combien a-il jusqu'à saint Gille
    De Roem?
Si fes on les fait à Caam,
    Bonne et belle.
Son-ce dames et damoiselles
    Par-delà?
Ce fu un clerc qui avala
    De ce solier.
Mauvais mestier a encolier,
    Se Dieus me voie.
Il est mors li quens de Savoie;
    Il ne vit mais.
Certes, onques n'entrai mès
    En Loheraine.
Dous secretain vi chanter raine
    De coulons.
Levone matin, se nous voulons
    Faire jornée.
As-tu ta citole atemprée
    Au vileri?
Par saint Liénart d'Andeli,
    Je muir de soi!
Les blés ils sont tuit clos de soi
    En Alemaingne.

Je ne cuit mais que cécans maingne
    En ceste rue.
Il n'est tel herbe comme rue
    A regarder.
Nus hons ne s'en porroit garder
    De traïson.
Qui est longuement en prison,
    N'est mie aise.
Seigneur, ai-je rien qui vous plaise,
    Dites-le-moy?
C'est à Nyon que saint Eloy
    Est aouré.
Il convient que tu me désarmes,
    J'ai trop chaut.
Or i ferons de chaut en chaut,
    Il sont alé.
C'est trop bon mès de buef salé
    Et main et soir.
La goute qui me prist à ersoir
    Fu elle fort.
Deus lieues a de Chasteaufort
    Jusqu'à Chevreuse.
Par Dieu, fame n'est pas oiseuse
    Qui desvuide.
Hélas ! ma bourse est toute vuide
    De monnoie.
Máléureus est qui se noie
    De son gré.
Par un bien petitet degré,
    Va-on bien haut.
Il ne me chaut comment il aut,
    S'il ne m'anuie.
C'est trop anieus temps que la pluie,
    Ce me semble.
Elas ! tretout le cuer me tramble;
    Il muert de froit !
Je ne fui onques si destroit
    Com de l'oreille:
Pren ces dés, si les apareille
    Per à per.
Il sera jà temps de souper;
    Metez la table.

Onques ne sos romans ne fable
     Raconter.
Jusqu'à combien sés-tu conter?
     Quans poins a ci?
Je n'entrai onques à Gaci
     Jour de ma vie.
Entre Traïson et Envie
     Ont pris bataille.
Es-ce panel, ou roi, ou quaille
     Sor ton col?
Dis-tu que celle que j'acol
     N'est pas cortoise?
Je vi que devant ier à Pontoise
     Un berbeter.
Onques de grant pierre geter
     N'oi voulenté.
Metent quant il sont bien enté
     Sont moult plaisant.
Onques n'amai chien m'effaissant
     Ne jour ne nuit.
La riens du mont qui plus m'enuit
     C'est tart conchier.
Encore ne fet son nés mouchier
     Cilz qui là va.
Celle qui ersoir me lava
     N'est pas pucelle.
Par un seul m'estrait de merelle
     L'ai perdu.
Foi que tu dois saint Honoré,
     Court mès grièche.
Notre-Dame la setenbresche,
     Elle est passée.
Mainte fame si est fardée
     De coton :
Par amour or l'escouton.
     A fron boissé.
Maint homme en ot esté boisé
     Par faus regart.
Tousjors vaut miex oé que gart
     A Pentecouste.
C'est un merrien qui trop me couste
     Que vilain.

Fus-tu onques à saint Gilain?
    Ci doi la voie.
Certes, j'aimme Saint-Germain-en-Laie
    Pour Poisi.
Onques vistes chastel Noisi
    Par séjorner.
Di-moy, feis-tu atorner
    Mes espérons?
Or i parra qu'il la feront,
    Qu'il vous viennent.
Qui sont ces gens qui là se tienent
    En ce val?
On ques Rollant ne Perceval
    Ne fist tant d'armes.
Vois com cil là est esperdu
    Qui nous regarde.
On per moult par mauvesse garde,
    Esprouvé l'ai.
On dit qu'ele est à Verdelai
    La Madelaine.
Fus-tu onques sainiez de vaine,
    Ne ment mie?
C'est moult bon mes a sauce aillie
    Que friture.
Se Diex te doint bonne aventure,
    M'aime-m'i.
Ce pot n'est plus que demi.
    Tu as bëu?
Je sai bien Yvri et Bëu;
    G'i ai esté.
La grant douceur du temps d'esté,
    Me reconforte.
Celle qui siet à cette porte
    M'atrai.
Voi com cil là est esbahi,
    Je cuit qu'il pense.
Tu mens, ce n'est mie despense
    Ainz est bon vin.
Or i buvons, car je defin,
    No reverie.

Explicit les Traverses.

J'aurais dû ajouter la pièce qui suit et qui est de Watriquet,
à celles du même poëte que j'ai données plus haut dans mes
Extraits, mais je ne l'avais point alors sous la main.

MANUSCRIT N° 7993.

BIBL. ROY. DE PARIS.

(Voyez page 46 et suiv.)

Ci commence li diz des douze dames de la feste au conte de
Flandres.

> L'autr'ier trouvai en escripture
> De la grant biauté de nature
> Toute la puissance et la flour.
> En l'an c'on dist nostre Seignour
> Mil .ccc. acompliz et vint,
> A Paris la cité avint,
> Le jour droit de la Magdelene,
> C'une feste noble et hautaine
> Y fut faite à mult grant arroy
> De Marguerite fille au roy
> De France, qui fu espousée
> A Loys l'enfant et donnée,
> Qui doist estre, ce dist mes vers,
> Cuens de Flandres et de Nevers,
> D'Aloz, de Reters cuens clamez.
> Mult doit chascuns d'eus estre amez
> Qant il et elle, cors à cors,
> Ont abatuz ces granz descors
> Et mise en pais la région
> De la Fluer de Liz au Lyon :
> Chascuns en doit grant joie avoir.
> Or vous doi descouvrir le voir
> Comment de grant biauté parfaite
> Fu la feste parée et faite,
> Où mult ot joie et déliz,
> Quar de la royal Fluer de liz

Vi la court toute avironnée,
Ne sai miex dame façonnée
De cors, de membres et de vis,
Si comme à pluseurs fu avis,
Ne de taille plus souveraine,
Et fu toute la premeraine
Qui sist ou siège premerain.
De touz corps a le souverain,
Si com nature à droit destine.
Bien fist semblant d'estre royne
A table ce jour au mengier,
Qu'ains ne li vi couleur changier
Pour esgarder c'on li féist
Qui à droit parler, ne déist
Qu'en li n'avoit rien qu'amender,
Ne se fist pas les iex bender
Qui volentiers vit celle dame.
Tout le cuer de joie m'enflame
Qant doi recorder sa façon.
N'estoit pas œvre de maçon
Sa couronne à rubiz vermaus,
Ains y ot saphirs et esmaus,
Gemmes, dyamans et balais
Tant que touz en fu li palais
Enluminez et flamboians,
Et ses douz viaires rianz,
Ert à veoir si gracieus
Que chascuns estoit envieus
De li veoir et aprochier.
Plus ièrent si vestement chier
Que d'or esmeré ne d'argent,
Car il sembloient à la gent
De paradiz fussent issus
Ou de penne à paon tissus;
A veoir iert grant mélodie.

Celle après li, quoi que nus die,
Fu la contesse de Valois
Qui de biauté porte ces lois.
Diex ! qu'elle avoit le cors faitiz
Le viaire loial et traitiz
Les iex vairs, le nez bien posé !

S'eust miex le liz enrosé
Selone nature ouvré à rose,
Le pris de biauté et la rose
Pour son cors gracieus et gent
Eust conquis vers toute gent,
Qu'en li avoit très-grant biauté.
Et qui conter voct loiauté
De façon gracieuse et belle,
Tant estoit aperte et isnelle,
Celle qui se séoit après,
Quar chascuns de loins et de près
De li regarder se penoit,
Ha! com très bien li avenoit
Ses simples regars et sa chière,
Sa très-belle plaisans manière,
Ses genz cors, jones et mollez ;
Nus ne pooit estre solez
De la façon à esgarder,
N'onques mon cuer n'en pos garder,
Quoique poi me péust aidier,
D'une dame tel souhaidier ;
Douce iert, débonnaire et courtoise,
Fille au roy fu, et s'est duchoise,
Fame au riche duc de Bourgongne,
Ci ne vous voel conter mençongne.
Onques ne vi jour de ma vie
Jouvente si bien emploie,
Ne meilleur façon que la soie.
Vestue estoit d'un drap de soie ;
S'avoit ou chief riche couronne.
Apeler l'oy belle et bonne
Et Jehanne par son droit non,
Et celle n'estoit pas senon
De biauté qui après séoit,
Car qui bien son cler vis véoit,
Son bel col, sa blanche poitrine,
Sa très-belle couleur roisine,
Se blanches mainz et les lons dois,
Son maintien très-humble et courtois,
Et ce que bel se savoit estre,
Chascuns à destre et à senestre
Li donnoit de biauté le pris ;

Car on ne vëoit nul repris
Ne rien qui à reprendre face
En son gent cors ne en sa face.
Jonete de quinze ans estoit,
Et pour ce chascuns s'arrestoit
Devant li qu'elle iert coulourée
Si à point, seur blanc arrousée ;
A veoir iert fine merveille.
Chascuns disoit que sa pareille
De biauté n'avoit en la feste ;
Mult li séoit bien seur la teste
Sa très-belle couronne d'or ;
Car si cheveul estoient sor,
S'ot front large et bien affaitiez
Et menton fourchié à moitié,
Vairs iex rianz, bouchete saine,
Face sanz tache et gorge plaine,
Plus blanche que nois ne cristaus.
Au veoir fu tiex li enchaus
Entour lui et devant la table
Que mout ot cors apert et able
Qui de près y pot avenir ;
Car si drus les y vi venir
C'on les pëust lier ensamble.
— Là di dit li uns que te samble,
A l'autre, est ceste dame belle ?
— Certes ouil, car tourtérelle
N'a pas plus simple esgardéure ;
Vois comme elle est très-clère et pure,
Afflinée et fresche coulour.
Jugement feroit de folour,
Et laidement repris seroit
Qui de biauté ne li donroit
Le pris et de la compaignie ;
Car mult et sage et enseignie
De sa jouvente et parcréue,
Et plus humble à la gent menue
Qu'ainqu'elles ne soit à sa mère.
Pour ce est la raisous plus clère
Que seur toutes doit pris avoir ;
Mais il convient son nom savoir,
Et qui le saura c'est la somme.

— Contesse de Biaumont se nomme,
Respont uns chevaliers courtois,
Et s'est fame Robert d'Artois,
Dame de très-haute vaillance,
Fille au conte Karles de France,
Et fu sa mère empereris.
Tant sont bel si jéu et si ris
Que nuls n'en puet estre anuiez.

Belle après li, certains soiez,
Fu de biauté tant clère et fine
Que chascuns l'apeloit Daüfine.
Diex ! qu'elle iert belle et raffinée !
J'ançois quatorze anz n'est finée,
Tant aura le visage fin,
De biauté que jusque à sa fin,
D'embelir jà ne finera :
Deuls iert qant elle finera
Qu'elle iert très-belle finement !
Se visages clers fins ne ment,
De vermeil seur blanc affinez :
Cors de dame niert mais finez
A si fine et clère veue ;
Mais n'iert pas encor parcréue
Pour le tournoi d'amours s'offrir ;
Pour ce ne li volt nuls offrir
De biauté le pris ne l'onnour.

Ainz passèrent grant et menour
Devant celle après li assize,
Où tant avoit nature mise
De grant biauté et de noblece
Que chascuns avoit grant lécce
D'esgarder sa gente figure.
Mamelete ot poignant et dure,
Vairs iex rianz, bouche et visage
Vermeil, et plus blanche que naige
Ot la gorge et ses belles mains

Et encor fu tout ce li mains
Envers ce qu'ele iert gracieuse,
Ainz se tenoit à cureuse
La gent de regarder la tant;
Mais chascuns s'aloit délitant
En la coulour qu'ele enprenoit
Car si très-coulourée estoit
Et si belle, à vérité dire,
Que pluseur la voudrent eslire
A la plus belle de la route,
Ne n'en fu de grant pièce route
Desputoisons ne li débas,
Ainz retornèrent haut et bas,
Escuier et toute la presse,
Devant la royne et comtesse
De Valois, la duchesse aussi
Toutes autres; mais sanz nul si
Tout distrent aval et amont
Qu'à la comtesse de Biaumont
De biauté chascuns se tenoit.
Ne pourquant au primes venoit
Celle en sa fluer et en bon point
Que nommée ne vous ai point,
Qui mult iert plaisanz et jolie.
S'estoit plus nete et plus polie
Que ne soit cers dains ne chevreus;
Fille fu au conte d'Evreus
Et au roy saint Loys cousine:
Jehane ot non; jone meschine,
Estoit en l'âge de quinze anz,
Et se je sui bien voir disanz
Pour bel cors gent autorisier,
Mult fist celle après aprisier
De façon et de bonne taille,
Mais de tout loer ne me chaille.
Belle estoit et plaisanz assez,
Car tost fu chascuns ramassez
Devant li pour son cors véoir;
Que li véist on chief séoir
Sa couronne qui tant iert riche,
N'i ot home sage ne nice
S'à droiture ne fu deslors,

Qui ne prisast son gentil cors,
Son cler vis débonnaire et doux,
Son maintien si plaisant à tous.
Fame sambloit d'empereour :
A Robert d'Artois iert serour,
Si com dire oy en la salle,
Et est comtesse d'Aubemalle;
Jone dame iert de riche affaire.
Après li, sanz lonc conte faire,
Séoit madame de Biaufort,
En qui prenoient grant confort
De lui regarder li plusour.
Je n'ai mie tanz ne loisour.
De sa grant biauté ramentoivre;
Mais se la royne Guenoivre
Ou Flaripars ou Blancheflour,
Qui roynes furent d'amour,
Ou la fille au roy de Castelle,
N'orent tant de biauté comme elle.
De cors, de face coulourie
Nature ne l'oublie mie,
Qui si bel la sot ouvrer;
Car on ne porroit pas trouver
Dame de cors miex estofée
Com celle estoit, et plus que fée
Ot couleur fresche et cler viaire.
Diex s'elle eust à son per paire
Com la chose fust avenanz !
Qu'ancor estoit jone et venanz
Noble dame et de rice atour.

Lors revint chascuns tout entour
Véoir celle qui sist à sa coste.
N'ai talent que mele ne oste
A sa grant biauté recorder;
Mais s'à droit me voeil acorder,
Tant estoit gracieuse et gente
Qu'aucuns distrent, à leur entente,
Que c'ert une des plus plaisanz;

Car la bouchette avoit rianz.
S'estoit entre treize anz et douze,
Et à un jouvencel espouse
Qui est contes de Danmartin;
Plus blanche ert que flours d'aube espin,
Et vermeille com rose en mai.

Certes, or sui en grant esmai
Comment porrai deviser celle
Qui sist après; n'ert pas pucelle,
Mais je cuit petit s'en failloit.
Son gent cors faitis tant valoit
C'on n'en porroit le pris esmer;
Richement s'iert faite acesmer
A une manière françoise;
Si come orendroit entrecroise
Sa teste chascune d'orfrois,
Avoit celle en plus de vingt crois,
Chapiaus à perles, à rubis.
N'ot pas cheveus rous, noirs ne bis;
Mais plus que fin or reluisanz.
Chascuns estoit tous déduisanz
D'esgarder son contenement.
Couronnée estoit richement:
A la guise de sa compaigne,
N'avoit pas la chière grisaigne;
Mais plus simple c'uns coulombiaus,
Et ses visages iert si biaus,
Si douz, si vermaus et si blanz
Qu'il estoit à pluseurs semblans
Que toute la route passoit
De biauté et la ramassoit
Chascuns devant li qui miex miex.
Tuit looient le Roy des ciex
Qui si belle l'avoit criée.
Toute est la presse retornée
Au premier chief devant chascune,
Et esgardèrent une à une
Ou miex porroient assener
Pour le pris de biauté donner.

Mult alèrent de chief en chief;
Mais je vous di que de rechief
A la contesse tuit se tindrent,
De biauté et si li offrirent
La rose sanz nul contredit.

Or ne vous ai pas encor dit
Qui celle iert dont je parloie ore,
Où tant grant biauté se restore,
Puis qu'à rimer m'ai escueilli :
Fille est au seigneur de Sully
Et si à Geffroi d'Aspremont,
Sa biauté prisoient tuit mult   (sic.)
Mais encore assez en passa
Celle où la presse ramassa
Pour le pris d'onneur confermer.
S'en voeil ci ma bouche fermer
Et taire, car je n'en sai plus :
Quérez qui die le seurplus.

EXPLICIT.

TABLE DES MATIÈRES.

FIN.

ERRATUM.

La pièce qui se trouve dans les *Fragments et Extraits* de ce volume, sous ce titre : *Du Chevalier qui donna l'anel à sa Danie*, n'est autre que celle publiée par M. Francisque Michel, sous ce titre : *Le Lai de l'Ombre*, dans un recueil tiré à peu d'exemplaires. Je me suis aperçu trop tard de ce double emploi pour supprimer la feuille qui contient cette pièce. Au reste mes lecteurs y gagneront, car ce *Lai* est plein de charme et d'intérêt.

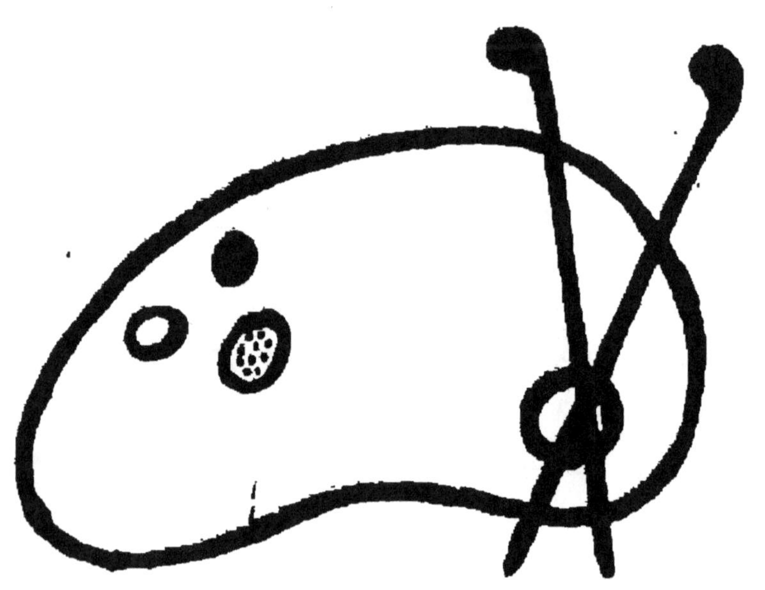

Original en couleur

NF Z 43-720-B

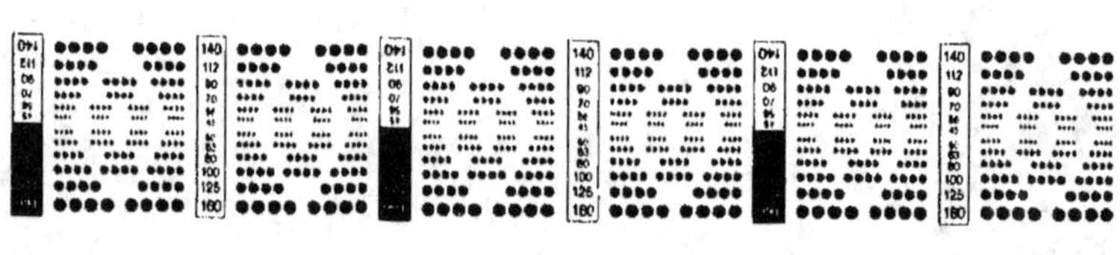
MIRE ISO N° 1
NF Z 43-007
AFNOR
Cedex 7 - 92080 PARIS-LA-DÉFENSE
graphicom
338.57.70

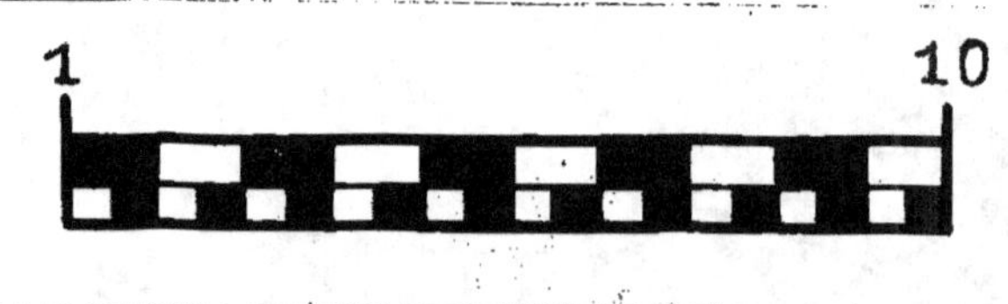
1
10